Herbert Döring
Großbritannien

Grundwissen Politik

Herausgegeben von Ulrich von Alemann,
Leo Kißler und Georg Simonis

Band 8

Herbert Döring

Großbritannien

Regierung, Gesellschaft und
politische Kultur

Leske + Budrich, Opladen 1993

Über den Autor

Herbert Döring, geboren 1940.
(Apl.) Professor für Politikwissenschaft an der Universität Mannheim und Projektleiter am Mannheimer Zentrum für Europäische Sozialforschung. Zur Zeit Leiter des von der DFG geförderten internationalen Verbundprojekts „Parliaments in Western Europe: Majority Rule and Minority Rights".
Studium der Geschichte, Politikwissenschaft und Germanistik an den Universitäten Marburg / Lahn und Mannheim.
1977-1983 Dozent an der University of London (School of Slavonic and East European Studies).
Lehrstuhlvertretungen an den Universitäten Essen, Göttingen, Stuttgart und Mannheim.

Veröffentlichungen u. a.:

Party Government and Political Culture in Western Germany, London 1982 (Hrsg. zusammen mit Gordon Smith);
Großbritannien — ein Regierungssystem in der Belastungsprobe, Opladen 1987 (Hrsg. zusammen mit Dieter Grosser);
Who are the Social Democrats? A Survey of the Council for Social Democracy, in: New Society 65 (1983), S. 351-353 und erneut veröffentlicht durch Martin Burch und Michael Moran (Hrsg.), British Politics. A Reader, Manchester 1987, S. 207-213;
Wählen Industriearbeiter zunehmend konservativ? Die Bundesrepublik Deutschland im westeuropäischen Vergleich, in: Archiv für Sozialgeschichte Oktober 1989 und erneut veröffentlicht in: Max Kaase / Hans-Dieter Klingemann (Hrsg.), Wahlen und Wähler. Analysen aus Anlaß der Bundestagswahl 1987, Opladen 1990, S. 31-88;
Aspekte des Vertrauens in Institutionen. Westeuropa im Querschnitt der Internationalen Wertestudie 1981, in: Zeitschrift für Soziologie 19 (1990), S. 73-89;
Parlament und Regierung, in: Oskar W. Gabriel (Hrsg.), Die EG-Staaten im Vergleich, Opladen 1992, S. 334-356.

ISBN 978-3-322-93625-7   ISBN 978-3-322-93624-0 (eBook)
DOI 10.1007/978-3-322-93624-0

Vorwort

Mit dem vorliegenden Band liegt in der Reihe "Grundwissen Politik" die erste Einführung in das politische System eines anderen Landes vor, um nicht zu sagen: eines fremden Landes. Denn fremd, ja zuweilen befremdlich erscheinen uns Bewohnern des Kontinents noch immer die politischen und sozialen Verhältnisse "auf der Insel", womit hier insbesondere England, Schottland und Wales gemeint sind. Mit diesen Verhältnissen vertraut zu machen und damit zugleich mit den Methoden der vergleichenden Analyse politischer Systeme, dies war die dem Autor gestellte Aufgabe. Er hat sie, sich dem Gegenstand durchaus mit kritischer Sympathie nähernd, mit Erfolg gemeistert. Dies zeigte nicht zuletzt die - ebenfalls von kritischer Sympathie gekennzeichnete - Reaktion etlicher Studierenden der FernUniversität auf die Originalfassung des 1993 erstmals eingesetzten Kurses, der - leicht überarbeitet und inhaltlich ergänzt - der jetzigen Buchveröffentlichung zugrundeliegt. Bei der Produktion sowohl des Kurses wie auch der jetzigen Buchfassung haben der Verfasser und auf seiten des Lehrgebiets Internationale Politik/Vergleichende Politikwissenschaft der Betreuer, Martin List, erfreulich reibungslos und in gutem Geist zusammengearbeitet. Beiden sei für Ihren Einsatz an dieser Stelle gedankt. Es bleibt zu hoffen, daß die Lektüre des Bandes ebensoviel Vergnügen bereitet wie seine Produktion.

Hagen, im Juli 1993

Georg Simonis

Inhalt

Verzeichnis der Schaubilder, Karten und Tabellen

Schaubilder

Karten

Tabellen

Einleitung

Großbritannien, das die drei historischen Länder England, Schottland und Wales umfaßt, bildet zusammen mit Nordirland, das von gewaltsamen Auseinandersetzungen zwischen Protestanten und Katholiken erschüttert wird, das Vereinigte Königreich ("United Kingdom of Great Britain and Northern Ireland"). Die folgende Darstellung Großbritanniens klammert Nordirland aus, das in vielem eine von den übrigen Regionen des Zentralstaats abweichende Sonderstellung einnimmt.

Als Mutterland eines Empire beherrschte das "United Kingdom" auf dem Höhepunkt seiner Macht im Zeitalter des Imperialismus vor dem Ersten Weltkrieg direkt oder indirekt mittels förmlicher Kolonien oder informeller Pachtverträge und Handelsabkommen einen Großteil der farbigen Weltbevölkerung. Nach Abschluß der Dekolonisation nach dem Zweiten Weltkrieg blieben 49 ehemals von London beherrschte Gebiete dem Mutterland auch als unabhängige Staaten verbunden in dem losen Zusammenschluß des Commonwealth of Nations, welcher symbolische, wirtschaftlich-technische, kulturelle und sportliche Funktionen erfüllt.

Als koloniales Erbe besitzt das UK heute nur noch einige versprengte Inseln und Gebietsflecken mit unterschiedlichem Grad an Selbstverwaltung im Atlantik, der Karibik, dem Pazifik und auf dem ostasiatischen Festland. Von ihnen geraten in die Schlagzeilen bisweilen nur das demnächst in die Selbständigkeit zu entlassende Hongkong sowie die Felsnase von Gibraltar und nicht zuletzt die durch die spektakuläre Flottenexpedition zu ihrer Befreiung 1981 bekannt gewordenen Falkland-Inseln. Das post-koloniale Vereinigte Königreich entspricht in seiner Bevölkerung (56,9 Millionen Einwohner im Jahre 1990) in etwa der Bundesrepublik Deutschland (61,07 Millionen Einwohner noch ohne die neuen Bundesländer im Jahre 1990).

Das "Westminster Modell" parlamentarischer Demokratie wurde von einem einflußreichen Zweig der Regierungslehre in den 1950er und 1960er Jahren als Musterbeispiel eines stabilen, effizienten und legitimen liberaldemokratischen Systems angesehen: "for a century or more the ways of Westminster acted as a model and a norm" (PULZER 1982, 13). Doch angesichts neuer Trends in den 1970er und 1980er Jahren, die alte Lehrbücher "well and truly out of date" (NORTON 1984, 348) erscheinen lassen, ist inzwischen eine neue Generation englischsprachiger Gesamtdarstellungen des britischen Regierungssystems erschienen, die bereits im Titel vom "New

British Political System" (BUDGE U. A. 1983) oder sogar von "Britain Against Itself" (BEER 1982) sprechen.

Als normatives Vorbild der Lösung des Herrschaftsproblems in demokratischen Industriegesellschaften will das "Westminster Modell" über die Funktionslogik alternierender (Ein-)Parteiregierungen die Bildung einer starken, direkt vom Wähler ausgewählten und über das einfache Mehrheitswahlrecht auch leicht wieder abberufbaren Exekutive ermöglichen. Dieses Ordnungsmodell erfüllt die in es gesetzten Funktionserwartungen am besten unter bestimmten Bedingungen der soziopolitischen Konfliktstruktur, des Parteiensystems und der politischen Einstellungen von Eliten und Bevölkerung, die wohl auf den britischen Inseln, nicht aber auf dem europäischen Kontinent oder in den in die Unabhängigkeit entlassenen Kolonien existierten, auf die das britische System übertragen wurde.

Doch auch in Großbritannien selbst ist die Erfüllung dieser Bedingungen, die in den ersten drei Kapiteln noch genauer zu spezifizieren sein werden, erschwert worden durch Wandlungstendenzen von Sozialstruktur, Parteiensystem und politischer Kultur, die als länderübergreifende neue Trends in sämtlichen westlichen Demokratien zu registrieren sind. Aus diesem Grunde hat sich - das ist die These dieses Buches - auch das parlamentarische Regierungssystem Großbritanniens in den 1970er und 1980er Jahren unter dem Druck neuer Herausforderungen ein Stück in Richtung auf das international eher übliche Variationsmuster liberaler Demokratien entwickelt. Doch anders als viele Beobachter und auch der Verfasser erwarteten, trat kein Bruch mit den strukturdominanten Merkmalen des britischen Regierungssystems auf.

Wenn man das "Westminster Modell" in einer systemvergleichenden Perspektive analysiert, dann erweist sich dieses Musterbeispiel der Demokratie- und Parlamentarismustheorie als ein eher einzigartiger Sonderfall auf der internationalen Verfassungslandkarte (LIJPHART 1984, Kapitel 1). So erscheint es reizvoll und lohnenswert, die ausgeprägte Eigengesetzlichkeit - und Zufälligkeit - der Entwicklung von Regierung, Gesellschaft und politischer Kultur in Großbritannien einmal in einer komparativen Perspektive sichtbar zu machen. So wird in dieser Darstellung, die sich auf ein einziges Land konzentriert, die Besonderheit Großbritanniens (ohne Nordirland) unter Bezug auf strukturelle Indikatoren herausgearbeitet, die sich in neueren Ansätzen der "Comparative Politics" bewährt haben. Dagegen tritt der prozessuale Policy-Aspekt der politischen Willensbildung und Interessenvermittlung und der taktischen Durchsetzung von konkreten Entscheidungen und Politiken zurück.

In der vorliegenden Gegenwartsdiagnose der aktuellen Lage eines legendären Ordnungsmodells wurde nicht nur eine breit gestreute zeithistorisch-deskriptive Literatur benutzt. Neu ausgewertet wurden auch Datensätze der international vergleichenden Surveyforschung. Herangezogen wurden darüber hinaus auch Datensammlungen der OECD und institutionelle Dokumentationen durch die Inter-Parlamentarische Union. Querverweise auf

Tabellen und Grafiken in anderen Büchern sollen zum Selbststudium anregen. Dagegen handelt es sich bei allen in diesem Werk enthaltenen Schaubildern, Karten und Tabellen um Originale. Die grafische Präsentation von Zusammenhängen, die auf unkonventionelle Einsichten zielt, will Denkanstöße zu weiteren Fragen an den Gegenstand bieten.

1 Grundzüge der nur "teilweise aufgeschriebenen" Verfassung

Keine zusammenhängende Verfassungsurkunde

England (oder präziser: das Vereinigte Königreich von Großbritannien und Nordirland) besitzt bekanntlich im Gegensatz zu den meisten übrigen demokratischen Verfassungsstaaten der Gegenwart keinen Verfassungstext. Es gibt kein geschlossenes Paragraphenwerk, das Bürger und Politiker unter dem Arm tragen oder Studierende und Juristen auf den Schreibtisch legen und interpretieren könnten. Die lebende Verfassung wurde nicht von politischen Theoretikern konzipiert oder erdacht. Sie wurde auch nicht von einer verfassunggebenden Versammlung beraten und verabschiedet. Das Land besitzt keine Verfassung, es befindet sich in einer durch Gewohnheit (ungeachtet zahlreicher Kritik) für gut befundenen Verfassung.

Das Fehlen einer Verfassungsurkunde ist das Ergebnis einer langen, glücklichen und glänzenden Geschichte. Im Verlauf von zwei Umstürzen im 17. Jahrhundert (einer blutigen Revolution und einem unblutigen Staatsstreich) wurde 150 Jahre vor der Französischen Revolution ein englischer König vom revolutionären Parlament in London angeklagt und hingerichtet. Seitdem genießt Großbritannien eine unvergleichliche Kontinuität seiner politischen Institutionen. Unter ihrem Schirm haben sich wirtschaftliche und gesellschaftliche Umbrüche wie die industrielle Revolution ohne Erschütterung der Verfassung vollzogen.

Den liberalen Verfassungsstaat gab es auf den britischen Inseln bereits seit dem 17. Jahrhundert. Er wurde im 19. und 20. Jahrhundert auch demokratisiert. Als es im Zeitalter der demokratischen Revolutionen in anderen Ländern üblich wurde, Verfassungsurkunden auszuarbeiten, konnte man in Großbritannien auf einen solchen Neubeginn verzichten. Der britische Rechtsstaat war (und ist) Gegenstand der Bewunderung von Liberalen aus aller Welt. Dagegen prangern englische Kritiker in Vergangenheit und Gegenwart auch die Schattenseiten des zunächst nicht demokratischen und vorübergehend durchaus auch zu autoritären Experimenten neigenden Verfassungsstaates an, der Grundrechte respektiert, ohne sie durch einen fest verbürgten Katalog von Grund- und Menschenrechten dem verfassungsändernden Zugriff der einfachen Mehrheit zu entziehen.

Verfassungsstaat bereits vor dem Zeitalter der Verfassungstexte

Die Verfassung, in der Großbritannien sich kraft Tradition befindet, beruht teilweise bekanntlich nur auf Brauch und Herkommen, deren Verletzung nicht vor einem Gericht einklagbar ist. Dennoch sollte man nicht pauschal von einer "ungeschriebenen" Verfassung sprechen; sind doch, wie ein englischer Wissenschaftler in einem Angriff auf den "Mythos der ungeschriebenen Verfassung" jüngst zeigte, die meisten (aber eben nicht alle) Elemente, die sich in geschriebenen Verfassungen zu finden pflegen, auch im "United Kingdom" in der Form schriftlich fixierter Gesetze vorhanden (WOLF-PHILLIPS 1984, 395). Freilich sind solche Gesetze mit Verfassungsrang über mehrere Jahrhunderte hinweg verstreut. Sie sind nicht nachträglich in einem geschlossenen Dokument systematisch zusammengefaßt worden. Die britische Verfassung ist eine unkodifizierte, nur "teilweise aufgeschriebene" Verfassung.

Nicht "ungeschriebene", sondern unkodifizierte Verfassung

1.1 Quellen und Bestandteile der "unkodifizierten" Verfassung

Autoritäten des Verfassungsrechts unterscheiden, wenn sie einmal vom Detail der schnörkelhaften altehrwürdigen Formeln und Prozeduren absehen, mindestens vier (wenn nicht sogar mehr) Quellen der britischen Verfassung. (Zur Veranschaulichung werden diese Bestandteile in Schaubild 1.1 in ihrem Zusammenhang systematisch aufgeführt.) Den wichtigsten Bestandteil bilden regelrechte Parlamentsgesetze. Man nennt sie *Statute Law*, weil sie ins "Buch der Statuten" (Statute Book) eingetragen werden.

Vier Quellen der Verfassung

-   Dieses *Statute Law* ist ein mit dem allgemeinen Wachstum der modernen Gesetzgebungstätigkeit stetig zunehmender Teil verfassungsrechtlicher "Schriftlichkeit". Es handelt sich um Gesetzesvorlagen, die von beiden Häusern des Parlaments bei nur aufschiebendem Veto des Oberhauses und formaler, unverzüglich erteilter Zustimmung der Krone förmlich verabschiedet worden sind.

Alle vom Parlament verabschiedeten Gesetze sind *Statute Law*. Damit kennt das Vereinigte Königreich nicht den Unterschied zwischen einem Verfassungsgesetz (wie dem Grundgesetz) und "normalen" Gesetzen. Mit nur einfacher Mehrheit der Stimmen korrigieren, interpretieren, begrenzen und ersetzen solche Parlamentsgesetze - in einer für englische Verhältnisse ungewöhnlichen Radikalität - bedingungslos alle übrigen Quellen der Verfassung. Deshalb ist das im legislativen Verfahren "gesetzte" *Statute Law* im Schaubild auch grafisch allen übrigen Elementen der Verfassung übergeordnet.

Statute Law wird mit einfacher Mehrheit "gesetzt"

-   Die formal immer noch geltenden, aber politisch umgedeuteten Reservatrechte der Krone (*Royal Prerogative*). Sie eröffnen der par-

Schaubild 1.1
Quellen der unkodifizierten Verfassung des United Kingdom

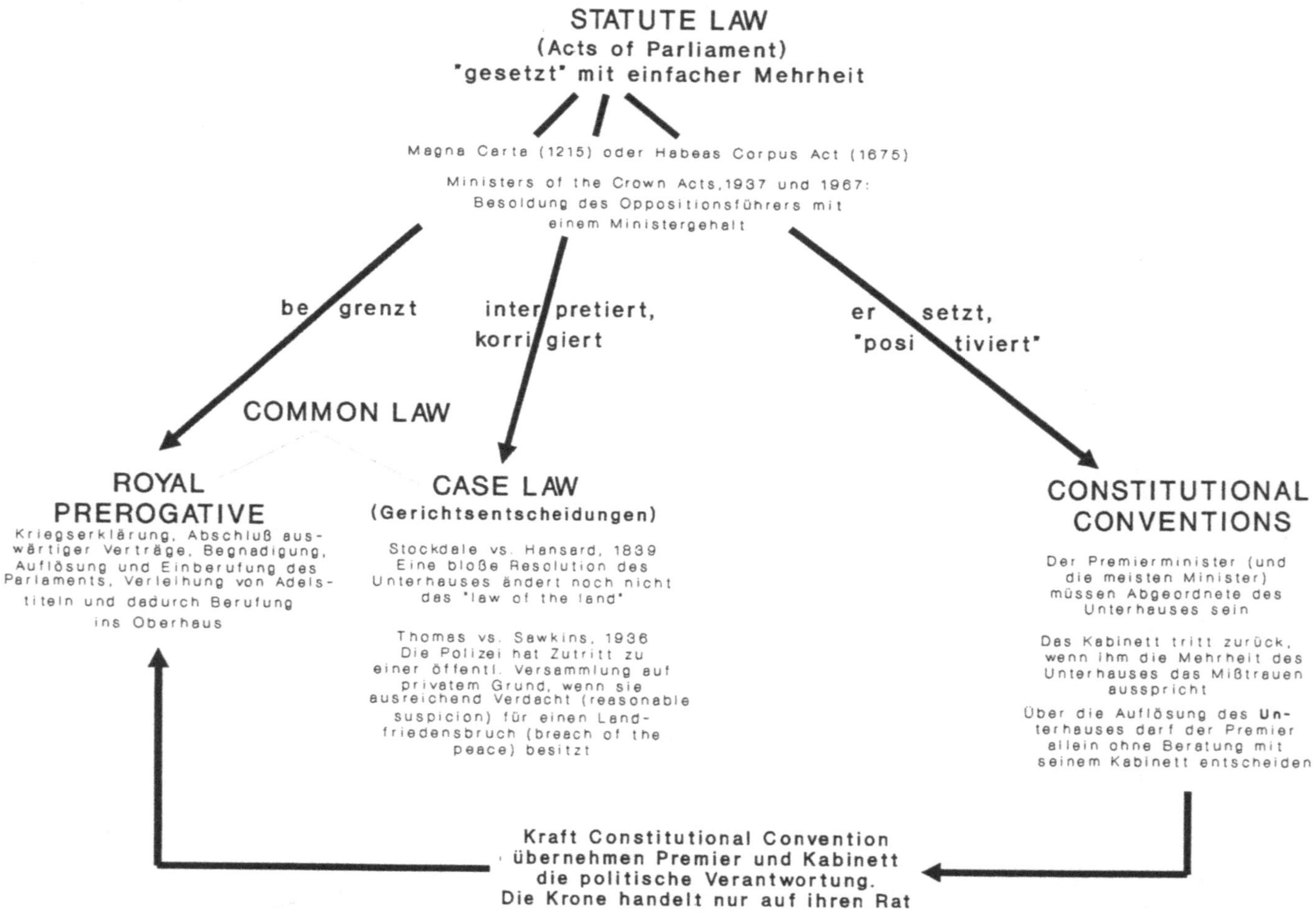

STATUTE LAW
(Acts of Parliament)
"gesetzt" mit einfacher Mehrheit

Magna Carta (1215) oder Habeas Corpus Act (1675)

Ministers of the Crown Acts, 1937 und 1967:
Besoldung des Oppositionsführers mit
einem Ministergehalt

COMMON LAW

CASE LAW
(Gerichtsentscheidungen)

Stockdale vs. Hansard, 1839
Eine bloße Resolution des
Unterhauses ändert noch nicht
das "law of the land"

Thomas vs. Sawkins, 1936
Die Polizei hat Zutritt zu
einer öffentl. Versammlung auf
privatem Grund, wenn sie
ausreichend Verdacht (reasonable
suspicion) für einen Land-
friedensbruch (breach of the
peace) besitzt

ROYAL PREROGATIVE
Kriegserklärung, Abschluß aus-
wärtiger Verträge, Begnadigung,
Auflösung und Einberufung des
Parlaments, Verleihung von Adels-
titeln und dadurch Berufung
ins Oberhaus

be grenzt

inter/pretiert,
korri giert

er setzt,
"posi tiviert"

CONSTITUTIONAL CONVENTIONS

Der Premierminister (und
die meisten Minister)
müssen Abgeordnete des
Unterhauses sein

Des Kabinett tritt zurück,
wenn ihm die Mehrheit des
Unterhauses das Mißtrauen
ausspricht

Über die Auflösung des Unterhauses darf der Premier
allein ohne Beratung mit
seinem Kabinett entscheiden

Kraft Constitutional Convention
übernehmen Premier und Kabinett
die politische Verantwortung.
Die Krone handelt nur auf ihren Rat

lamentarisch verantwortlichen Exekutive, die im Namen des konstitutionell beschränkten Monarchen handelt, eine in anderen liberaldemokratischen Systemen unbekannte Handlungsfreiheit.

Heute anomal wirkende Relikte der Verfassung aus dem Mittelalter wie diese Prärogativrechte der Krone, die de jure nicht von Gerichten und Parlament in Zweifel gezogen werden dürfen, sind nicht in einer systematischen Kodifikation bereinigt worden. Sie wurden nur durch "Statute Law" konstitutionell beschränkt. Außerdem übernehmen Premier und Kabinett, die im Namen der Krone handeln, aber vom Unterhaus durch ein Mißtrauensvotum gestürzt werden könnten, die politische Verantwortung für alle Hoheitsakte der Krone. Manche Lehrbücher vernachlässigen diese "Prärogative" als Bestandteil der Verfassung. Andere betonen ihre durchaus weiterwirkende Bedeutung als "bequeme Hypothese für die praktische Politik" (vgl. Kapitel 7.2). Auch diese Reservatrechte gelten als Teil des Common Law (vgl. NORTON 1982, 6 f.). Wenn aber vom "Common Law" die Rede ist, meint man so gut wie ausschließlich das seit dem Mittelalter in Sammlungen von "Fällen" überlieferte und durch die obersten Gerichtshöfe des Landes interpretierte Gewohnheitsrecht.

Für königliche Reservatrechte übernehmen Premier und Kabinett die Verantwortung

- Der heute noch bedeutsame Teil des "Common Law", des Gewohnheitsrechts des Landes, besteht aus dem sogenannten *Case Law*. Es sind dies bis ins Mittelalter zurückreichende Gerichtsentscheide, die an Einzelfällen orientiert sind. Sie sind nicht in einem vereinheitlichenden Gesetzbuch kodifiziert worden, sondern nur in Sammlungen früherer "Fälle" überliefert.

"Case Law" (d. h. Gerichtsentscheidungen) ist an Präzedenzfällen orientiert. Es wird durch die neuere Rechtsprechung in Musterprozessen fortgebildet. Berühmte Beispiele für solche höchstrichterlichen Entscheidungen mit Verfassungsrang finden sich in Schaubild 1.1 aufgeführt. Vor allem die Grund- und Freiheitsrechte und das Zivilrecht werden - soweit nicht durch Parlamentsgesetze anderweitig normiert - durch das "Case Law" begründet. (Das "Case Law" ist am ehesten mit dem deutschen Arbeitsrecht vergleichbar, das - anders als etwa das Bürgerliche Gesetzbuch - ohne ein eigenes Arbeitsgesetzbuch auskommt und zu einem großen Teil aus "Richterrecht" in Auslegung vieler verstreuter Einzelgesetze besteht.)

Case Law ist "Richterrecht"

Die meisten Rechte der Engländer wurden nicht von der Krone oder dem Parlament "gewährt". Sie wurden nicht "gesetzt", sondern seit dem Mittelalter in Musterprozessen, die geschädigte Individuen gegen die Krone anstrengten, durch die Oberrichter des Landes "aufgewiesen". Dieser Sachverhalt wurde in einem maßgeblichen Verfassungskommentar aus dem letzten Drittel des vorigen Jahrhunderts, der auch heute noch als autoritative Quelle angesehen wird, wie folgt formuliert:

"...in unserem Lande sind die allgemeinen Verfassungsgrundsätze (wie z.B. das Recht auf persönliche Freiheit und das Versammlungsrecht) das Ergebnis richterlicher Entscheidungen, die im Hinblick auf private Einzelpersonen gefällt wurden. In den Verfassungen vieler anderer Staaten resultiert dagegen die Gewährleistung der Rechte des Einzelnen - zumindest hat es so den Anschein - aus den allgemeinen Grundsätzen dieser Verfassungen... Kurzum, unsere Verfassung ist eine von den Richtern gemachte Verfassung" (DICEY 1885 übersetzt durch HÄNDEL 1979, 21).

Dem vorherrschenden Rechtsverständnis zufolge wird "Common Law", das Gewohnheitsrecht des Landes, nicht durch Mehrheitsentscheid "gesetzt". Es wird vielmehr im Hinblick auf frühere Präzedenzfälle "gewiesen" bzw. "aufgefunden". Diese der deutschen historischen Rechtsschule der Romantik verwandte Denkweise nimmt an, daß "Recht schon immer vorhanden ist und nur jeweils neu zu Bewußtsein gebracht und auf konkrete Fälle angewandt werden müsse" (FETSCHER 1978, 90). Die Legalität kraft formal korrekten Gesetzgebungsverfahrens, die mit nur einfacher Mehrheit alles ändern darf, steht natürlich in einem logischen und politischen Spannungsverhältnis zur Legitimität des Gewohnheitsrechts. Aber in der britischen politischen Kultur wird die antagonistische Koexistenz zwischen der in Gewohnheitsrecht begründeten "Rule of Law" und der schrankenlosen "Souveränität des Parlaments" toleriert (siehe im einzelnen Kapitel 3.4 und 8.4).

- Bei den Constitutional Conventions handelt es sich um Konventional- oder Spielregeln. Sie sind juristisch nicht vor den Gerichten erzwingbar. Sie gelten nicht als Teil des "Law" (sei es "Common" oder "Statute"). Sie werden aber von den politischen Akteuren bis auf Widerruf für bindend erachtet.

Solche Konventionen regeln vor allem die Organisation und Verfahrensweise der politischen Institutionen in Westminster und Whitehall (Parlament, Regierung, Beamte). Nur ein geringer Teil der Organisation der Regierung wird durch spezielle Parlamentsgesetze (Statuten) geregelt wie z. B. in den beiden "Parliament Acts" von 1911 und 1949, durch welche die Befugnisse des Oberhauses beschnitten werden. Viele Bestimmungen - darunter auch die Grundregel eines parlamentarischen Regierungssystems über den Rücktritt des Kabinetts nach einem erfolgreichen Mißtrauensvotum des Unterhauses - sind niemals in Gesetzesform gekleidet worden. Dies gilt auch für die Vorschrift, daß der Premier und die Minister (mit Ausnahme weniger Lords aus dem Oberhaus) nicht von außerhalb des Parlaments kommen dürfen, sondern ein Unterhausmandat gewonnen haben müssen.

Eine Verfassung, deren Grundsätze nicht systematisch fixiert sind, gründet sich ähnlich den informalen Spielregeln eines Clubs "auf eine Art politischer Moral oder Etikette" (LOW 1908, 2). Als eine solche "critical morality of the Constitution" (MARSHALL 1984, 12) erleichtern die Konventionalregeln, die auf praktischer Klugheit beruhen, das geschmeidige Funktionieren der Verfassung. Es steht den Akteuren frei, Konventionen bei gewandelten Verhältnissen für nicht mehr wirksam zu erklären. Eine Erörterung und Zurückweisung der Ansicht von Sir Ivor JENNINGS, daß Konventionen vor

Common Law aus der Interpretation älteren Brauchs "aufgewiesen"

Konventional- regeln de jure nicht erzwingbar

den Gerichtshöfen juristisch einklagbar seien, gibt das neuere Standardwerk von MARSHALL (1984, 12 f., 15).

Jede einseitige Verletzung, die nicht vom stillschweigenden Einverständnis getragen wäre, würde aber eine schwere Verfassungskrise heraufbeschwören. Spielverderber werden wie in einem Club durch Aufsetzen neuer schriftlicher Grundsätze bestraft, die ihnen, wenn der Konsens einmal zerbrochen ist, enge Handlungsgrenzen ziehen. Wegen der Leichtigkeit, mit der im Vereinigten Königreich Verfassungsänderungen Gesetzeskraft dank einfacher Parteimehrheit des Unterhauses erhalten können, erscheint es für die politischen Akteure ratsam, diese scharfe Waffe nur in Ausnahmefällen einzusetzen und sich lieber nach Art eines Clubs an dem "System stillschweigender Einverständnisse" (LOW 1908, 11) ohne formale gesetzliche Geltung zu orientieren.

Leicht überspitzt, aber dennoch treffend, kann man sagen: erlaubt ist nach der britischen Verfassung alles, was sich durch Tradition rechtfertigen läßt, soweit es nicht durch eine ungeschriebene Konventionalregel oder durch ein neues Parlamentsgesetz verboten wird. Auf der einen Seite steht es einer Regierung frei, jeder beliebigen Maßnahme mit Zustimmung ihrer Unterhausfraktion "statutarische" Gesetzeskraft zu verleihen. Auf der anderen Seite aber richtet das vor- und außerparlamentarische *Common Law*, die zweite große Quelle der Verfassung, im Rechtsbewußtsein Schranken gegen das auf, was eine Regierung legitimerweise tun sollte.

Trotz des unbedingten Vorrangs von gesetztem (und damit schriftlich fixiertem) Verfassungsrecht, das beständig wächst, wird die unkodifizierte Verfassung auch im demokratischen Zeitalter der verfassunggebenden Gewalt des Volkes (oder einer von ihm gewählten Repräsentativversammlung) weiterhin als Teil des historisch gewachsenen Common Law verstanden. "Unsere Verfassung gilt, wie einer ihrer fähigsten Ausleger erklärt hat, als ein Teil unseres Gemeinen Rechts (is supposed to be part of our Common Law)" (LOW 1908, 8). Auch wenn verabschiedetes Statutenrecht altes Common Law ohne Möglichkeit der Berufung korrigiert, sollten die neuen Gesetze keinen Bruch mit der durch Gewohnheit als gut erwiesenen Lebensweise, sondern ihre Anpassung an gewandelte Lebensverhältnisse anstreben.

Ob ein von der Parteimehrheit des Unterhauses durchgepeitschtes Gesetz keine Korrektur älteren Rechtsbrauchs, sondern einen radikalen Bruch mit der Vergangenheit darstellt, darüber werden im Einzelfall die Meinungen weit auseinandergehen. Aber nicht der Sachverstand der Richter entscheidet, ob ein Gesetz mit der Verfassung übereinstimmt oder nicht. Das Verdikt über die soziale Geltung einer Maßnahme als rechtens kann im britischen System nur der Wähler durch Bestätigung des amtierenden Kabinetts oder Berufung einer alternativen Regierung fällen, die das strittige Gesetz in der nächsten Legislaturperiode widerruft.

Die Verfassung entspricht dem Geist des Common Law

1.2 Die Änderung der Verfassung: Zugriff der einfachen Mehrheit

Einfache Mehrheit der Mandate ohne Minderheitenveto

Großbritannien, das den Rechts- und Verfassungsstaat früher als andere Länder erfand, verwirklicht ihn bis heute auf eine etwas andere Weise als die meisten übrigen liberaldemokratischen Systeme. Die einfache Mehrheit der abgegebenen gültigen Stimmen, die weniger als 50% der Abstimmungsberechtigten sein darf, entscheidet im "Westminster Modell" souverän. Selbst dort, wo es schriftliche Gesetze verfassungsrechtlichen Charakters gibt, wird nicht zwischen einfachen und verfassungsändernden Gesetzen unterschieden. Alle Gesetze dürfen mit der einfachen Mehrheit der Mandate ohne Rücksicht auf eine absolute oder gar das Erfordernis einer Zweidrittelmehrheit beschlossen, abgeändert oder aufgehoben werden. Sie gelten so lange, bis sie von einem späteren Parlament mit ebenfalls nur einfacher Mehrheit widerrufen werden.

"Judicial review" nicht gleichbedeutend mit Verfassungsgerichtsbarkeit

Gegen ein Parlamentsgesetz ist keine Klage wegen Verfassungswidrigkeit zulässig. Der Ausdruck "judicial review", richterliche Prüfung, bedeutet in Großbritannien etwas anderes als in den übrigen liberaldemokratischen Systemen. Denn wohl prüfen die Gerichte, ob sich die Regierung im Rahmen der bestehenden Gesetze bewegt oder aufgrund parlamentarischer Ermächtigung gehandelt hat. Aber die Nichtigkeitserklärung eines Gesetzes oder einzelner Artikel wegen Verfassungswidrigkeit, die in der vergleichenden Regierungslehre als "richterliches Prüfungsrecht" (oder als "Normenkontrolle") bezeichnet wird, ist unzulässig. Infolge des durch Zeit und Tradition geheiligten Grundsatzes der "Souveränität des Parlaments", der als Angelpunkt und oberste Verfassungskonvention akzeptiert wird, verzichten die Gerichte seit Jahrhunderten auf Normenkontrolle des vom Parlament "gesetzten" Rechts (siehe aber zum Einfluß der Judikatur ohne formelle Verfassungsgerichtsbarkeit unter 8.2).

Oberster Grundsatz der "Souveränität des Parlaments"

Der Grundsatz der "Souveränität des Parlaments" besagt in der klassischen Kürze der immer wieder zitierten Definition von Albert V. DICEY, daß das britische Parlament das Recht besitze, "to make or unmake any law whatever; and, further, that no person or body is recognized by the law of England as having a right to override or set aside the legislation of Parliament" (DICEY 1885, 40f.). Nimmt man diesen als Objekt des nationalen Verfassungsstolzes verinnerlichten Grundsatz der obersten Souveränität des britischen Parlaments ernst, dann wird ohne weiteres verständlich, welches Umdenken für britische Traditionalisten mit dem Beitritt Großbritanniens zur Europäischen Gemeinschaft verbunden ist. Denn Gemeinschaftsrecht bricht nationales Recht. Die Annullierung britischer Verordnungen durch ein "Verfassungsgericht" außerhalb Großbritanniens (siehe Kapitel 8.3) bewirkt einen Wandel der "unkodifizierten" Verfassung.

Nach dem Beitritt Großbritanniens zur Europäischen Gemeinschaft gilt der alte Grundsatz der "Souveränität des Parlaments" nicht mehr so schrankenlos, wie ihn die "Bibel" der Geschäftsordnung des Unterhauses, das höchst angesehene Buch von Erskine MAY, ebenso kurz wie bündig umrissen hatte:

> "A law may be unjust and contrary to sound principles of government; but Parliament is not controlled in its discretion, and when it errs, its errors can only be corrected by itself" (Erskine MAY, zitiert nach BRENNAN 1982, 184).

Wenn das Parlament in London irrt oder die vom Parlament ermächtigte britische Regierung gegen EG-Verträge verstößt, können sie mit unmittelbar geltender Wirkung vor dem Europäischen Gerichtshof verklagt und ihre Maßnahmen annulliert werden.

Wie sehr sich das klassische Großbritannien aber in den beiden in Schaubild 1.2 dokumentierten Dimensionen - Verfassungsänderung mit einfacher Mehrheit und Fehlen einer Verfassungsgerichtsbarkeit - von den meisten übrigen Verfassungsstaaten der Gegenwart unterscheidet, wird erst in einem Überblick über die demokratischen Systeme der Gegenwart ganz deutlich. Das "Westminster Modell" als weltweiter Sonderfall

Die Informationen in diesem Schaubild lassen sich rasch und zuverlässig aus der Quellensammlung der Interparlamentarischen Union "PARLIAMENTS OF THE WORLD" (1986) entnehmen, die als gedrucktes Nachschlagewerk auch von Studierenden für vielerlei andere Zwecke mit Gewinn benutzt werden kann.

Die vertikale Achse verzeichnet die Information, mit welcher Mehrheit in den einzelnen Ländern die Verfassung geändert werden darf. Ist es die einfache Mehrheit oder ist zusätzlich zur einfachen Mehrheit noch eine Volksabstimmung (oder eine Neuwahl des Parlaments) zwingend vorgeschrieben? Genügt nur die absolute Mehrheit? Oder richtet das Erfordernis einer Zweidrittelmehrheit sogar ein Minderheitenveto auf, weil ohne Zustimmung der Opposition die Verfassung nicht geändert werden kann?

Die horizontale Achse gibt Auskunft darüber, ob in den einzelnen Ländern Artikel eines Gesetzes von einem Gericht wegen Verfassungswidrigkeit für nichtig erklärt werden dürfen oder nicht. Dabei spielt es hier keine Rolle, ob dies ein ordentliches Gericht oder ein Oberster Gerichtshof oder ein besonderes Verfassungsgericht ist. Auch kann vernachlässigt werden, ob nur geschädigte Bürger klagen dürfen oder ob, wie in Deutschland, ein Drittel der Mitglieder des Bundestages sofort Klage beim Bundesverfassungsgericht ("abstrakte Normenkontrolle") erheben kann.

Ein Blick auf das Schaubild ergibt drei für die Ortsbestimmung Großbritanniens auf der internationalen Verfassungslandkarte wesentliche Einsichten.

- In der überwiegenden Mehrzahl der Länder können (erkennbar aus der rechten Spalte) Gesetze durch die Judikatur wegen Verfassungswidrigkeit aufgehoben werden. Über Parlament und Parteien steht noch ein über Einhaltung der Verfassung wachender "Hüter der Verfassung".

ÄNDERUNG DER VERFASSUNG UND VERFASSUNGSGERICHTSBARKEIT

ANNULLIERUNG VON GESETZEN DURCH DIE JUDIKATUR WEGEN VERFASSUNGSWIDRIGKEIT

		NEIN	*JA*
	EINFACHE	Israel 1) United Kingdom Neuseeland	Irland Kanada
MEHRHEITSREGEL ZUR ÄNDERUNG DER VERFASSUNG	*EINFACHE MIT ZUSATZ- QUALIFIKATION ODER ABSOLUTE*	Finnland 2) Schweiz 6)	Australien Dänemark 3) Frankreich V. 4) Italien Schweden 5)
	2/3 MEHRHEIT ("MINDERHEITEN- VETO")	Belgien Luxemburg Niederlande	Deutschland Griechenland Japan Norwegen Österreich Portugal Spanien USA

1) Bei "geschützten" Artikeln Mehrheit der Mitglieder, nicht nur der Anwesenden, vgl. Wolffsohn 1987, S. 36 f.

2) Einfache Mehrheit der abgegebenen Stimmen bei der 3. Lesung und 2/3-Mehrheit in der ersten Sitzung nach den nächsten Wahlen.

3) Einfache Mehrheit, aber Volksabstimmung und Neuwahl des Folketing.

4) Einfache Mehrheit in jeder Kammer, aber 3/5-Mehrheit in gemeinsamer Sitzung von Assemblée und Senat.

5) Entweder zweimal einfache Mehrheit mit dazwischen liegender Neuwahl des Riksdag oder 3/4-Mehrheit mindestens der Hälfte der Mitglieder.

6) Verfassungsändernde Gesetze müssen immer einem obligatorischen Referendum unterworfen werden. Auch einfache Gesetze unterliegen einem fakultativen Referendum, wenn die vergleichsweise geringe Zahl von 50 000 Bürgern es verlangt.

Quelle: PARLIAMENTS OF THE WORLD. A COMPARATIVE REFERENCE COMPENDIUM (INTER-PARLIAMENTARY UNION), 2. Auflage London 1986, Tabellen 16.2. und 45.1.

- Nur in wenigen Ländern darf die Verfassung (wie aus den waagerechten Zeilen ersichtlich) mit einfacher Stimmenmehrheit ohne erschwerende Zusatzqualifikation geändert werden. In der Mehrzahl der Länder ist die absolute beziehungsweise sogar die 2/3-Mehrheit oder die 3/5-Mehrheit erforderlich.

- Nur in Großbritannien und in seinem ehemaligen Dominion Neuseeland (und mit Einschränkungen auch in Israel) existiert weder die eine noch die andere Erschwerung der Verfassungsänderung. In Großbritannien und Neuseeland, die als Prototypen des "Westminster Modells" gelten (LIJPHART 1984, 5, 16) steht die Verfassung uneingeschränkt zur Disposition der jeweiligen Mehrheit.

Die drei Länder in der linken oberen Zelle von Schaubild 1.2: Großbritannien, Israel und Neuseeland sind übrigens nicht ohne Zufall auch die einzigen liberaldemokratischen Systeme, die keinen kodifizierten Verfassungstext besitzen. Während aber Israel auf eine vollständige Kodifizierung verzichtete, weil eine Einigung über das Verhältnis von Staat und Religion zwischen den religiösen Gruppen und Parteien unmöglich erschien, konnte man umgekehrt in Großbritannien und Neuseeland auf ein schriftliches Protokoll der Grenzen des Regierens verzichten, weil über die Spielregeln von Machterwerb und Machtausübung ein durch historische Präzedenzfälle bewährtes Einverständnis bestand.

Die Tatsache, daß es in Großbritannien faktisch nichts gibt, was einen von normalen Parlamentsgesetzen unterschiedenen Verfassungsrang besäße, daß kein Gesetz dem Zugriff der einfachen Mehrheit entzogen ist, veranlaßte einen ausländischen Klassiker der Regierungslehre zu dem oft zitierten "verzweifelten Ausruf": es gibt ja gar keine englische Verfassung (DE TOCQUEVILLE zitiert bei BOGDANOR 1988, 53 und LOW 1911, 2). Doch auch in Großbritannien begannen sich angesichts der erneuten Polarisierung zwischen den Parteien in den 1970er und 1980er Jahren führende Juristen des Landes besorgt zu fragen: Was geschieht, wenn es einer demokratisch gewählten Regierung gefallen sollte, mit ihrer Unterhausmehrheit weitreichende Verfassungsänderungen zu beschließen und rechtsstaatliche Grundsätze der ungeschriebenen Verfassungstradition außer Kraft zu setzen?

Gar keine englische Verfassung? (DE TOCQUEVILLE)

Um dieses politische Schreckgespenst auch juristisch ein für allemal zu bannen, forderten sie die Ausarbeitung einer schriftlich fixierten Verfassungsurkunde (genannt neue "Bill of Rights" in Anlehnung an die 300-Jahr-Feier der "Wende" der Glorreichen Revolution von 1688). Ein förmlicher Grundrechtskatalog sollte (ähnlich wie in der Bundesrepublik Deutschland) dem Zugriff zukünftiger parlamentarischer Mehrheiten dauerhaft entzogen sein (vgl. Kapitel 8.4). Parlament und Regierung konnten sich aber nicht mit einer Änderung des gewohnten Zustandes einer unkodifizierten Verfassung befreunden.

Forderungen nach geschriebener Verfassung

Der weltweit einmalige Grundsatz der "Souveränität des Parlaments" stellt die Verfassung ohne Minderheitenveto und ohne Verfassungsgerichtsbarkeit zur Disposition der einfachen Mehrheit. Sollte es den von einigen Demokratiekritikern des öfteren argwöhnisch beschworenen "Parlamentsabsolutismus" tatsächlich geben, so wäre er formal-juristisch in Großbritannien beheimatet. Doch ist der Grundsatz der "Souveränität des Parlaments" in Großbritannien eine durch Zeit und Tradition geheiligte Verfassungskonvention, die gerade als Errungenschaft der anti-absolutistischen Verfassung des nachrevolutionären England verstanden wird.

1.3 "Souveränität des Parlaments": die zentrale Legitimationsidee

Die zentrale Legitimationsformel der "Souveränität des Parlaments" gilt als oberste, nur unter Bruch des gewachsenen Verfassungsgefüges wegdenkbare Verfassungskonvention. Auch sie geht - wie so vieles in Großbritannien - auf das ausgehende Mittelalter zurück. In den beiden Revolutionen des 17. Jahrhunderts waren zwei andere Legitimationsformeln, die (damals revolutionäre) Volkssouveränität und das (damals in Europa übliche) Gottesgnadentum der Krone, von den Bürgerkriegsparteien verkündet, aber von den Zeitgenossen schließlich als unpraktikabel verworfen worden. Damals war kaum abzusehen, daß der im unblutigen Staatsstreich der "Glorious Revolution" von 1688 gefundene Kompromiß den Rahmen für eine vielbewunderte Kontinuität der politischen Institutionen abgeben würde:

> "England ist im 17. Jahrhundert durch zwei Revolutionen erschüttert worden und befand sich in einem fast permanenten Zustand politischer Krise. Die Zeitgenossen betrachteten das englische Volk als unruhigste, turbulenteste Nation Europas. Noch 1714, angesichts des Todes der Königin Anne und des Wechsels der Dynastie, rechneten viele Engländer mit einem Bürgerkrieg" (SCHRÖDER 1982, 17).

Nach fast einem halben Jahrhundert politischer Revolution, Bürgerkrieg, Hinrichtung des Königs, Ausrufung der puritanischen Republik der Heiligen, intoleranter Restauration der Monarchie und erneutem Rechtsbruch durch die absolutistische Politik Jakobs II. wollte man auch verfassungstheoretisch die Souveränität weder dem Volk noch der Krone überantworten. Die Common-Law-Juristen, die Träger der Revolution gegen den Absolutismus der Krone waren, entwickelten eine andere, nämlich die Konsenstheorie der Verfassung. Mit der aus dem "Common Law" entlehnten Formel der "Crown-in-Parliament" bestimmte man in einer epochemachenden Legalfiktion, der aufgrund des Ausgangs der Revolution die Zukunft gehörte, im Verfassungskompromiß der "Glorreichen Revolution" von 1688 als den Sitz der Souveränität die "Krone-im-Parlament". Souverän war nicht die Krone für sich allein wie im übrigen Europa, sondern souverän war nur der konstitutionell beschränkte Monarch, eingebunden durch die beiden Häuser des Parlaments.

Sir Edward Coke, der eine Fallsammlung von "Fällen" des englischen Rechts herausgegeben hatte, behauptete "mit durchschlagender Wirkung", daß das Parlament schon lange vor der Zeit Wilhelms des Eroberers ein aus König, Lords und Commons bestehender Gerichtshof gewesen sei. In diesem "Parlament" genannten Obersten Gericht sei das Recht des Landes stets in gemeinsamer Beratung aufgefunden und interpretiert worden. Folglich sei kein Gesetz gültig, wenn es nicht aus dem einvernehmlichen Zusammenwirken und der freien Zustimmung der drei Organe Krone, Lords und Commons hervorgegangen sei. Gegen ein solches Statut sei auch keine Berufung an irgendein anderes Gericht notwendig, weil der Konsens bereits auf der höchsten Ebene des Reiches erreicht worden sei (BENDIX 1980, Bd. 2, 116).

Die politische Funktion der Idee der "Krone-im-Parlament", der zufolge das Recht nicht autoritativ "gesetzt", sondern unter Bezug auf älteren Verfassungsbrauch "gefunden" wurde, bestand damals darin, sowohl dem Absolutismus der Krone wie auch dem revolutionären Radikalismus der Volkssouveränität einen Riegel vorzuschieben. Die Revolution von 1688 setzte die "libertäre Tradition" wohlerworbener englischer Freiheiten gegen den Versuch der Stuarts wieder in Kraft, auch in England einen fürstlichen Absolutismus nach dem Muster des Kontinents einzuführen. Dabei ersetzte sie aber - in einer glücklichen Formulierung Leopold von Rankes - den Absolutismus der Stuarts durch den Absolutismus des damals noch unreformierten oligarchischen Parlaments, in dem die aristokratischen Gutsbesitzer dominierten.

Indem die Engländer nach Abschluß der Revolutions- und Bürgerkriegswirren 1688 im Gegensatz zu dem in Europa sich durchsetzenden fürstlichen Absolutismus eine nichtabsolutistisch-parlamentarisch, allerdings noch keineswegs demokratisch gewählte Regierung einrichteten, beschritten sie einen von den Zeitgenossen durchaus als solchen empfundenen "Sonderweg" (SCHRÖDER 1982). Zu diesem "Sonderweg" trugen geographische Faktoren (Insellage ohne Zwang zur Verteidigung offener Grenzen durch ein vom König unterhaltenes stehendes Heer) wie auch wirtschaftliche Vorteile bei (ein durch die Flotte militärisch abgesicherter wirtschaftlicher Protektionismus in den Außenhandelsbeziehungen in Verbindung mit Handelsfreiheit auf dem Binnenmarkt).

Die ideell-mystisch über eine besondere Weihe verfügende Idee der "Krone-im-Parlament" (der beratend um den Träger der Krone sowie bei der jährlichen feierlichen Parlamentseröffnung gescharten Lords und Commons) erwies sich als flexibel genug, um wechselnden Verfassungsvorstellungen der folgenden Jahrhunderte als legitimierender Mantel einer rituellen Kontinuität der Institutionen zu dienen. Die zentrale Legitimationsformel war

"...compatible with different interpretations of institutional relationships: eighteenth-century Whig ideas of a 'balanced' constitution; nineteenth-century Liberal ideas of the supremacy of Commons over Lords and of the collective and individual responsibility of ministers to Parliament (rather than to the monarch); and twentieth-century collectivist views on the role of party integrating Parliament and government. While the monarchical tradition remained, there was a gradual shift to the idea that the executive power was an emanation of, or an agency of, Parliament" (DYSON 1980a, 40).

Selbst im Zeitalter der demokratischen Revolutionen ersetzte das auf Kontinuität bedachte Verfassungsdenken nicht etwa die alte Legitimationsformel der Souveränität des Parlaments durch die Volkssouveränität. "Die Lehre von der Volkssouveränität [...] wird nicht akzeptiert" (BRUNNER 1979, Bd. 1, 180, Anm. 99). Allerdings müssen seit der Demokratisierung Parlamentssouveränität und Volkssouveränität als weitgehend identisch, zumindest miteinander vereinbar gelten. Aus diesem Grunde behalf sich die herrschende Verfassungsinterpretation mit der pragmatischen Zusatzannahme, daß die "politische" Souveränität zwar an das Volk

Volks- und Parlamentssouveränität

übergegangen sei, die "rechtliche" aber nach wie vor allein bei der "Krone-im-Parlament" liege (DICEY 1885, 76).

"Souveränität des Parlaments" erst populär bei Machteinbuße des Unterhauses

Ironischerweise wurde der Grundsatz der Souveränität des Parlaments, der bereits seit dem 17. Jahrhundert die juristische Grundnorm der Verfassung war, richtig populär erst im Zusammenhang mit dem Aufstieg der Macht des Kabinetts auf Kosten des Unterhauses in der zweiten Hälfte des 19. Jahrhunderts (siehe das folgende Kapitel 1.4). Die Dominanz des Kabinetts über das Unterhaus, die das "Westminster Modell" parlamentarischer Demokratie entstehen ließ, wurde von der herrschenden Lehre mit der die Tatsachen beschönigenden altehrwürdigen Idee der Parlamentssouveränität legitimiert. Mit ihr konnte die ungewöhnliche Handlungsfreiheit einer starken Exekutive, die von liberalen Imperialisten wie Max WEBER als Voraussetzung einer erfolgreichen Weltpolitik angesehen wurde, vor alt-liberaler wie auch radikaldemokratischer Kritik abgeschirmt werden. Juristisch ein bindender und durch Tradition geheiligter Grundsatz, wurde die "Souveränität des Parlaments" praktisch-politisch, was den viktorianischen Zeitgenossen durchaus bewußt war, zu einer "avowed fiction" (LE MAY 1979, 19).

Bis heute pflegen besonders Politiker, die wie Mrs Thatcher einsame Entscheidungen lieben, oft und nachdrücklich immer wieder der "Souveränität dieses Hauses" großen Respekt zu zollen. Dies gilt um so mehr, wenn damit Ansprüche der Europäischen Gemeinschaft abgewiesen werden sollen. Doch es ist kein Geheimnis, wie ein auch heute noch sehr lesenswerter brillanter Interpret der Verfassung bereits um die Jahrhundertwende ironisch und treffend anmerkte, daß die "beherrschende und uneingeschränkte Autorität des Unterhauses fortwährend behauptet" werde, "während die Vollmachten dieses Hauses immer mehr auf das Kabinett übertragen werden" (LOW 1908, 19). In ähnlichem Sinne schrieb ein großer Bewunderer Großbritanniens lange vor Thatcher, wenn ein Mann seine Frau mit "ausgesuchter Höflichkeit" behandele (so wie ein britischer Premier oder eine Premierministerin ihr Unterhaus), dann pflege er (oder sie) nicht gerade "eine Kameradschaft zwischen den Geschlechtern auf dem Fuße der Gleichheit" zu akzeptieren (SCHUMPETER 1950, 441). Praktisch dient die zentrale Legitimationsidee der Souveränität des Parlaments als Schutz und Schirm einer weltweit (mit Ausnahme Frankreichs) recht ungewöhnlichen Handlungsfreiheit der Regierung (siehe Kapitel 1.5).

1.4 Strukturwandel des Parlamentarismus beim Übergang zur Demokratie

Was wir heute als "Westminster Modell" bezeichnen, entstand erst in der zweiten Hälfte des 19. Jahrhunderts. In der Periode zwischen den beiden Wahlrechtsreformen von 1832 und 1867 hatte das House of Commons ein zuvor und auch später unbekanntes Maß an Macht besessen. Jene kurze Zeitspanne wird bisweilen als "goldenes Zeitalter" des Parlamentarismus bezeichnet. Sie war aber von instabilen, wechselnden Mehrheiten gekennzeichnet. Premierminister, deren Kabinette durch ein Mißtrauensvotum des Hauses gestürzt worden waren, machten in jener Epoche zumeist nicht von ihrem Recht Gebrauch, von der Krone eine Parlamentsauflösung zu erwirken, um durch Neuwahlen an die Bevölkerung als Schiedsrichter zu appellieren.

"Westminster Modell" entstand erst im 19. Jahrhundert

Erst als die auch damals immer noch sehr eng begrenzte Wählerschaft durch schrittweise Demokratisierung des Wahlrechts allmählich zum faktischen Volkssouverän heranwuchs, wurde es üblich, ein erfolgreiches Mißtrauensvotum des Hauses mit der Ausschreibung von Neuwahlen zu beantworten (vgl. zur Vergrößerung des Elektorats durch die einzelnen Wahlreformen im 19. und 20. Jh. PUGH (1982) und SETZER (1973) sowie die instruktiven Tabellen bei FLORA U. A. 1983, 148 ff.). So "verlor" der "Parlamentssouverän" (d. h. das ehemals oligarchische und nunmehr schrittweise demokratisierte Unterhaus) die Funktion der Wahl und Abwahl der Exekutive an den Volkssouverän. Der verfassungsrechtlich jederzeit mögliche Regierungswechsel durch ein Mißtrauensvotum des Unterhauses wurde bis heute praktisch hinfällig. Ein Regierungssturz durch ein Mißtrauensvotum blieb nur noch in seltenen Ausnahmefällen wirksam wie zum Beispiel beim Sturz der Labour Regierung Callaghan durch die Oppositionsführerin Thatcher im Februar 1979.

Demokratisierung des Wahlrechts

Die zweite Entwicklung, durch die erst das "Westminster Modell" begründet wurde, war ein Machttransfer vom Plenum des Unterhauses im Palast von Westminster an das Kabinett in Downing Street. Allerdings verbleibt die Regierung als Vorderbank des Unterhauses ein Teil des Parlaments. Die Änderungen der parlamentarischen Geschäftsordnung, die die für das "Westminster Modell" typische Dominanz des Kabinetts über das House of Commons begründeten , wurden dem Unterhaus nicht oktroyiert. Im Zuge des Anwachsens der Regierungtätigkeit wurden sie von den Abgeordneten selbst, wenn auch nicht ohne Widerstreben, in verfassungspolitischen Strukturentscheidungen seit den 1880er Jahren beschlossen. Weil der wachsende Gesetzgebungsbedarf, der mit dem Ausbau des Empire und den Anfängen staatlicher Sozialpolitik entstand, mit dem existierenden Verfahren nicht rasch genug bewältigt werden konnte, sahen sich die Abgeordneten vor eine Grundsatzentscheidung gestellt.

Machtzuwachs des Kabinetts durch Änderung der Geschäftsordnung des Unterhauses

Entweder bildete das Unterhaus ein professionalisiertes System spezialisierter Fachausschüsse. Oder es übertrug, um das Amateurparlament aus

Nebenzeit-Abgeordneten als "best club in London" erhalten zu können, die Gesetzesinitiative (fast) ganz an das aus den führenden Abgeordneten der demokratisierten Mehrheitspartei bestehende Kabinett. Bis zur Reform des Ausschußwesens im Jahre 1979 (siehe Kapitel 6.7) entschied sich Westminster für die letztere Alternative. Die um ihre Wiederwahl besorgten einfachen Abgeordneten ohne Regierungsamt ratifizierten das im Wahlkampf versprochene und sodann vom Kabinett in Kooperation mit der Bürokratie ausgearbeitete Gesetzgebungsprogramm.

Entstehung der Fraktionsdisziplin

Seit 1884 kam es zu einem säkularen Anstieg der Fraktionsdisziplin (vgl. die Grafik des Abstimmungsverhaltens über den Zeitraum zwischen 1881 und 1903 von HUGH BERRINGTON zitiert bei LOEWENBERG/PATTERSON 1979, 215). Um die rasche und reibungslose Verabschiedung der Regierungsvorlagen nicht zu gefährden, stimmte das Unterhaus einer Beschneidung der traditionellen Kontroll-, Antrags- und Debattierrechte individueller Abgeordneter zu.

Der auslösende Anlaß für die Beschränkung der Rede- und Antragsrechte der Abgeordneten zugunsten der Lenkung des Hauses durch das Kabinett (siehe Kapitel 6.1) war die Obstruktionstaktik durch die irischen Abgeordneten in den 1880er Jahren, durch die die Verhandlungen des Unterhauses für Tage und Wochen lahmgelegt wurden. Aber selbst nachdem die Republik Irland sich nach dem Ersten Weltkrieg im Jahre 1922 vom Vereinigten Königreich gelöst hatte, blieben die Instrumente einer Disziplinierung der Kammer durch das Kabinett (mit Hilfe der formal freien Zustimmung seiner "Hinterbänke") in Kraft. Dies zeigt, daß die Tendenz zur Stärkung des Vorrangs des mit dem Unterhaus verschmolzenen Kabinetts über den aktuellen Anlaß der irischen Obstruktion hinaus in langfristigen Strukturentscheidungen begründet lag.

Der Machtzuwachs des Kabinetts auf Kosten der einfachen Abgeordneten ohne Regierungsamt wird von einem führenden Kenner des britischen Parlamentarismus im 19. Jahrhundert folgendermaßen beschrieben:

> "Am Beginn des Jahrhunderts war das Unterhaus noch das große Rügegericht der Nation; das Beschwerderecht (grievances before supply) sowie das Präsentationsrecht von Petitionen waren bestimmend für den Geschäftsgang. Aber um 1900 war das Unterhaus ein von der Regierung kontrolliertes Werkzeug der Gesetzgebung geworden, bei dem die Initiativrechte der "Private Members" zur Bedeutungslosigkeit reduziert waren" (KLUXEN 1969, 116).

Doppelter Transfer der Macht vom Unterhaus nach oben und unten

Zu verzeichnen war ein doppelter Transfer der Macht vom Unterhaus nach oben und nach unten. Nach unten an das vergrößerte Elektorat, nach oben an das (mit dem Unterhaus verschmolzene) Kabinett, das die Gesetzgebung ausarbeitete und ihre Ratifikation mittels Fraktionsdisziplin durchsetzte. Dieser Strukturwandel des Parlamentarismus beim Übergang zur Demokratie wurde von einigen Verfassungsinterpreten vor 1914 durchaus als Verfall parlamentarischer Regierung im Sinne BAGEHOTS interpretiert. Es gab eine Flut von (heute vergessenen) Klagen über die "Dekadenz des Parlaments", über die "servile Unterwerfung des Parlaments unter das Diktat des

Kabinetts", über die "Autokratie" des vom Premierminister überragten Kabinetts, über den sich anbahnenden "plebiszitären Cäsarismus" (siehe die Belege bei DÖRING 1981, 132-138).

Während eine Minderheit der britischen Staatslehrer solche Kassandrarufe ausstieß, rechtfertigte die Mehrheit die neue Entwicklung mit der alten, inzwischen den Tatsachen allerdings realiter widersprechenden Legitimationsidee der "Souveränität des Parlaments". Erst eine Reihe von Demokratie- und Parlamentarismustheoretikern außerhalb Großbritanniens, die zu den normativen Befürwortern einer "demokratischen Elitenherrschaft" zählen, stilisierten das "Westminster Modell" zum Vorbild der Konkurrenzdemokratie im Zeitalter der Massen. Für LOWELL (1912) und MAX WEBER (1918) vor dem und im Ersten Weltkrieg und später dann für SCHUMPETER (1942) oder DOWNS (1957) wurde Großbritannien zum bedeutendsten, wenn nicht sogar zum einzigen, empirischen Beispiel für ihre normativen Vorstellungen.

So war es kein Zufall, daß nicht ein Engländer, sondern erst ein amerikanischer Demokratietheoretiker, der zu der neuen Schule der "demokratischen Elitisten" zu zählen ist, im Jahre 1912 eine kühle, positive Neubewertung der Dominanz des Kabinetts über das Unterhaus vornahm. Denn:

> "Offensichtlich war ein Umdenken und eine Revision älterer, tief im angelsächsischen Denken eingewurzelter Lehren von Demokratie, Repräsentation, öffentlicher Meinung und der Funktion politischer Parteien nötig, ehe die mit dem Übergang zur Massendemokratie einsetzenden Strukturwandlungen nicht mehr als Symptome eines Verfalls, sondern als Merkmale einer neuen Epoche anerkannt werden konnten" (DÖRING 1981, 139 f.).

LOWELL, der "Professor of the Science of Government" und Präsident der Harvard Universität, verwarf den "talk of government by the people" als eine den Tatsachen widersprechende Ideologie. Statt dem Volke sollte man lieber von politischen Parteien sprechen, denn es sei ein Faktum, "that in a great nation [...] we are ruled by parties, whose action is more or less modified but never completely directed by public opinion" (LOWELL 1912, 69). Wenn denn schon das Kabinett, schrieb er, zu einer "Autokratie" geworden sein sollte, so sei es doch eine befristete "Autokratie" auf Zeit. Sie könne durch kollektive Verantwortlichkeit des Kabinetts gegenüber dem Unterhaus zur Rechenschaft gezogen werden. Sie stehe durch Fragestunden und Unterhausdebatten unter dem "ständigen Feuer der Kritik"; und überdies wirke die Drohung eines Machtwechsels in der nächsten Wahl machtbegrenzend (LOWELL 1912, 355).

Auch heute warnen ernstzunehmende Stimmen wie LORD HAILSHAM (1978) - jedenfalls bevor er als Lordkanzler in die Regierung Thatcher eintrat - wieder vor der Gefahr einer "Elective Dictatorship", wie sie durch die Machtkonzentration des "Westminster Modells" heraufbeschworen werde. Verteidiger einer starken, gleichwohl aber dem Parlamente und dem Volke verantwortlichen Ein-Partei-Exekutive pflegen solchen Argumenten, ähnlich wie LOWELL vor dem Ersten Weltkrieg, entgegenzuhalten: "The Government legislates and the two Houses criticize and publicize" (CRICK, 1970, 41).

Damit können sie sogar der Forderung nach einer Stärkung der "Öffentlichkeitsfunktion" des Unterhauses Gewicht verleihen, nach einer Parlamentsreform, die die Fähigkeit des Unterhauses zu "scrutiny and debate" erhöht (vgl. Kapitel 6.7).

Das "Westminster Modell" des Wechsels von Regierung und Opposition auf der Grundlage nur zweier Parteien entstand in seinem Mutter- und Musterland Großbritannien nicht aus einer vorkonzipierten theoretischen Vision heraus. Vielmehr entwickelte es sich spontan und ungeplant durch Pragmatismus und Zufall im Zuge des Strukturwandels des Parlamentarismus beim Übergang zur Demokratie. In der glücklichen Formulierung, die SARTORI von OAKESHOTT übernommen hat, entstand es im "geistigen Nebel" pragmatischer Zufälle, "in the mental fog of practical experience" (SARTORI 1976, 18). Dieses "Westminster Modell" wurde oft (wenn auch nicht unbestritten) von amerikanischen und deutschen Demokratie- und Parlamentarismustheoretikern zum Musterbeispiel einer starken, aber dennoch dem Volke verantwortlichen Exekutive erhoben (vgl. die Darstellung und Kritik solcher Theorien bei VON ALEMANN 1973, EPSTEIN 1980 und RANNEY 1962).

1.5 Institutionelle Macht und informale Schranken der Ein-Partei-Exekutive

Nicht Gewaltenteilung, sondern Gewaltenfusion

Als herausragendes Kennzeichen des "Westminster Modells" demokratischer Herrschaft pflegt die vergleichende Regierungslehre die bewußte Aufhebung der in vielen anderen Verfassungsstaaten üblichen Gewaltenbeschränkungen zu bezeichnen (vgl. LIJPHART 1984, Kapitel 1). Machtbegrenzend wirken natürlich wie in anderen Systemen auch freie Wahlen, Parteienkonkurrenz, Verfassungsgarantie der Opposition, Garantie der Grundrechte, kommunale Selbstverwaltung (siehe aber die Änderungen der Kommunalverfassung durch die Regierung Thatcher in Kapitel 9.5), Unabhängigkeit der Gerichte und die Regeln unparteiischer Verwaltungsausübung durch die Beamten. Aber unter Beachtung rechtsstaatlicher Grundsätze werden der absoluten Mehrheitsherrschaft des relativen Siegers der Wahl - befristet für die Dauer einer Legislaturperiode - keine politischen Grenzen (außer der Drohung der Abwahl) gezogen.

Acht Dimensionen des "Westminster Modells"

Acht im folgenden zu skizzierende strukturelle Aspekte, die im weiteren Verlauf dieses Buches noch differenziert zu erörtern sein werden, tragen dazu bei, daß die aus Abgeordneten der in der Unterhauswahl siegreichen Partei bestehende britische Ein-Partei-Regierung über eine auf der internationalen Verfassungslandkarte vergleichsweise einmalige (faktisch natürlich je nach inner- und zwischenparteilichen Konstellationen wechselnde) Chance verfügt, ihren legislativen Mehrheitswillen ohne großen Widerstand in Gesetzesform zu bringen.

1. Das einfache Mehrheitswahlrecht verwandelt häufig eine nur relative Mehrheit von weniger als 50% der gültigen Stimmen in eine absolute Mehrheit der Sitze im Unterhaus. Dadurch entfällt der aus den meisten übrigen liberaldemokratischen Systemen bekannte Zwang zum Aushandeln parlamentarischer Koalitionen .

2. Eine Alternanz zwischen Ein-Partei-Regierungen wurde in den Jahrzehnten nach 1945 dadurch gefördert, daß überwiegend nur eine einzige politische Konfliktlinie - der Klassenkonflikt - den aktuellen politischen Streit unter Parteien und Wählern beherrschte. Viele der Streitfragen, die andere Nationen heftig zu spalten und zur Desintegration alter und zur Gründung neuer Parteien zu führen pflegen, waren in diesem Zeitraum in Großbritannien nicht brisant oder wurden ebenfalls (wie z. B. die Schulpolitik) unter Klassengesichtspunkten diskutiert (siehe Kapitel 2.1).

3. Die seit der irischen Obstruktion im vorigen Jahrhundert in Kraft gebliebenen Änderungen der parlamentarischen Geschäftsordnung begründen die Dominanz der Vorderbank (d. h. des Kabinetts) über das Unterhaus (siehe Kapitel 6.1).

4. Die Funktion der parlamentarischen Opposition als alternative Regierung im Wartestand wird sogar durch staatliche Besoldung des Oppositionsführers anerkannt. Aber sie verfügt über weniger Minderheiten-, Mitwirkungs- und Vetorechte als die Opposition in den meisten übrigen liberaldemokratischen Systemen (vgl. Kapitel 6.5).

5. In der für Westminster typischen Zweigleisigkeit der Struktur der Ausschüsse dürfen wohl die Sonderausschüsse ("Select Committees"), nicht aber die der Gesetzesberatung dienenden "Standing Committees" des Unterhauses Zeugen hören, Beamte befragen und Akten einsehen. Dadurch wird die rasche Ratifikation der von der Regierung vorgelegten Gesetzesvorlagen auch im Ausschußstadium erleichtert. In der "Jahrhundertreform" des Ausschußwesens 1979 (siehe Kapitel 6.7) ist diese duale Struktur nur gelockert, nicht beseitigt worden.

6. Die zweite Kammer, das House of Lords, verfügt in Verfassungsfragen nur über ein aufschiebendes Veto. Bei Gesetzen, die Steuergelder verausgaben, besitzt es zudem überhaupt keine Einspruchsmöglichkeit (vgl. Kapitel 6.8).

7. Obwohl insgesamt die richterliche Prüfung der Gesetzmäßigkeit einzelner Handlungen von Ministern aufgrund von Verwaltungsklagen einzelner Bürger zugenommen hat (vgl. Kapitel 8.2) , darf nach wie vor kein

Gericht ein Parlamentsgesetz wegen eventueller Verfassungswidrigkeit für nichtig erklären.

8. Elemente direkter Demokratie wie Volksbegehren und Volksentscheid, die als plebiszitäre Korrektur das Legislativmonopol der Ein-Partei-Regierung begrenzen könnten, sind im strikt repräsentativ-demokratischen System unbekannt. Die in der Verfassungsgeschichte historisch einmalige Volksabstimmung über den Beitritt Großbritanniens zur Europäischen Gemeinschaft hatte ihren Ursprung in taktischen Überlegungen der tief zerrissenen Labour Party (vgl. Kapitel 4.5).

Einige der vorstehenden acht Strukturen finden sich vereinzelt auch in anderen Ländern. In ihrer "stimmigen" Gesamtheit, die die gewaltenkonzentrierende Alleinregierung einer abberufbaren Mehrheit institutionalisiert, gibt es sie aber nur in Großbritannien und Neuseeland, den beiden Prototypen des "Westminster Modells" (LIJPHART 1984). Australien und Kanada, die als Dominions die Verfassung des Mutterlandes Großbritannien adoptierten, haben als sozialstrukturell stärker zerklüftete Großflächenstaaten Föderalismus und Verfassungsgerichtsbarkeit eingeführt (vgl. DOEKER 1980; WELLER 1985).

In Großbritannien führt die Kombination der vorstehenden acht Aspekte dazu, daß die Ein-Partei-Exekutive ebenso wie die nach einem Machtwechsel ins Amt gelangende parlamentarische Opposition als ein "Parteienduopol" gegen die Konkurrenz aufsteigender kleinerer Parteien durch das englische Wahlsystem abgeschirmt werden. Das Kabinett (und der es überragende Premier) verfügen faktisch über ein weder durch Föderalismus noch durch Verfassungsgerichtsbarkeit begrenztes Legislativmonopol. Dies gilt allerdings nur so lange, wie sich die parlamentsabhängige Regierung in Kampfabstimmungen gegen die Opposition der stets erneuerten Zustimmung ihrer Unterhausfraktion sicher sein kann, was bei wachsender Differenzierung in Parteien und Gesellschaft keine einfache Aufgabe ist (vgl. Kapitel 6.4).

Durch die befristete Allmacht im Ämterturnus soll - so sagen die Befürworter der vergleichsweise schrankenlosen Mehrheitsherrschaft des "Westminster Modells" - eine klar zurechenbare Verantwortlichkeit geschaffen werden. Ohne Zwang zu Koalitionsverhandlungen hinter verschlossenen Türen soll die wahlberechtigte Bevölkerung selbst die Entscheidung über die Bildung einer Regierung treffen. Ihr soll sodann im befristeten Ämterturnus einer (oder mehrerer) Legislaturperioden freie Hand unter dem Feuer der Kritik der zur Regierungsübernahme bereiten, aber von der "Mitregierung" ausgeschlossenen Opposition gegeben werden, die keine Vetomacht besitzt (siehe Kapitel 6.5). Während Sozialisten hier den Hebel für eine weitgehende Veränderung der Gesellschaft mit legalen Mitteln sehen, erblicken konservative Kritiker darin das trojanische Pferd einer die englischen Freiheiten beseitigenden "gewählten Diktatur" (HAILSHAM 1978).

Ein akribischer Forscher, der zu den führenden Kennern des britischen Parlamentarismus zählt, bezweifelt sogar, daß das "Westminster Modell" jemals in der ihm unterstellten Form existiert habe. Er hält es für eine normativ gedachte Ordnung, die sich vielen subjektiv ehrlich als real existierend dargestellt, aber niemals ganz der Wirklichkeit entsprochen habe (NORTON 1983, 59). In der Tat stellten sich einige Elemente, die ihm von der Theorie zugeschrieben werden, erst sehr spät ein. So wurde die Vetomacht des nicht demokratisch gewählten Oberhauses nicht vor der Verfassungskrise von 1911 begrenzt. Volljährige Männer erhielten das Wahlrecht nicht vor 1918 und Frauen nicht vor 1928. Die letzten Reste von Wahlprivilegien (u. a. mehrere Stimmen für Akademiker) wurden erst 1948 beseitigt.

Andere Elemente, die zu den Modellannahmen des "Westminster Modells" gehören, wie die Alternanz zwischen nur zwei Parteien ohne Zwang zu Koalitionen, fehlten für viele Jahrzehnte. So gab es ein Zweiparteiensystem, das einen regelmäßigen Machtwechsel ermöglichte, ohne durch das Wahlsystem einen größeren Wähleranteil von der parlamentarischen Repräsentation auszuschließen, eindeutig nur zwischen 1945 und 1970 (siehe Kapitel 5.3). Insofern das "Westminster Modell" aber im Bewußtsein der handelnden Politiker verankert war und zu einem großen Teil immer noch verankert ist, bildet es einen praktischen Handlungsrahmen, an dessen orientierend wirkendem Sinn sich Parteien, Parlament und Regierung trotz der Kritik dissentierender Minderheiten ausrichten können.

Im gewaltenverschmelzenden Parlamentarismus Großbritanniens besteht das wirksamste Mittel gegen eine zur hemmungslosen Ausnutzung ihrer Gesetzgebungskompetenz entschlossene Parteiregierung im "Hinauswurf der Schufte" aus dem Amt. Die demokratische Logik der Abwahl wird durch die nicht abschätzig gemeinte Redeweise des "throwing the rascals out" ausgedrückt. Dieses Sanktionsmittel wird allerdings nur im nachhinein wirksam, wenn eine Regierung bereits vollendete Tatsachen geschaffen haben kann. Die anderen mäßigenden und machtbegrenzenden Gegenmittel, die das "Westminster Modell" gegen eine formal allmächtige Exekutive aufrichtet, sind nur informeller Art. Sie beruhen in verhaltensleitenden Erwartungen der politischen Kultur (siehe Kapitel 3).

Die britische Ein-Partei-Regierung kann ihren Willen per Gesetz, wenn sie es darauf anlegen sollte, ohne irgendein Minderheitenveto durchsetzen. Im "Westminster Modell" dies ist der große Unterschied zu anderen liberalen Demokratien - sind die machtbegrenzenden Gegengewichte nicht gerichtlich einklagbar. Sie stehen zur Disposition der Parteimehrheit, wenn diese (mit weniger als der absoluten Mehrheit der gültigen Stimmen) Wahlen zu gewinnen in der Lage ist. Das institutionelle Arrangement von Westminster wurde in die kolonialen Nachfolgestaaten der einstigen Weltmacht Großbritannien übertragen. In den meisten von ihnen scheiterte es, weil die sozialen und kulturellen Voraussetzungen für die dem Modell unterstellte Arbeitsweise der Institutionen fehlten. Ihnen wenden wir uns nun in den folgenden beiden Kapiteln zu.

Sowohl Realtyp als auch normatives Ordnungsmodell

Das Modell sogar in Großbritannien nur zeitweise voll verwirklicht

2 Demokratie und soziale Homogenität: zur Struktur der Gesellschaft

In seiner Querschnittsanalyse der demokratischen Systeme der Gegenwart stellte Arend LIJPHART eine grundlegende These über die sozialstrukturellen Voraussetzungen von Konflikt und Konsens in der Demokratie auf. Das "Westminster Modell" der befristeten Allmacht der Ein-Partei-Regierung im Ämterturnus funktioniert störungsfrei nur, so sagte er, bei einer gewissen sozialen Homogenität der Gesellschaft. Krasse Unterschiede in der Sozialstruktur (also soziale Heterogenität statt sozialer Homogenität) erschweren die Akzeptanz des Entscheidungsmonopols der einfachen Mehrheit. Je stärker dagegen eine Gesellschaft sozial homogen ist, desto geringer dürfte die Intensität von Interessenkonflikten sein; und um so leichter kann die Forderung an die in den Wahlen unterlegene Minderheit akzeptiert werden, zur Korrektur möglicher Auswüchse der Mehrheitsherrschaft nur in begrenztem Umfang die Gerichte anrufen zu können.

Demokratie und soziale Homogenität

Wenn Nationen dagegen stark gespalten sind nach regionalen Disparitäten zwischen Zentrum und Peripherie, wenn eine Gesellschaft aus einander verfeindeten ethnischen Gruppen und religiösen Glaubensgemeinschaften besteht oder wenn die Unterschiede zwischen Reich und Arm sehr groß sind, dann werden sich Minderheiten schwerlich dem Entscheidungs- und Gesetzgebungsmonopol einer Exekutive unterwerfen, die mit der relativen Mehrheit der Stimmen die absolute Mehrheit der Mandate im Parlament gewonnen hat. In einem solchen Falle kann die Regel "Mehrheit entscheidet" nicht die einzige Form "der" Demokratie sein.

Bei starker Interessenheterogenität und hoher Intensität gesellschaftlicher Konfliktlagen gerät eine Gesellschaft nämlich bald an die "Grenzen der Mehrheitsdemokratie" (GUGGENBERGER/OFFE 1984). Unter diesen Umständen kann die majoritäre Konkurrenzdemokratie sogar gefährliche Wirkungen zeitigen. Denn Minderheiten, denen eine Mitsprache an der Exekutive dauerhaft verwehrt ist, "will feel excluded and discriminated against and will lose their allegiance to the regime" (LIJPHART 1984, 22 f.). Aus diesem Grunde werden in vielen Ländern, die sozialstrukturell stärker zerklüftet sind als Großbritannien, institutionelle Vorkehrungen zum Schutz von Minderheiten, die die Entscheidungsmacht der demokratisch durch Wahl legitimierten Mehrheit begrenzen, zum Wesensgehalt der Demokratie gerechnet.

Es wäre freilich utopisch zu glauben, daß demokratische Industriegesellschaften jemals völlig homogen im Sinne einer sozialstrukturellen Nivellierung sein könnten. Aus diesem Grunde hat es sich in der vergleichenden Regierungslehre eingebürgert, auch dann noch von einer "homogenen" Gesellschaft zu sprechen, wenn sie unter einem bestimmten Schwellenwert von Heterogenität bleibt (LIJPHART 1984, 21 f.) Nur in diesem eingeschränkten Sinne besitzt Großbritannien die für das Funktionieren des Westminster Modells förderliche Homogenität seiner Gesellschaft. Deutlich sichtbare Ausnahmen der Einheitlichkeit von Sprache und Kultur werden durch die "keltische Peripherie" in Schottland und Wales gebildet, wo ein geringer Teil der Bevölkerung Gälisch spricht. Die nicht der anglikanischen Staatskirche angehörenden nonkonformistischen Sekten und die Katholiken waren bis ins 19. Jahrhundert von allen Staatsämtern ausgeschlossen und zeigen auch heute noch Züge eines Sonderbewußtseins. In neuerer Zeit werden für die ehemalige Kolonialmacht Großbritannien durch die Einwanderung farbiger ethnischer Minoritäten mit britischen Pässen aus dem Commonwealth neue Probleme aufgeworfen.

Für unsere Gegenwartsdiagnose des "Westminster Modells" spitzt sich die Problematik auf die Schlüsselfrage zu: Sind andere, früher latente soziopolitische Konfliktlinien - wie z.B. regionale Unterentwicklung, linguistische Differenzen, Ressentiments zwischen Bürgern verschiedener Hautfarbe oder Wertekonflikte über den Schutz der Umwelt - zur Grundlage einer dauerhaften neuen Parteibindung einzelner Bevölkerungsgruppen an Parteien außerhalb des etablierten Zweiparteiensystems geworden?

2.1 Klasse als politische Konfliktlinie: Sozialstruktur und Wählerverhalten

In der Wahlsoziologie analysiert man seit ROKKAN mehrere soziopolitische Grundkonflikte oder sogenannte "Cleavages" (siehe zu diesem zentralen Schlüsselbegriff PAPPI 1983, 183-191):

5 soziopolitische Konflikte

- den sozioökonomischen Konflikt zwischen Unternehmern und Arbeitern, der Besitzende und Vermögenslose entlang der traditionellen Links-Rechts-Dimension spaltet;

- den territorialen Konflikt zwischen nationalem Zentrum und regionaler Peripherie (regionale Parteien und separatistische Bewegungen);

- den Konflikt zwischen Staat und Kirche (z. B. über die Streitfragen von Abtreibung und Privatschulen);

- den Konflikt zwischen Stadt und Land bzw. zwischen dem agrarischen und industriellen Sektor der Wirtschaft (z. B. spalten sich

Parteiensysteme leicht beim Streit zwischen Exportindustrie und Landwirtschaft über die Erhebung von Importzöllen).

- Darüber hinaus sprach bereits ROKKAN von Wertekonflikten über die Interpretation von Geschichte und Zukunft der industriellen Zivilisation (vgl. FLORA 1974, 73). Ein solcher Wertekonflikt scheint heute als sogenannter "Postmaterialismus" (INGLEHART 1989) bzw. als Konfliktlinie zwischen "Idealismus" versus "Realismus" (BÜRKLIN 1984) eine Basis für Alternativ- und Umweltparteien abzugeben.

Klassen nicht der einzige, wohl aber der am stärksten durch Parteien politisierte Konflikt

Vor etwas über zwei Jahrzehnten schrieb Peter PULZER in einer berühmten, seitdem immer wieder zitierten Sentenz: "Class is the basis of British party politics; all else is embellishment and detail" (PULZER 1975, 102). Wenn er feststellte, die britische Parteipolitik drehe sich um Fragen sozialer Klasse und alles andere sei nur ausschmückendes Detail, wollte er damit keineswegs sagen, es gebe in der Parteipolitik überhaupt nichts anderes als den Klassenkonflikt. Vielmehr war in der politischen Arena seit 1945 nur eine der oben skizzierten logisch möglichen soziopolitischen Konfliktlinien dramatisch sichtbar; die anderen bildeten als latente Gegensätze nur selten oder nie die Grundlage des Parteienstreits.

Anders als in der Zwischenkriegszeit und anders auch als in der jüngsten Zeit war nur eine einzige soziopolitische Konfliktlinie im aktuellen politischen Streit dominant. Es handelte sich um die nach den Begriffen "Links" und "Rechts" politisierten Fragen von Verstaatlichung, Regelung der Arbeitsbeziehungen zwischen Unternehmern und Gewerkschaften, Verbesserung der Lebensbedingungen der Unterschicht durch Besteuerung der Reichen und anderes mehr. Die übrigen soziopolitischen Konfliktlinien (cleavages), die Nationen zu spalten pflegen, waren in diesem Zeitraum in Großbritannien nicht aktuell und brisant. Sie waren entweder marginal, oder sie wurden (wie etwa die Frage der Gesamtschule) ebenfalls unter Klassengesichtspunkten diskutiert.

In den sechziger und siebziger Jahren haben die überraschenden Wahlerfolge der anti-zentralstaatlichen Regionalparteien in Schottland und Wales, die inzwischen allerdings wieder stark zurückgefallen sind, den Zentrum-Peripherie-Konflikt ähnlich wie in anderen westeuropäischen Ländern auch in die britische Parteipolitik getragen (siehe unten Kapitel 2.4 und 5.4). Doch in jener vergangenen "goldenen" Zeit des britischen Zweiparteiensystems, als Regierung und Opposition zwischen nur zwei Parteien wechselten, die auch von der großen Mehrheit der Bevölkerung gewählt wurden, gab es eine im wesentlichen eindimensionale Konfliktstruktur.

Doch objektive soziale Gegensätze setzen sich niemals automatisch in Politik um. Der von ihnen ausgehende Problemdruck muß erst durch politische Parteien oder andere Akteure gedeutet, organisiert und propagiert werden, ehe eine objektive Spaltung politische Aktualität gewinnt. In diesem

Sinne kann man auch das Ausmaß der Homogenität einer Gesellschaft geradezu über die Politisierung ihrer latenten sozialen Konflikte definieren. In einer "homogenen" Gesellschaft wie in Großbritannien in den ersten beiden Jahrzehnten nach 1945 gab es nur einen Konflikt von politischer Relevanz, den Klassenkonflikt. "In a complete homogeneous society, real differences in wealth and social class are apparent, but the other influences [...] are not politically operative" (SMITH 1976, 12).

Indikatoren eines "Class Voting"

Aber selbst damals wären Labour und Konservative als reine "Klassenparteien" ohne Verankerung in vielen Gesellschaftsgruppen selbst in Großbritannien, wo der Klassenkonflikt stärker als in manchen anderen Ländern ausgeprägt ist, nicht mehrheitsfähig und damit regierungsfähig gewesen. Dies zeigt Schaubild 2.1 anhand eines nur sehr groben, aber gebräuchlichen und für einen Überblick ausreichenden Indikators, dem unterschiedlichen Wahlverhalten von "manuell" Tätigen auf der einen und "nicht-manuellen" Berufen auf der anderen Seite.

Damals wählten die "Manuellen", die einen guten, wenn auch nicht sehr differenzierten Anhaltspunkt für die "working class" bilden, überproportional die Labour Party. Dagegen entschieden sich (und entscheiden sich auch heute noch) die "nicht-manuell" tätigen Wähler überwiegend für die Konservativen. Aber ein nicht unbeträchtlicher, bei etwa einem Viertel liegender Teil der Arbeiterschicht, die sogenannten "working class tories", wählten konstant nicht Labour, sondern konservativ (Diskussion der Ursachen bei DÖRING 1990a). Ein etwa ebenso großer, nur geringfügig kleinerer Teil der Mittelschicht gehört zu den Wählern der Labour Party. Es sind dies vermutlich entweder wohlhabende Angestellte und Beamte mit einem sozialen Gewissen oder Kinder aus der Arbeiterschicht, die inzwischen "nicht-manuelle" Büroberufe ausüben.

Während die "working class tories" einen leicht ansteigenden Trend - und zwar schon lange vor dem Regierungsantritt Margaret Thatchers im Jahre 1979 - aufweisen, zeigt sich bei den übrigen statistischen Gruppen, die die reale Klassenstruktur allerdings nur annäherungsweise wiedergeben, ein "Decline of Class Voting". Was an Grafik 2.1 besonders auffällt, ist die Tatsache, daß der Rückgang der Bindung zwischen sozialen Schichten und politischen Parteien besonders weitgehend bei der Loyalität der "Manuellen" für die Labour Party eingetreten ist. Der Niedergang des "Klassenwahlverhaltens" scheint also in besonderem Maße ein Problem der britischen Arbeiterpartei zu sein (siehe zu den möglichen, von Anhängern und Gegnern der Partei wie auch den innerparteilichen Richtungsgruppen naturgemäß kontrovers diskutierten Ursachen Kapitel 4.4 und 4.5). Gewiß wenden sich auch die "Nicht-Manuellen" etwas von den Konservativen ab. Aber aufsehenerregende Proportionen besitzt die Abschwächung der Klassenbindung von Wählern für die Stammklientel der Labour Party.

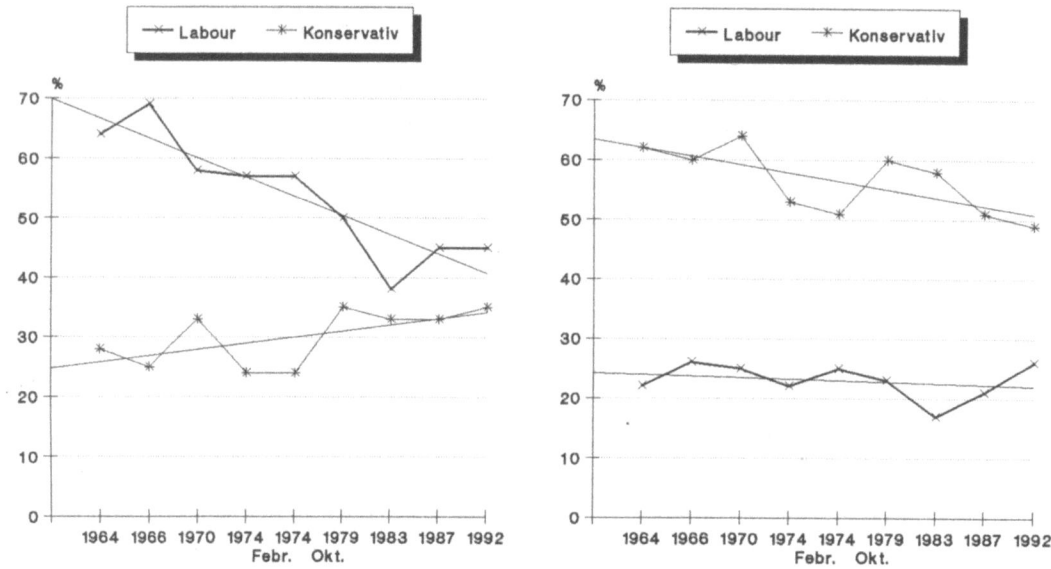

Schaubild 2.1

Parteipräferenz nach sozialer Schicht
in Unterhauswahlen

"Manuelle" Berufe

"Nicht-manuelle" Berufe

Quelle: British Election Studies, BBC/Gallup und Harris/ITN
(Mitteilung durch Ivor Crewe)

Freilich muß an dieser Stelle einschränkend sofort darauf verwiesen werden, daß alle Indikatoren der Klassengliederung selbst dann, wenn sie nicht aus dem "Economist" oder dem "Spiegel" übernommen werden, sondern von differenzierten wissenschaftlichen Studien ausgearbeitet worden sind, Gegenstand langer und komplizierter Kontroversen sind. Auf der einen Seite zeigt die "Strathclyde" Schule der Wissenschaft mit differenzierten Analysetechniken, daß der Verfall der Klassenbindung des Wählens in Großbritannien seit 1964 die Möglichkeit eines "radikalen Wandels" in der britischen Politik eröffnet hat (FRANKLIN 1985). Auf der anderen Seite kommt man in Oxford mit anderen, nicht weniger subtilen Analysetechniken zur Diagnose einer Zufallsfluktuation (trendless fluctuation) ohne prinzipiellen Niedergang von Klassengesichtspunkten im Wahlverhalten (HEATH U. A. 1986, wieder abgedruckt in dem Reader von BURCH/MORAN 1987, 91-107 und umfassend jetzt HEATH U. A. 1991).

Präferenz der "Working Class" für Labour rückläufig
Außer Streit steht jedoch, daß der Anteil der "working class" mit einer Präferenz für die Labour Party rückläufig gewesen ist. Wenn man nicht mit der vorstehend benutzten groben Unterscheidung zwischen "manueller" und "nicht-manueller" Berufstätigkeit arbeitet, sondern das komplexere Klassenschema von John GOLDTHORPE auf die britischen Wahldaten

anwendet, ergibt sich eine andere Definition und Abgrenzung der "working class". Aber selbst mit ihr zeigt sich klar ein stark rückläufiger Trend der "working class" für Labour und ein etwas weniger stark ausgeprägter positiver Trend für die Konservativen (vgl. die Rohdaten bei HEATH U. A. 1991, Tabelle 5.2).

Schaubild 2.1 zeigt nur die mehr oder minder dauerhafte Koalition zwischen zwei recht grob aggregierten sozialen Schichten und den beiden großen politischen Parteien des Parteien-Duopols in Großbritannien. Wie aber sieht im Detail die soziale Schichtung aus? Wie stark existiert ein subjektives Klassenbewußtsein? Objektive soziale Klasse und subjektives Klassenbewußtsein bilden den Stoff, aus dem durch Aktualisierung einzelner aktueller Streitfragen im politischen Tageskampf das "class voting" geformt wird. Daher sollte hier auch unabhängig von Fragen des Wählerverhaltens im engeren Sinne die Struktur der britischen Gesellschaft in ihren Grundzügen umrissen werden. Dabei erscheint es sinnvoll, empirische Informationen unter dem Gesichtspunkt auszuwählen, in welcher Weise sich die Klassenstruktur Großbritanniens, wenn überhaupt, mehr oder weniger stark von den übrigen liberaldemokratischen Systemen unterscheidet.

2.2 Objektive soziale Klassen und subjektives Klassenbewußtsein

Klassenzugehörigkeit - "that most difficult of all British issues" (DAHRENDORF 1982, 50, 54) - bestimmt sich auf den britischen Inseln, wie jeder Englandkenner weiß, nicht so sehr über protzig dargestellten Besitz und die Höhe des Einkommens als vielmehr über "Lebensstile" (ROHE 1984, 180). Damit ist nicht gesagt, daß es im Spekulationsfieber der Börse der achtziger Jahre keine "Yuppies" in knalligen Porsches mit Autotelefon als Statussymbol gegeben hätte. Aber in der Regel signalisieren die sehr unterkühlt gezeigten "fine distinctions" von Ausbildung, Sprache, Wohngegend, Lese- und Freizeitgewohnheiten die Klasse, der man sich zurechnet. Das Understatement, mit dem sie unaufdringlich zur Schau getragen werden, leistet mancherlei "snobbery" Vorschub. (Darüber informiert - mit schönen Karikaturen - ein Buch des Times-Journalisten BRADLEY 1981.)

Über Klasse spricht man nicht, "Klasse" hat man. Damit stimmt der nur auf den ersten Blick etwas paradox wirkende Befund überein, daß die Briten, als sie in der BARNES/KAASE (1979) Acht-Nationen-Studie von 1974 gefragt wurden: "Do you ever think of yourself as belonging to a particular social class?", dies mit 61% weit von sich wiesen (Codebuch ZA Köln 0765, Variable 123). Englandbesucher werden es sicher erlebt haben, daß man so gut wie nie direkt nach seiner sozialen Klasse gefragt wird, aber mit vielen kleinen, indirekt bohrenden Erkundigungen so lange bombardiert wird, bis die Gastgeber über die "classness" ihres Gegenübers sicher sein können.

Klassenlage und Statussymbole

Die Häufigkeit, mit der Rolls Royce Limousinen im Londoner Straßenbild auftauchen, und der alljährlich am Rande des "Royal Ascot" Pferderennens zelebrierte Luxus symbolisiert den Reichtum der Oberklasse. Doch sind die Unterschiede der Einkommensverhältnisse im Vereinigten Königreich nicht größer, sondern sogar geringer als in den meisten übrigen Industriegesellschaften (siehe die Tabelle der Gini-Koeffizienten bei LANE/ERSSON 1987, Tabelle 2.29, 83). Der Gegensatz zwischen "Us" und "Them", denen da oben und der breiten Masse der "Working class", wird durch die weltweit bekannten Presseberichte über die solidarische Arbeitsniederlegung ganzer Belegschaften gegen ihre Arbeitgeber aus Streikanlässen wie der ungerechten Behandlung eines Arbeitskollegen symbolisiert.

Der kontinentaleuropäische Betrachter macht sich zumeist nicht klar, daß Großbritannien - abgesehen von seiner gebildeten Mittel- und Oberschicht - ein "zutiefst proletarisches Land" (BOHRER 1982, 39) mit einer selbstbewußten, in einem eigenen kulturellen Milieu verankerten Arbeiterklasse geblieben ist. Die soziokulturelle Basis für das Klassenbewußtsein einer "reifen Arbeiterklasse" (GOLDTHORPE) wird durch die schon in vergangenen Generationen im Vergleich zu anderen Industriegesellschaften überproportional große Berufsschicht der Arbeiter gebildet (vgl. die Ergebnisse eines mit GOLDTHORPE arbeitenden international vergleichenden Projekts zur Sozialstruktur bei MÜLLER (1986, Tabelle 1, 349).

In speziellen Analysen von Umfragedaten zur Sozialstruktur für England und Wales zeigten GOLDTHORPE (1980, Tabellen 7.1, 7.2, 7.7 und 7.8) und HEATH (1981, 230 f.), daß an den beiden Polen der englischen Klassengliederung - der "Oberen Dienstklasse" auf der einen und der un- und angelernten Arbeiter auf der anderen Seite - die Neigung am größten ist, Freunde innerhalb der gleichen sozialen Schicht zu suchen und daß ferner der Anteil der Selbstrekrutierung (Arbeiter aus Arbeiterfamilien und leitende Angestellte aus Familien der "Dienstklasse") in beiden Klassen relativ hoch ist. Natürlich erhalten sie durch soziale Mobilität Zustrom aus anderen Gesellschaftsschichten. Aber die relative Stabilität der Proportionen zwischen den Generationen unterstreicht den von DAHRENDORF (1982, 49 f.) beobachteten statischen, ja fast "ständischen" Charakter der britischen Gesellschaft mit dem durch keine Revolution geschmälerten, nur durch Erbschaftssteuern belasteten Fortbestand der alten Aristokratie.

Klasse und Berufsstruktur In seiner Berufsstruktur unterscheidet England sich von allen anderen Ländern bereits in der Vätergeneration durch einen außergewöhnlich niedrigen Anteil selbständiger Landwirte (MÜLLER 1986, Tabelle 1, 349, Zeile V). Seit dem historischen "Bauernlegen" infolge der Einhegungen von Weideland durch die Großgrundbesitzer gab es in England nur noch wenig unabhängige Bauern. Nach einer Statistik aus dem Jahre 1975 wies Großbritannien unter sechzehn Nationen mit 2,8 Prozent den geringsten Anteil von Erwerbstätigen des primären Sektors auf (GLATZER U. A. 1979, 98). Infolge dieses geringen Anteils des agrarischen Sektors spielen landwirtschaftliche Streitfragen im britischen Parteiensystem seit der

Aufhebung der Einfuhrzölle auf Getreide durch Peel im Jahre 1846, die zur Spaltung der Konservativen Partei führte, keine herausragende Rolle mehr.

"Klasse" wird in Großbritannien weniger durch den Beruf als durch Sprache, Schule und Universität geprägt. Wer die herausragende Rolle der Privatschulen nicht kennt, kann die englische Klassengliederung nicht verstehen. In diskreter Umkehrung der Tatsache, daß sie privat sind und sehr hohe Schulgebühren erfordern, wird die Elite unter den zumeist als Internate geführten Privatschulen aus historischen Gründen "Public Schools" genannt. Sie verbinden die Exklusivität des plutokratischen Prinzips sehr hoher Studiengebühren mit der Exzellenz des meritokratischen Prinzips strenger Aufnahmeprüfungen. Tagesschüler zahlen zwischen 6.000 und 12.000 DM Schulgeld jährlich, Internatsschüler, die hier den Oberklassenakzent erlernen und Freundschaften für das "Old Boys' Network" ihres Lebens knüpfen, das Doppelte. "Die hohe Qualität des Unterrichts und ihren guten Ruf haben sie v.a. ihrem großen und ausgezeichneten (hoch bezahlten) Lehrkörper sowie kleinen Klassen (Lehrer-Schüler-Relation = etwa 1:12), aber auch strengen Aufnahmebedingungen zu verdanken " (FISCHER/BURWELL 1988,186).

Die Tatsache, daß der erfolgreiche Besuch einer als schwierig geltenden (und als "efficient" anerkannten) Privatschule außerordentlich stark mit späterem Erfolg im Beruf zusammenhängt, ist mit ein Grund für den großen Zulauf, den die privaten "Public Schools" trotz ihrer für den Durchschnittsbürger unerschwinglichen Schulgebühren erfahren. Ende der sechziger Jahre besuchten nur 3% der Schüler von England und Wales eine solche Privatschule, aber 80% der Obersten Richter, 49% der Professoren in Oxford und Cambridge, 33% der Professoren aller englischen und walisischen Universitäten und 79% der Direktoren der Banken waren Privatschüler gewesen (siehe die Daten in "INFORMATIONEN ZUR POLITISCHEN BILDUNG: GROßBRITANNIEN, Heft 172, 1977, 20).

Klassenbildung und private "Public Schools"

Das Erziehungssystem Großbritanniens ist dem Frankreichs, Japans und der USA darin vergleichbar, daß die Universitäten sich ihre Studierenden nach selbst gesetzten Leistungsstandards aussuchen und Bewerber abweisen dürfen. Der Besuch spezieller Eliteschulen wie die "Public Schools", für deren Aufnahmeprüfung wiederum der Besuch einer privaten Vorschule nützlich ist, erleichtert die spätere Zulassung zu den statushöchsten Universitäten (in England "Oxbridge") und von dort zu Führungspositionen in Politik und Wirtschaft. Im Jahre 1982 stellten Absolventen der angesehensten Privatschulen die Vorstandsmitglieder aller großen britischen Banken. Im ersten Kabinett der konservativen Premierministerin Thatcher waren 1979 20 von 22 Ministern Absolventen einer "Public School". Sie selbst war allerdings eine soziale Aufsteigerin, die über eine "Grammar School" Zugang zu einem Stipendium in Oxford gefunden hatte.

In den Labour Kabinetten Wilson und Callaghan hatte nur etwa ein Drittel der Minister eine Ausbildung durch eine "Public School" genossen. Doch immerhin die Hälfte kam aus "Oxbridge" - in den konservativen Kabinetten sogar vier Fünftel (siehe die von BUTLER erstellte Tabelle bei HALSEY 1988,

320). Der dem britischen Regierungssystem nachgesagte Zug, ein "Club Government" einer "Regierung durch Amateure" zu sein, hat seine Wurzel in dem von den elitären Public Schools gepflegten Erziehungsideal der Charakterbildung, die im Leitbild des universal gebildeten "Gentleman" kulminiert (vgl. unten Kapitel 3.1). Bis heute ist "der 'Clubcharakter' oder genauer: der 'Herrenclubcharakter'" (ROHE 1984, 172) für die britische politische Kultur kennzeichnend geblieben.

Anstieg
subjektiven Klas-
senbewußtseins

Das Bewußtsein der Existenz von Klassen und Klassenkonflikt hat in den letzten Jahrzehnten (schon vor der Ära des "Thatcherismus") deutlich zugenommen. Dies wird durch die in Schaubild 2.2 von uns graphisch veranschaulichten Zeitreihen von Surveydaten belegt, die unabhängig voneinander erhoben wurden. Die obere Teilgraphik gibt den Verlauf der Antworten zu einer Surveyfrage wieder, die BUTLER/STOKES erstmals stellten und die seitdem in den wissenschaftlichen britischen Wahlstudien wiederholt wurden. Sie lautet:

"On the whole, do you think there is bound to be some conflict between different social classes or do you think they can get along together without any conflict?" ("Ganz allgemein gesprochen, glauben Sie, daß es Konflikte zwischen den unterschiedlichen sozialen Klassen geben muß oder daß die Klassen ohne Konflikt miteinander auskommen können?" (zitiert nach HEATH U. A. 1991, 73).

Im Jahre 1964, als die Soziologen weltweit das Zeitalter des "Endes der Ideologien" verkündeten, glaubten nur zwei Fünftel der Befragten, daß es einen Klassenkonflikt geben müsse. Der Anteil derer, die auf ein friedliches Zusammenleben der Klassen ohne Konflikt hofften, stieg in diesem optimistischen Zeitalter bis Anfang 1970 sogar auf zwei Drittel. Mit dem Höhepunkt der britischen "Krise" im Februar 1974 (Bergarbeiterstreik und Drei-Tage-Woche) kehrte sich die Relation allerdings um. Trotz des Anscheins sozialer Befriedung in den letzten Jahren des "Thatcherismus" ist das Bewußtsein eines Klassenkonflikts wachgeblieben. Die untere Teilgrafik dokumentiert die Verteilung der Antworten zu der von Gallup in gewissen Abständen gestellten Frage: "There used to be a lot of talk in politics about the 'class struggle'. Do you think there is a class struggle in this country or not?". Das Schließen der Schere im oberen und das stetige Auseinanderklaffen im unteren Schaubild sprechen für sich selbst.

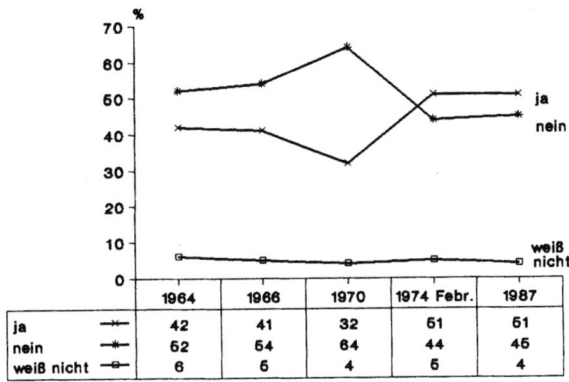

Schaubild 2.2
Subjektive Wahrnehmung des
Klassenkonflikts

"There is bound to be some social conflict between different social classes"

		1964	1966	1970	1974 Febr.	1987
ja	—×—	42	41	32	51	51
nein	—*—	52	54	64	44	45
weiß nicht	—▫—	6	5	4	5	4

% thinking there is a class struggle
in Britain

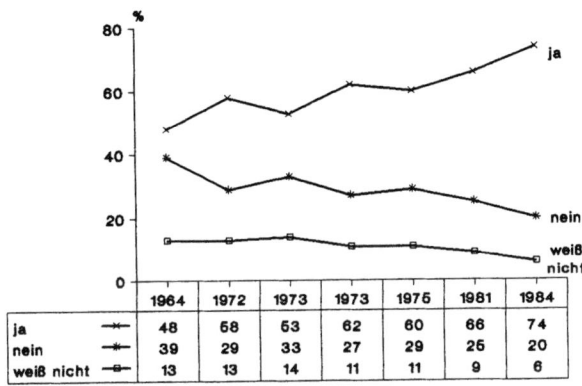

		1964	1972	1973	1973	1975	1981	1984
ja	—×—	48	58	53	62	60	66	74
nein	—*—	39	29	33	27	29	25	20
weiß nicht	—▫—	13	13	14	11	11	9	6

Quelle: Heath u.a. 1991 Tab. 5.6 + 5.7

Daß Großbritannien eine die Lebenschancen nach Klassenvorteil ungleich verteilende Gesellschaft ist, ist der großen Mehrheit der britischen Bürger, ob sie selbst sich einer Klasse zurechnet oder nicht, bewußt. Denn quer durch die beiden antagonistischen "Klassenparteien" akzeptierten im "British Social Attitudes Survey" von 1985 sowohl Anhänger von Konservativen (56%) wie auch von Labour (85%) uneingeschränkt das statement "social class affects opportunities in Britain today" (JOWELL U. A. 1985, 28). Mit relativem

Klasse und
Karrierechancen

45

Gleichmut wird dieser Klassengegensatz von der großen Mehrheit der Bevölkerung ertragen, weil die Oberklasse ihre Privilegien mit diskretem Charme unaufdringlich ausübt. Während noch in den sechziger Jahren im Rundfunk die "received pronounciation" des gebildeten Englisch obligatorisch war, zeichnen Rundfunk und Fernsehen sich heute durch eine "multikulturelle" Vielfalt von Hautfarben und sprachlichen Akzenten aus.

Die Unterklasse akzeptiert eine für unfair gehaltene Klassengesellschaft in gleichsam negativer Integration mit einem latenten Geist zur Rebellion, der in Krawallen und zivilem Ungehorsam periodisch immer wieder aufbricht (siehe zur Korrektur der Legende von der "ehrerbietigen" Unterschicht das Kapitel 3.6 über die politische Kultur). Außerdem werden die Klassenvorteile, die im plutokratisch-meritokratischen Privatschulsystem nicht auf Geld allein, sondern auf Intelligenz und Leistung gegründet sind, punktuell durch Stipendien für minderbemittelte begabte Studenten aufgelockert (herausragende Beispiele sind der Labour Premier Wilson und die beiden konservativen Premiers Heath und Thatcher sowie Roy Jenkins, der ehemalige Labour Schatzkanzler, Präsident der EG-Kommision, zeitweiliger SDP-Vorsitzender und jetziges Oberhausmitglied, die alle aus kleinen Verhältnissen stammten).

2.3 Neue soziale Lagen und Konflikte auf dem Weg zur "post-industriellen" Gesellschaft

Mit dem fortschreitenden Wandel moderner Gesellschaften entstehen zahlreiche systematisch denkbare neuartige Konflikte. Über sie informiert allgemein in mustergültiger Prägnanz ALBER (1985, Übersicht 1, 214). Hier sollen aber in Auswahl nur fünf in Großbritannien tatsächlich aktuell aufgebrochene und im Wählerverhalten nachweisbar politisierte neue Konflikte behandelt werden. Dies soll in aller Kürze nur so weit geschehen, wie es zu einem Verständnis der folgenden Kapitel über Parteiensystem und Wahlrecht unverzichtbar erscheint. Teilweise handelt es sich um alte, längst erledigt geglaubte Konflikte, die eine neue Brisanz gewonnen haben. Teilweise sind mit dem Wandel der Sozialstruktur früher unbekannte Konfliktpotentiale entstanden.

-    Durch die sogenannte "De-Industrialisierung" (d. h. den wirtschaftlichen Niedergang der Leitsektoren der industriellen Revolution) hat sich das Wohlstandsgefälle zwischen Nord und Süd, zwischen dem prosperierenden Zentrum und der Peripherie, erheblich verschärft.

Nicht nur in Großbritannien, sondern in vielen westlichen Gesellschaften schrumpfte in den letzten Jahrzehnten die Beschäftigung in den Leitsektoren der industriellen Revolution: Kohlebergbau, Eisen- und Stahlindustrie, Textilien. Gegenläufig zu diesem Schrumpfungsprozeß, der bisweilen dramatisch als "De-Industrialisierung" bezeichnet wird, waren erhebliche Steigerungen der Beschäftigungszahlen (mit Ausnahme der defizitären Verkehrsbetriebe) im tertiären Sektor zu verzeichnen. Insbesondere Hotels und Gaststätten, Einzelhandel, Banken und Versicherungen sowie die auf wissenschaftliche Dienste spezialisierten "business services" wiesen eine überproportionale Zunahme auf (vgl. die Tabellen "Employment by Industry, 1961-1979" bei NORTON 1984, 8; SOCIAL TRENDS 16, 1986, Tabelle 4.7, 65).

"De - Industrialisierung"

Infolge der historischen Standortkonzentration der Schlüsselindustrien der industriellen Revolution, die über den Kohlefeldern Großbritanniens errichtet worden waren, stehen die Eisen- und Stahlindustrie und die Schiffswerften, die im 19. Jahrhundert blühten, heute aber Verluste produzieren, in den englischen Midlands. Oder sie sind an den einst verkehrsgünstig gelegenen Flußmündungen Mersey (Liverpool) und Tyne (Newcastle) sowie am Clyde (Glasgow) in Schottland und in der Industrieregion von Südwales. Aufschlußreiche Zeitungsausschnitte mit Grafiken des "Economist" und der "Financial Times", die für den Durchschnittsleser nicht rasch greifbar sind, enthält das Großbritannienbuch von STURM (1991). Die neuen Industriezweige mit besseren Zukunftsaussichten wie die Elektronikindustrie sind dagegen überproportional im reichen Süden und Südosten Englands konzentriert. (Karten der Hauptstandorte der Eisen- und Stahlindustrie sowie der Elektronikindustrie bei HEINEBERG 1983, 117,136).

Durch den Niedergang der alten Industrien im "sekundären" Sektor und den Aufstieg neuer Wirtschaftszweige im "tertiären" Sektor verschärfte sich das seit jeher bestehende Wohlstandsgefälle zwischen dem Süden Englands und dem Rest Großbritanniens, was dazu führte, daß 1987 die Konservativen fast alle Wahlkreise südlich der Midlands gewannen, während Labour im Norden sowie in Schottland und Wales dominierte. Diese tiefe wahlsoziologische Spaltung Großbritanniens nach Regionen, die es historisch bereits einmal gab und die nun erneut aufgebrochen ist, führte dazu, daß in der letzten Unterhauswahl die Konservativen fast alle Sitze im südlichen Prosperitätsgürtel gewannen, während Labour im Norden sowie in Wales und Schottland zu einer regionalen Hegemonialpartei aufgestiegen ist (vgl. die Karte unten in Kapitel 5.2).

Regionale Disparität der industriellen Schrumpfung

Der neu aufgebrochene Konflikt zwischen Zentrum und Peripherie, zwischen dem reichen Süden mit der Metropole London und den ärmeren Regionen der zu einem geringen Teil sogar noch Keltisch sprechenden Peripherie in Schottland und Wales, hat zeitweise sogar zu starken Wahlerfolgen der dortigen anti-zentralstaatlichen Regionalparteien geführt

Flüchtige Wahlerfolge der anti-zentralstaatlichen Regionalparteien

Schaubild 2.3
Die "keltische Peripherie" in der
Unterhauswahl 1992

% gültiger Stimmen (gerundet)

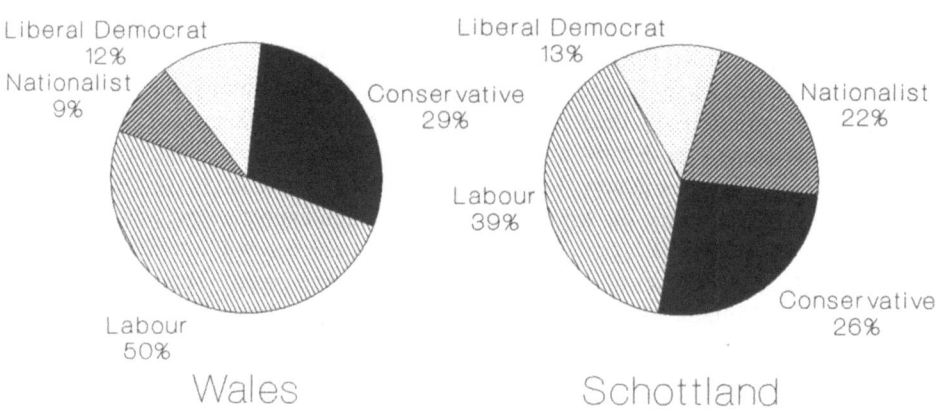

Sitze in Westminster
(Anzahl und Prozent)

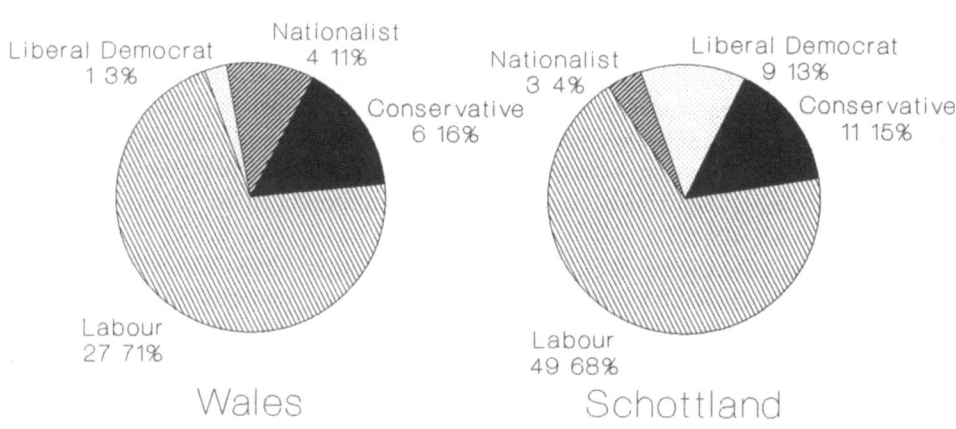

Quelle: Butler/Kavanagh 1992, S.286

(siehe dazu Kapitel 5.4). Sie haben mit ihrer Parole "Los von Westminster" das Wohlstandsgefälle durch Gründung autonomer Teilrepubliken lösen wollen (gestützt auf die Ölfunde der Nordsee und auf die Wasserversorgung englischer Millionenstädte aus dem Naturreservat von Wales). Aber in den beiden Regionen der "keltischen Peripherie" folgen die Wähler nicht diesen Parolen der "Nationalist Parties". Diese lagen nach ihrem dramatischen, aber flüchtigen Aufschwung der siebziger Jahre in der Unterhauswahl von 1987 sogar weit abgeschlagen auf dem vierten Platz noch hinter der "Alliance" aus Liberalen und Sozialdemokraten.

Wie Schaubild 2.3 zeigt, hat sich diese Situation 1992 nicht verändert. **Klassenpolitische** Obwohl die Scottish National Party 1992 mehr (schottische) Stimmen als die **Aspekte des** Liberal Democrats errang, erhielt sie wiederum weniger Sitze in Westminster **Regionalkonflikts** als diese. Labour deutet den Nord-Süd-Konflikt (Großbritanniens) nicht in erster Linie regionalpolitisch, sondern klassenpolitisch. Obwohl auch die Labour Party inzwischen die Errichtung eigener Regionalparlamente für Schottland und Wales fordert, deutet sie den Gegensatz doch als einen solchen zwischen Arm und Reich. Der beste Weg, Schottland und Wales zu helfen, erscheint somit die Wahl einer nationalen Zentralregierung aus Labour, die die Wirtschaftsförderung für die beiden Regionen verstärkt. Der Gegensatz zwischen Zentrum und Peripherie wird so zu einem Teil des strukturdominanten sozioökonomischen Links-Rechts-Gegensatzes der britischen Politik. Ähnlich steht es um den Gegensatz zwischen den verelendeten "Inner Cities" und den vorstädtischen Wohnvierteln im grünen Gürtel.

- Durch Abwanderung der Wohnbevölkerung aus den innerstädtischen Gebieten in die grünen Gürtel der Vorstädte entstand ein weiterer territorialer Gegensatz zwischen *inner cities* und den *suburbs* im Umkreis der englischen Millionenstädte.

Da sich sozioökonomisch höherstehende Gruppen ein Haus im Grünen leisten können, werden die neben den vornehmen Geschäftszentren liegenden Wohnviertel, die zu Slums einer neuen farbigen Unterschicht verkommen, zu sicheren Hochburgen der Labour Party (instruktive Karte der englischen "Megalopolis", der großstädtischen Ballungsräume, und Tabelle der Abwanderung aus den unwirtlich gewordenen Metropolitanbereichen bei HEINEBERG 1983, 49 und 216). Ab und zu macht der Groll sich in Krawallen mit Plünderungen und Brandstiftungen wie in Brixton in London oder Toxteth in Liverpool 1981 Luft. Aber der potentielle Rassenkonflikt ist in erster Linie in Gestalt des sozialen Klassenkonflikts zwischen Reich und Arm, Konservativen und Labour, guten und schlechten Wohnlagen politisiert worden.

- Der sektorale Wandel der Erwerbsbevölkerung läßt gewachsene soziale Milieus schrumpfen, ohne sie ganz aufzulösen. Damit setzt er aber eine steigende Zahl mobiler Wechselwähler ohne politische Familien- und Schichtsozialisation frei.

Neue Mittelschicht Durch den Zuwachs von angestellten Gehaltsempfängern und den Rückgang der traditionellen Sozialmilieus der Selbständigen und der Fabrikarbeiter (ausgewählte Prozentzahlen für den Zeitraum 1911-1971 bei HALSEY in dem Reader von BURCH/MORAN 1987, 31) hat sich Großbritannien ähnlich wie andere Systeme zu einer von den Angestellten im Dienstleistungssektor gepägten Gesellschaft gewandelt (vgl. KAISER 1991, 17 f.). Dazu hat auch die allgemeine Vermehrung der Bildungschancen in westlichen Demokratien seit den 50er Jahren beigetragen. Dabei hat Großbritannien allerdings weniger stark expandiert als andere westliche Demokratien. Das Ausmaß der Bildungsexpansion liegt ähnlich niedrig wie in der Schweiz, die im übrigen auch ein hohen Leistungsansprüchen genügendes Privatschulsystem besitzt (Komparative Zahlen zur Bildungsexpansion bei FLORA U.A. 1983).

In wahlsoziologischen Studien zeigen angestellte Akademiker (in der Terminologie von HEATH U. A. das *salariat*) ein nachweislich vom gesamten Bevölkerungsdurchschnitt abgehobenes Wahlverhalten. Sie neigten - nicht nur in Oxford, sondern im ganzen Lande - in der Unterhauswahl von 1987 überproportional der "Alliance" zu. 39% der Befragten mit Universitätsabschluß (n=207) präferierten die gegenüber dem Westminster Modell kritische Allianz, während es bei den Angestellten ohne Universitätsabschluß (n=645) nur 25% waren (HEATH U. A. 1991, Tabelle 6.6, 91). Die sich hier abzeichnende sozialstrukturelle Nische für eine Reformpartei ist aber quantitativ zu klein, um den Gesamtausgang zu beeinflussen (DÖRING 1987d, 151 f.). Überdies lagen die Konservativen 1987 mit ebenfalls 39% Kopf an Kopf mit der "Alliance" (siehe zum Aufstieg und Fall derselben Kapitel 5.5).

- Neue sektorale Gegensätze von Produktion und Konsumption beeinflussen das Wahlverhalten.

Öffentlicher und privater Sektor Zum Beispiel zeigen Beschäftigte im öffentlichen Sektor eine tendenziell stärkere Präferenz für die Labour Party. Dies gilt sowohl für die *working class* als auch für das *salariat*. Dabei darf nicht übersehen werden, daß der größte Teil der Angestellten auch im öffentlichen Sektor konservativ wählt (1987 40%), obwohl der Anteil der Labour Wähler in diesem Sektor doppelt so hoch wie im privaten (26% zu 13%) lag (HEATH U. A. 1991, Tabellen 6.7 und 7.1).

- Mit Umweltzerstörung und radioaktiven Unfällen hat in Großbritannien sehr spät auch die *Green Party* (bis 1985 *Ecology Party* genannt) eine Wählerresonanz gefunden.

Beitritt zur EG als neuer Konflikt Erst bei der Wahl zum Europäischen Parlament von 1989 erzielte die britische Umweltpartei einen überraschenden Erfolg. Zuvor war sie, gemessen an Wählerstimmen, völlig bedeutungslos gewesen. In der Unterhauswahl 1987 erzielte sie selbst dann, wenn man ihre gültigen Stimmen nur auf die Wahlkreise bezieht, in denen sie Kandidaten aufstellte, lediglich 1.4% der Stimmen. Ihre elektorale Schwäche hing zum einen damit zusammen, daß ihre Anliegen bereits von *fringe groups* aus dem bunten linken Spektrum von Labour und den Liberalen vertreten wurden. Zum anderen haben sogenannte "postmaterialistische" Einstellungen, die die Wahl einer linksalternativen Partei fördern, unter den jüngeren Generationen Großbritanniens eine geringere Verbreitung als im übrigen Europa gefunden. Es bleibt abzuwarten, ob die *Greens* eine Nische politisiert haben und dauerhaft besetzt halten. In der Unterhauswahl von 1992 fielen sie wieder auf 1.3% der Stimmen zurück.

Bei aller Betonung der Sozialstruktur sollte man aber nicht übersehen, daß einige der wichtigsten Konflikte, die die britischen Parteien spalteten und den Wahlausgang beeinflußten, nicht aus dem sozialstrukturellen Wandel hervorgingen, sondern aus dem Streit über den Beitritt Großbritanniens zur EG, aus der Forderung der Labour Party nach einseitiger nuklearer Abrüstung, aus dem Problem der Reform der Gewerkschaften und aus dem Streit über geeignete Maßnahmen zur Belebung der stagnierenden Wirtschaft (siehe dazu Kapitel 4).

2.4 Zentrum und Peripherie: Regionen und "Nationen" im unitarischen Zentralstaat

In Großbritannien gibt es keine Regionalparlamente und keine Länderregierungen. (Nur Nordirland besaß zeitweilig, ehe es nach dem Ausbruch bürgerkriegsähnlicher Unruhen 1972 unter direkte Verwaltung von Westminster gestellt wurde, ein eigenes Parlament, den *Stormont*.) Die 11 "Standard Regions" (vgl. die Karte in diesem Kapitel) sind statistische und keine historisch gewachsenen Größen. Als Ausnahme von dieser Regel verfügten aber 3 der 11 Regionen - Schottland, Wales und Nordirland - in historischer Zeit über eine eigene, von England unterschiedene Staatlichkeit. Sie wirkt bis heute als potentieller Identifikationskern eines regionalen, subnationalen Sonderbewußtseins nach. Ihm zollte sogar die von Westminster in den 60er Jahren eingesetzte "Royal Commission on the Constitution" Tribut, als sie den offiziellen Auftrag erhielt, die Beziehungen der "several countries, nations and regions of the United Kingdom" zu Parlament und Regierung in London zu untersuchen (zitiert bei BIRCH 1979, 151).

Parlament und Regierung, Bürokratie und Gerichtshöfe, die Medien, Banken und Versicherungen sind in der Hauptstadt London konzentriert. (Allerdings hat der Oberste Gerichtshof Außenstellen in anderen britischen Städten eingerichtet.) Auf die Hauptstadt London läuft auch das Eisenbahnnetz des Landes konzentrisch zu (vgl. die Kartographie der Standorte der Hauptverwaltungen der bedeutendsten Industrieunternehmen 1971/72 und des Finanz- und Versicherungswesens sowie der verstaatlichten Industrien 1971/72 bei HEINEBERG 1983, 197, Abb. 62). Zwei Drittel aller Personen, die im "Who's Who" eingetragen sind, leben in einem Umkreis von 75 Meilen um London (ROSE 1989, 57). Anders als in föderalistischen Sy-

Regionale Besonderheiten im Zentralstaat

stemen wird das Land im unitarischen Parlamentarismus von Westminster aus regiert. Das Parlament in London darf als Souverän alles gewähren und alles widerrufen. Trotzdem gibt es natürlich aus Gründen der politischen Opportunität eine gewisse regionale Verwaltungsdezentralisation (vgl. Kapitel 7.4).

Unter den Regionen genießen Schottland, Wales und Nordirland besondere Privilegien. Bei der Einteilung der Wahlkreise zum Unterhaus erhalten Schottland, Wales und Nordirland mehr Abgeordnete, als ihnen in Westminster entsprechend ihrer Bevölkerungszahl zustehen würde. So entsenden sie im Verhältnis zu ihrer Bevölkerungszahl überproportional viele Abgeordnete nach Westminster. Ohne die schottischen und walisischen Mandate konnte die Labour Party, die in diesen Gebieten traditionell besonders stark ist, nach 1945 in Westminster keine nationale Mehrheitsregierung bilden. Deshalb setzten die überraschenden Wahlerfolge der anti-zentralstaatlichen Regionalparteien (der *Scottish National Party* in Schottland und *Plaid Cymru* in Wales) die Verfassungsfrage auf die nationale Tagesordnung (siehe unten Kapitel 5.4). Im Unterhaus treten die schottischen und walisischen Abgeordneten bei der Beratung regional bedeutsamer Gesetzesvorlagen zu eigenen Unterhausausschüssen zusammen. Im Kabinett gibt es jeweils einen "Schottlandminister" und einen "Minister für Wales". Für Nordirland gibt es, seitdem die Region 1972 wegen bürgerkriegsähnlicher Unruhen wieder von Westminster aus regiert wird, auch einen "Nordirlandminister".

Kulturnation in Wales

Unter den Regionen ragen Schottland und Wales als "Nationen" heraus. Wales (walisisch *Cymru*) wurde bereits im 16. Jahrhundert (1536) von den Herrschern aus dem Hause Tudor mit England verschmolzen. Elisabeth I. ließ in ihrem Bestreben, die Suprematie der anglikanischen Staatskirche zu sichern, das Common Prayer Book und die Bibel als Mittel zum Zweck der Anglisierung ins Walisische übersetzen. Damit legte sie ungewollt die Grundlage für ein schriftsprachliches Fortleben der zuvor nur mündlich tradierten Sprache der keltischen Urbevölkerung. Die Sorge einheimischer Lehrer und Volksdichter um die Bewahrung ihrer heute vom Aussterben bedrohten gälischen Muttersprache, die in ganz Wales nur von etwa einem Fünftel aller Waliser verstanden, in den alpinen Gebieten Snowdonias aber noch mehrheitlich gesprochen wird, bildet den latenten Kern eines "kulturnationalen" Nationalismus.

Staatsnation in Schottland

Ganz anders die Basis des Nationalgefühls in Schottland. Hier wird Gälisch nur noch von weniger als 2% der Bevölkerung in den ländlichen *Highlands* gesprochen. Dagegen besaß und besitzt Schottland eigene

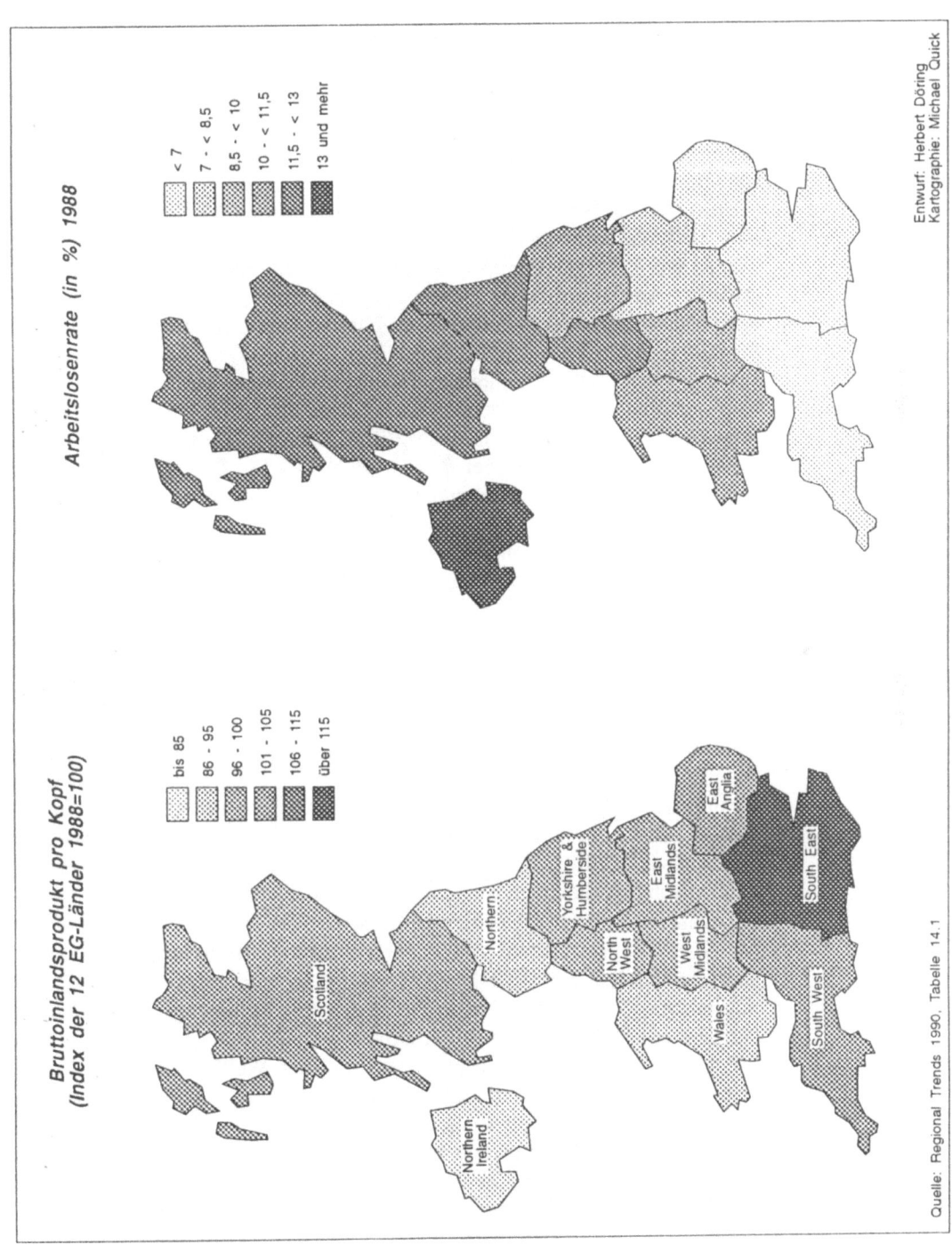

Arbeitslosenrate (in %) 1988

< 7
7 - < 8,5
8,5 - < 10
10 - < 11,5
11,5 - < 13
13 und mehr

Bruttoinlandsprodukt pro Kopf
(Index der 12 EG-Länder 1988=100)

bis 85
86 - 95
96 - 100
101 - 105
106 - 115
über 115

Scotland
Northern Ireland
Northern
Yorkshire & Humberside
North West
West Midlands
East Midlands
East Anglia
Wales
South West
South East

Entwurf: Herbert Döring
Kartographie: Michael Quick

Quelle: Regional Trends 1990, Tabelle 14.1

politische Institutionen. Ein Parlament existierte zwar nur bis zur Verschmelzung mit England zu Beginn des 18. Jahrhunderts (*Act of Union* 1707). Doch bis heute sind die Gerichtsbarkeit, die Kirche und das Schulwesen anders als in England organisiert (siehe im einzelnen BIRCH 1977 und das Lehrbuch von KELLAS, 1982.) Diese eigenen politischen Institutionen, die trotz des Fehlens einer föderalistischen Struktur im unitarischen arlamentarismus auf eine respektable historische Tradition zurückblicken, bilden den Identifikationskern eines potentiellen "staatsnationalen" Nationalismus.

Die traditionellen wirtschaftlichen Zentren in den Midlands, im Norden und in Wales, wo Bergbau, Schwerindustrie und Schiffbau angesiedelt waren, wurden, wie bereits erwähnt, seit dem Ende der 60er Jahre von starkem wirtschaftlichen Niedergang betroffen. Die Regierung in Westminster bemühte sich, durch gezielte regionale Industrieförderung mit Steueranreizen und Investitionshilfen die regionalen Disparitäten auszugleichen. Diese regionale staatliche Wirtschaftsförderung hat das Ungleichgewicht nur partiell korrigiert. Unter Thatcher wurde die regionale Förderung zurückgenommen, ohne gänzlich aufgegeben zu werden (vgl. die 4 Karten von DAMESICK bei STURM 1991, 73-75, 79), wodurch sich der Nord-Süd-Gegensatz Großbritanniens weiter vergrößerte.

Nord - Süd -
Gefälle durch
Wirtschaftskrise
verstärkt Das starke Gefälle zwischen dem Süden Englands und dem Rest Großbritanniens wird durch unsere Karte verdeutlicht, die den Wohlstand (ausgedrückt durch das Bruttoinlandsprodukt pro Kopf) und die Arbeitslosenrate getrennt für die 11 Standard Regions im Jahre 1988 aufschlüsselt. In der linken Teilkarte wird der Schlüsselindikator des Bruttoinlandprodukts überdies zusätzlich noch auf den Durchschnitt aller 12 EG-Länder (1988=100) bezogen (EG- Statistik für 12 Länder u. a. verfügbar in der britischen Publikation REGIONAL TRENDS 1990, Tabelle 14.1). Dabei zeigt sich, daß nur East Anglia und die South East Region über dem mittleren Wohlstandsniveau der EG liegen (reiche und arme Regionen Europas zu einer mittleren Bezugsgröße zusammenfaßt). In Schottland, wo das Inlandsprodukt durch die auf die östlichen Landesteile begrenzte Ölförderung aus der Nordsee hoch ist, liegt die Arbeitslosigkeit (rechte Karte) dagegen weit höher als in den südlichen Regionen Großbritanniens.

Angesichts solcher regionaler Disparitäten erscheint "die Fahrt vom südöstlichen Prosperitätspol ins nordenglische Hinterland als grenzüberschreitende Reise" (KIMMIG 1982, 141). So wird, wer an einem schönen Sommerabend sein Bier in einem Pub in der weitflächigen grünen Landschaft der Chiltern Hills oder der South Downs genießt, in keiner Weise gewahr, daß Großbritannien, die einstige "Werkstatt der Welt", durch eine Periode dramatischer Schrumpfung der Leitsektoren Kohle, Eisen und Stahl und Textilien geht. Es wäre allerdings absurd, aus der gegenwärtigen Wirtschaftsmisere der Midlands, des Nordens und der "keltischen Peripherie" zu folgern, daß das "perfide Albion" im 19. Jahrhundert den Schotten und Walisern die prosperierenden Monokulturen von Eisen- und Stahlerzeugung und Schiffbau mit dem teuflischen Hintergedanken bescherte, sie im 20. Jahrhundert ein Opfer der billigeren japanischen Konkurrenz werden zu lassen (Vgl. zur Kritik der These eines "internen Kolonialismus" BIRCH 1977, 33 f.; STURM 1991, 165 ff.).

2.5 Religiöse Glaubensgemeinschaften und farbige ethnische Minderheiten

Konflikte zwischen Staat und Kirche entstehen, wenn die Bischöfe in sozial-moralischen Fragen, wie z. B. der gesetzlichen Regelung der Ehescheidung, der Einrichtung konfessionell gebundener Schulen oder der Schwangerschaftsunterbrechung, im Gegensatz zu einer überkonfessionellen Regierung stehen und in Hirtenbriefen eine kompromißlose Haltung einnehmen. Solche Fragen sind in Großbritannien im Gegensatz zu manchen anderen politischen Systemen (wie auch der Bundesrepublik Deutschland) kaum zwischen den politischen Parteien umstritten. Sie pflegen in der Regel sogar Gegenstand einer freien Abstimmung im Unterhaus ohne Fraktionszwang zu sein. Die nur geringe Parteipolitisierung des religiösen *cleavage* hängt damit zusammen, daß das Vereinigte Königreich zu den Ländern mit der geringsten Kirchgangshäufigkeit in Westeuropa gehört - nur in den skandinavischen Ländern liegt sie noch niedriger (vgl. den Zahlenüberblick bei LANE/ERSSON 1987, 63, Tabelle 2.12). Die grafische Darstellung nationaler Häufigkeiten des Kirchenbesuchs seit den 50er und 60er Jahren durch DALTON (1988, Schaubild 8.3, 162) zeigt, daß die religiöse "Observanz" in Großbritannien immer schon niedrig war.

So erreichen die Kirchen infolge einer starken "Säkularisierung" des öffentlichen Lebens vergleichsweise wenige Wähler. Dieser niedrige Anteil von Kirchgängern ist um so erstaunlicher, als christliche Werte (wenn auch in säkularisierter Form oder durch dissentierende Sekten vermittelt) in der politischen Kultur eine große Rolle spielen. Die Königin ist nominell Oberhaupt der anglikanischen Staatskirche in England wie auch der presbyterianischen Staatskirche in Schottland. Die anglikanische Staatskirche gilt als *conservative party at prayer*. Da die religiöse Empfindsamkeit aber mangels geringem Kirchenbesuch nicht gut über die Amtskirche gelenkt werden kann, ist das Religionscleavage (mit der großen Ausnahme von Nordirland) im britischen Parteiensystem nicht stark ausgeprägt (siehe die Analysen zu den wahlsoziologischen Auswirkungen von Kirchgang und Konfessionszugehörigkeit für die Unterhauswahl 1987 bei HEATH U. A. 1991, Tabellen 6.1, 6.2 und 13.2).

Mit der nur geringen Kirchenfrömmigkeit der Briten geht aber eine ausgesprochen individualistische, wenn auch nicht konfessionell gebundene, Religiosität einher. So gaben im European Values Survey von 1981 mehr Befragte als im europäischen Durchschnitt an, an einen Gott zu glauben: 76%

Geringe Kirchgangshäufigkeit

Religiöse Empfindsamkeit

55

aller Briten; skandinavischer Durchschnitt 46%; europäischer Mittelwert 73% (ABRAMS/GERARD/TIMMS 1985, 13). Ein langjähriger Beobachter seiner Landsleute kommentierte: "And no phrase is more characteristic of British religion than the saying 'You can worship God in a garden', meaning that churches and clergymen are all very well for weddings and funerals, but the man in the street does not have much time to spare for them" (CLIFFORD LONGLEY in der TIMES 27.4.1982).

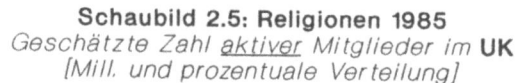

Schaubild 2.5: Religionen 1985
Geschätzte Zahl _aktiver_ Mitglieder im UK
[Mill. und prozentuale Verteilung]

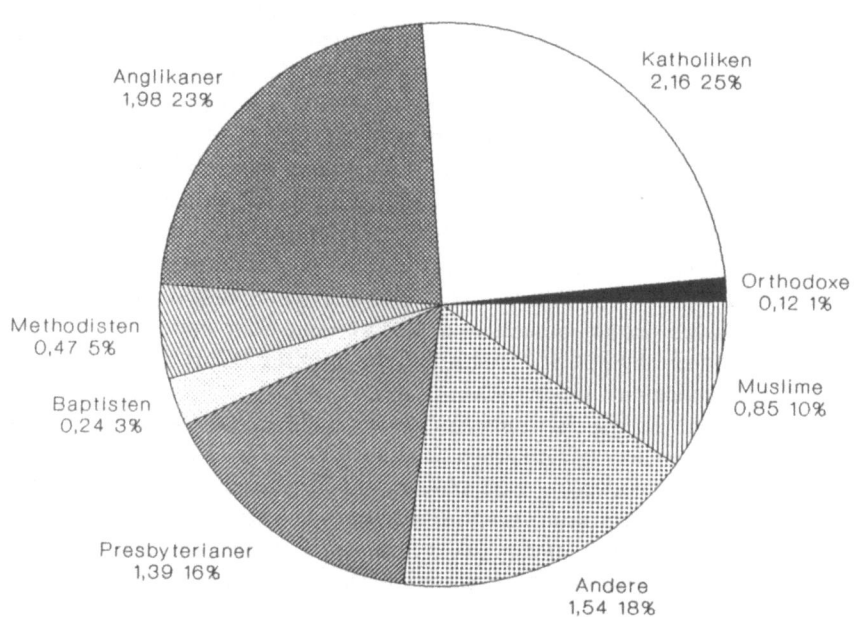

Berechnet aus Social Trends 1988, S. 171

Die geringe Bedeutung des religiösen *cleavage* in der Gegenwart steht in einem markanten Gegensatz zur Spaltung des Landes nach konfessionellen Trennungslinien in der Vergangenheit. Als Resultat einer unterschiedlichen Geschichte haben sich in den vier "Nationen" des Vereinigten Königreichs jeweils unterschiedliche konfessionelle Schwerpunkte gebildet. Während in England die anglikanische Kirche die Staatskirche ist, ist diese in Schottland presbyterianisch. In Wales erfaßten die freikirchlichen Sekten in der Vergangenheit in ihren *chapels* Dreiviertel der Bevölkerung. Vor dem Ersten Weltkrieg forderte sogar eine politische Organisation, der auch der spätere Premierminister Lloyd George angehörte, die Errichtung eines walisischen Parlaments und die Errichtung einer eigenen Kirche. Erst als der anglikanischen Kirche 1914 der Status einer Staatskirche für Wales genommen wurde ("Welsh Disestablishment Act"), verlor der religiöse *cleavage*, der sich mit dem territorialen überlagert hatte, seine Sprengkraft.

Die geringe Bedeutung, die die Kirche im (politischen) Alltag besitzt, wird soziologisch gesehen auch dadurch unterstrichen, daß die Kirchenmitgliedschaft nach den offiziellen Registern der Konfessionen nur 17% aller Erwachsenen umfaßt, wogegen die konfessionelle Selbstzurechnung in repräsentativen Surveys 67% und bei Ausschluß all derjenigen, die niemals zur Kirche gehen, immer noch 42% beträgt (HEATH U. A. 1991, 204). Zwischen 1960 und 1980 fiel der Anteil der Protestanten; der Katholikenanteil blieb konstant (wohl durch Zuwanderung aus Irland); und es stieg beträchtlich der Anteil der Muslime. So wurde die konfessionelle Fragmentierung verstärkt durch die Zuwanderung farbiger ethnischer Minderheiten mit britischen Pässen aus dem Commonwealth. Durch die Mischung unterschiedlicher Glaubensbekenntnisse ist Großbritannien, wie Schaubild 2.5 zeigt, ein konfessionell weitaus stärker fragmentiertes Land als etwa die katholisch (fast) homogenen Staaten Belgien, Italien oder Österreich. Aber infolge der geringen Intensität amtskirchlicher Politisierung spielt der Religionscleavage auf den britischen Inseln trotz größerer Heterogenität der Konfessionen eine schwächere Rolle als in diesen konfessionell homogenen Ländern.

Im einstigen Mutterland eines noch vor zwei Generationen den Globus umspannenden Weltreichs wirft das Empire heute nicht mehr außenpolitisch, sondern nur noch politisch-kulturell und demographisch lange Schatten durch die Existenz eines farbigen Bevölkerungsanteils von Immigranten mit britischer Staatsbürgerschaft in den britischen Großstädten (vgl. NOETZEL 1987, Kapitel 4: "Des Empires uneheliche Kinder").

"Ursprünglich kamen die Farbigen, insbesondere Schwarze aus Jamaica und von anderen karibischen Inseln, aber auch Inder als billige 'Gastarbeiter' nach England; später, vor allem in den sechziger Jahren, erbaten sie als Flüchtlinge Asyl. Sie wurden als Strandgut des untergegangenen Empires an die britischen Küsten gespült. Die meisten von ihnen waren Inder und Pakistani aus den schwarzafrikanischen Kolonien. Ihre Vorfahren waren als Arbeiter, Handwerker und Händler von den Engländern nach Kenya und Uganda geholt worden. Um ihnen ihre Sorgen vor einer Verfolgung durch die schwarze Bevölkerung nach der Entlassung dieser Kolonien in die Unabhängigkeit zu nehmen, hatte ihnen die Regierung Macmillan britische Pässe zugestanden" (SCHRÖDER 1979, 30).

Der Anteil farbiger Staatsbürger macht in Großbritannien im Landesdurchschnitt zwar nur einen Bruchteil der Bevölkerung aus. (So gehörten im Jahre 1987 nur 4.5% der Bevölkerung zu ethnischen Minoritäten, vgl. SOCIAL TRENDS 1990: Tabelle 1.4, 24.) Doch ihre Konzentration in den großstädtischen Ballungsgebieten - und hier wiederum in den Slum- und Sanierungsgebieten der "inner city areas" (Karte ihrer Verteilung in England und Wales bei HEINEBERG 1983, 212) - hat ein explosives soziales Problem durch die

Farbige
Staatsbürger

generell hohe Arbeitslosigkeit der siebziger und achtziger Jahre entstehen lassen, von der farbige ethnische Minderheiten in besonderem Maße betroffen sind (SOCIAL TRENDS 1990, Tabelle 4.28, 80). Vor offener Diskriminierung durch Gesetze geschützt, die ihre Gleichbehandlung auf dem Arbeitsmarkt garantieren sollen, haben Arbeitslosigkeit und Ressentiments zwischen weißer Polizei und farbigen Slumbewohnern 1981 in innerstädtischen Elendsvierteln (z.B. Brixton in London und Toxteth in Liverpool) zu blutigen Krawallen mit Brandstiftungen und Plünderungen geführt.

Rassismus und "National Front"
Die Labour Party machte sich zum Anwalt der neuen sozialen Unterschicht. (Sozial besser gestellt unter den Einwanderern ist allerdings die *brown bourgeoisie* indischer Herkunft, die auch außerhalb der Ladenschlußzeiten geöffnete - und von den britischen Behörden tolerierte - Supermärkte im Familienbetrieb unterhält.) In der Unterhauswahl von 1987 wählten 46% der weißen Arbeiter (n=985) und 76% der farbigen Arbeiter (n=46) die Labour Party ("Arbeiter" in der sehr engen und präzisen Goldthorpe-Definition, siehe HEATH U. A. 1991, Tabelle 7.11, 112). Auch der potentielle ethnische Konflikt ist als soziale Auseinandersetzung zwischen Reichen und Armen thematisiert worden. Die Konservativen sind innerhalb der Partei gespalten über die Frage, ob der weitere Zustrom ethnischer Minderheiten durch verschärfte Staatsbürger- und Einwanderergesetze und rigorose Polizeikontrollen und Abschiebungen gestoppt werden solle. Eine neofaschistische Partei, die National Front, hat es sich zum praktisch einzigen Ziel gesetzt, die farbigen Bürger wieder vom britischen Boden zu vertreiben. Sie erzielte allerdings sogar in demjenigen Bruchteil der Unterhauswahlkreise, wo sie Kandidaten aufstellte, nur zwischen 2 und 5 Prozent der Stimmen (TAYLOR 1982: Tabelle 2.2, 37).

3 Die politische Kultur: verhaltensleitende Orientierungen politischen Handelns

"Jedes politische System ist in ein bestimmtes Muster von Orientierungen politischen Handelns eingebettet", schrieb GABRIEL ALMOND in einem programmatischen Aufsatz aus dem Jahre 1956 (ALMOND 1971, übersetzt durch DOEKER 1971, 62 f). Er schlug vor, solche verhaltensleitenden Orientierungen, die von der überwiegenden Mehrheit der Bevölkerung eines Landes geteilt werden, als "politische Kultur" zu bezeichnen. Wenn nach dem "orientierend wirkenden Sinn" gefragt wird, auf den die in einem System Handelnden (oder doch zumindest die Mehrheit von ihnen) ihre Aktionen bringen können (vgl. zu diesem Aspekt der Soziologie von MAX WEBER KÄSLER 1979, 178), dann ist damit nicht der im deutschen Sprachgebrauch naheliegende Gegensatz von "Kultur" und "Unkultur" gemeint. Vielmehr spielt es bei der empirischen Analyse der Einstellungen, mit denen angebbare Gruppen der Bevölkerung ihr politisches System sehen, keine Rolle, ob sie dem Betrachter als besonders "zivilisiert" erscheinen oder nicht. Ein Verständnis fremder Kulturen wird durch eine vorurteilslose Aufdeckung des "operationalen Codes" der anderen gefördert.

Für die soziale Akzeptanz einer Herrschaftsordnung als rechtens ist es natürlich von großer Bedeutung, welche verhaltensleitenden Leitbilder die unter ihr Lebenden vom Sinn und Zweck einer "guten" Ordnung besitzen. So setzt insbesondere die Mehrheitsherrschaft des Westminster Modells, die Minderheiten kein Veto während einer laufenden Legislaturperiode einräumt, eine Reihe von stillschweigenden Einverständnissen kultureller Art voraus. Sie sollen in diesem Kapitel in originalen Neuauswertungen der international vergleichenden Sozialforschung zur Sprache kommen. Dabei wird sich wiederum zeigen, daß Großbritannien, das von der Demokratie- und Parlamentarismustheorie oft zum Musterbeispiel erhoben wurde, weltweit einen eher abweichenden Sonderfall darstellt.

Natürlich sind solche sinnstiftenden Leitideen keine unveränderlichen Konstanten. Sie können sich unter dem schockartigen Erlebnis neuartiger historischer Erfahrungen wandeln. Auch werden manche Einstellungen zu Staat, Gesellschaft und Politik, die für ein Land typisch sind, von dissentierenden Minderheiten in eben diesem Lande energisch in Frage gestellt. Aber dennoch gibt es bei allem Dissens in Einzelfragen gewisse strukturdominante Leitbilder von Politik. Erst wenn man sie genauer kennt,

Empirische Analyse der Art der Verteilung von Einstellungen

werden bestimmte nationale Eigentümlichkeiten politischen Verhaltens besser verständlich. Anders als der ältere undifferenzierte Begriff des Nationalcharakters rechnet der sozialwissenschaftliche Ansatz der Politische-Kultur-Forschung durchaus mit unterschiedlich verteilten Meinungen in einem Lande (ALMOND/VERBA 1963, 16):

- Empirische Forschungen zur politischen Kultur fragen also nicht pauschal nach Nationalcharakteren. Sie analysieren die Art der Verteilung von Einstellungen zwischen einzelnen Ländern wie auch innerhalb der Bevölkerung eines Landes. Ein geeignetes Instrument, solche Verteilungen zu bestimmen, liegt in nationalen wie international vergleichenden Meinungsumfragen vor.

3.1 Regierung durch Amateure: Politik ohne bürokratische Staatstradition

Das Leitbild einer von der Gesellschaft abgehobenen Staatsautorität, welches das Politikverständnis in Kontinentaleuropa bestimmt, ist in Großbritannien nur schwach entwickelt (vgl. BUDGE U. A. 1983, 312-315). Dies hängt unter anderem damit zusammen, daß infolge des Sieges der Common-Law-Juristen über die absolutistischen Ansprüche der Krone in den beiden Revolutionen des 17. Jahrhunderts die damals in Kontinentaleuropa übliche Rezeption des römischen Rechtes mit seiner Konzentration aller Staatsgewalt in der höchsten Instanz des Kaisers auf den britischen Inseln (mit Ausnahme Schottlands) unterblieben ist.

Kein
Obrigkeitsstaat
über den Parteien

Selbst die Idee der "Souveränität des Parlaments", das ähnlich wie einst der römische Kaiser alles setzen und aufheben darf, enthält nicht die zentral steuernde bürokratische Staatsidee Kontinentaleuropas. Vielmehr betonen die farbenprächtigen Rituale und Symbole in dem die beiden Häuser des Parlaments beherbergenden Palast von Westminster den Stolz auf die anti-absolutistische Verfassungstradition des nach-revolutionären England ohne obrigkeitliche Bürokratie. Solche Unterschiede zwischen dem Staatsbegriff in Großbritannien, das pointiert sogar als eine "nichtstaatlich verfaßte" Gesellschaft ohne regulative Staatsidee bezeichnet werden kann, und dem übrigen Westeuropa hat KENNETH DYSON (1980a und 1980b) in einer vergleichenden Studie herausgearbeitet.

Es gibt natürlich viele Briten, die diesen strukturdominanten Grundzug ihrer politischen Kultur nicht teilen. So haben gewichtige Kritiker unter den politischen Theoretikern die nur schwache Ausprägung einer regulativen Staatsidee bemängelt (vgl. die ausgezeichnete, knappe Zusammenfassung der vielfältigen theoretischen Positionen und Kontroversen, die einer griffigen Generalisierung spotten, in dem Buch über "Representative and Responsible Government" von ANTHONY BIRCH 1979). Britische Anhänger des deutschen Philosophen Hegel haben den Staat als sittliche Idee begriffen und ihm

Verantwortung für die vorausschauende Steuerung der Gesellschaft zugewiesen. Doch ungeachtet solcher Einschränkungen der zentralen These über die Schwäche einer bürokratischen Staatstradition hat ein führender Interpret des Regierungssystems Großbritanniens, der sich auch in anderen politischen Systemen gut auskennt, aus seiner Sicht die Schwäche einer Staatsidee in Großbritannien im Vergleich zu Kontinentaleuropa folgendermaßen bestätigt:

> "The Prime Minister, the Cabinet, Parliament and individual departments such as the Treasury and the Foreign Office are separately impressive, but they do not constitute anything as coherent and powerful as that which Europeans have in mind when they refer to the state" (ROSE 1980, 58).

Als ein Ergebnis der beiden Revolutionen im 17. Jahrhundert wurde die königliche Zentralbürokratie zerschlagen (HAAN 1982, 101). Sie sollte nicht so wie auf dem Kontinent in Verbindung mit dem römischen Recht zum Instrument eines fürstlichen Absolutismus werden. Anders als auf dem Kontinent traten führende Parlamentarier und nicht etwa Beamte des Monarchen in die Regierung ein. Die Lokalverwaltung wurde von ehrenamtlichen Notablen versehen, die den gleichen sozialen Kreisen wie die Parlamentarier angehörten. In der Zentralverwaltung wurden die Ämter an vielversprechende Dilettanten vergeben, die Parteigänger der Regierung waren. Ein professionell geschulter "Civil Service" wurde erst in der zweiten Hälfte des 19. Jahrhunderts, im Jahre 1867, nach dem Muster der Kolonialverwaltung in Indien eingeführt. Von hier aus gesehen ist es berechtigt, Großbritannien im Gegensatz zur "verspäteten Demokratie" Deutschland als eine "verspätete Bürokratie" zu bezeichnen (ROHE 1984, 171 f.).

Als eine Bedingung für den Erfolg der Konkurrenzdemokratie hat SCHUMPETER die Existenz einer "gut ausgebildeten Bürokratie von hohem Rang, guter Tradition, starkem Pflichtgefühl" genannt (SCHUMPETER 1950, 465). Wenn Großbritannien diese Bedingung erst vergleichsweise spät erfüllte, so ist dies eine Folge der Tatsache, daß die ersten beiden der von SCHUMPETER formulierten Bedingungen für das störungsfreie Funktionieren der Demokratie als eines Konkurrenzkampfs zwischen Eliten um die Stimmen der wahlberechtigten Bevölkerung im Vereinigten Königreich im Gegensatz zum übrigen Europa recht früh und gut zutrafen (vgl. DÖRING 1983). Als erste Bedingung, die elementar, darum aber nicht trivial ist, nannte er die Existenz einer Gruppe von Politikern von "hinreichend hoher Qualität". Als "wirksame Gewähr" ihrer Hervorbringung betrachtete er die "Existenz einer sozialen Schicht [...], die [...] sich der Politik als einer Selbstverständlichkeit zuwendet" (SCHUMPETER 1950, 462).

In den "politischen Familien" Englands, die durch gemeinsame Schul- und Universitätsbildung, verwandtschaftliche Beziehungen und ein Netz von "Clubs" in der Hauptstadt miteinander verbunden sind, existiert eine solche herrschaftskluge Elite politischer Amateure. Ihre Herkunft aus den privaten

"Verspätete Bürokratisierung"

Schumpeters Bedingungen für den Erfolg der Konkurrenz-demokratie

"Public Schools" und den beiden Eliteuniversitäten Cambridge und Oxford prägt einen politischen Stil herrschaftskluger, listiger Kompromißbereitschaft zur Vermeidung einer sozialen Revolution. Der Englandbewunderer DAHRENDORF (1965, Kapitel 18) hat in seiner Kritik der Demokratie in Deutschland die Bedeutung einer solchen Elite abkömmlicher "Amateure" für die Liberalität der Demokratie betont. Freilich ist Politik heute aber auch in der "verspäteten Bürokratie" Großbritannien mehr und mehr zu einer professionellen Karriere geworden.

Die zweite Vorbedingung SCHUMPETERS für den Erfolg der Demokratie besteht seiner Meinung nach darin, daß der "wirksame Bereich politischer Entscheidung nicht allzu weit ausgedehnt wird". Wenn Demokratie als Konkurrenz zwischen auswechselbaren Teams von in Parteien organisierten Amateuren begriffen wird, die nur auf Zeit gewählt und nicht auf Lebenszeit angestellt sind, dann funktioniert eine solche "Regierung durch Amateure" (SCHUMPETER 1950, 465) natürlich am besten bei einer Begrenzung der Staatstätigkeit. Großbritannien konnte aus drei historischen Gründen regulierende Staatsintervention über lange Zeit gering halten und sich ein politisches System von Amateuren leisten (ROHE 1982):

- Erstens war es durch seine Insellage vor den militärischen Herausforderungen feindlicher Landarmeen geschützt. (Seine sehr professionell organisierte Flotte, die die britischen Inseln schützte, war bis zum Ersten Weltkrieg die stärkste der Welt.) Dagegen entfiel die Notwendigkeit einer generalstabsmäßigen Organisation einer Armee im Inland.

- Zweitens besaß das Land, von dem die industrielle Revolution ihren Ausgang nahm, anfangs ein weltweites Monopol des (zunächst konkurrenzlosen) Angebots der besten Industriewaren der damaligen Zeit. Staatliche Industrieförderung, wie sie die "Nachzügler-Gesellschaften" betrieben, um den Vorsprung der "Werkstatt der Welt" aufzuholen, war im Pionierland der industriellen Revolution nicht erforderlich.

- Drittens war im Zeitalter des Kolonialismus das britische Empire nicht so sehr durch staatliche Planung als vielmehr durch Privatinitiative britischer Handelsunternehmen begründet worden. Wie alle historischen Leistungen Großbritanniens entsprang auch das Empire nicht einer vorausschauenden staatlichen Planung.

Auch die Prinzipien des liberalen Verfassungsstaates waren, wie SIDNEY LOW in stolzem Understatement anmerkt, "Zufälle eines Zufalls":

"Our constitution, and our method of government, have been for the most part shaped by a series of fortuitous events. They are the 'accidents of an accident'" (LOW 1911, 16).

Marginalia: Begrenzung der Staatstätigkeit; Ungeplante, spontane Entdeckung

Ebenso wurden die Erfindungen der industriellen Revolution nicht durch "ausgebildete Naturwissenschaftler oder kenntnisreiche Ingenieure" gemacht, sondern durch "Handwerksmeister und Techniker, die im täglichen Experimentieren ohne theoretische Ausbildung die grundlegenden Maschinen der Industrialisierung entwarfen, die erst danach von anderen theoretisch fundiert und perfektioniert wurden" (GLINGA 1983, 179 f.). So stammt die Neigung, Fragen der Theorie nach den jeweiligen Erfordernissen der Praxis zu beurteilen, "aus dem spezifischen Verlauf der gesell-schaftlichen und industriellen Geschichte des Landes" (GLINGA 1983, 178).

Bis heute ist die Bevorzugung des universal gebildeten und intelligenten Amateurs, der als Spezialist für das Allgemeine gilt, gegenüber dem nur auf einem engen Gebiet ausgewiesenen Fachmann ein strukturdominanter Grundzug der politischen Kultur geblieben. Das Erziehungsideal einer auf einem literarischen, geisteswissenschaftlichen Debattierstil beruhenden, aber auch sportlich tüchtigen Charakterbildung hat seine kulturelle Sublimierung im Leitbild des "Gentleman" gefunden. Einem deutschen Journalisten, der lange in Großbritannien gelebt hat, erschien das Land als "Paradies der Amateure" (WOCKER 1971, 29-41). Es gab immer englische Kritiker, die die mangelnde "national efficiency" ihres Landes kritisierten. Sie richteten sich vor dem Ersten Weltkrieg sogar an preußischer Disziplin als ihrem Vorbild aus (vgl. ROHE 1981). Die Anzahl der britischen Nobelpreise zeigt, daß Großbritannien keine Nation von Dilettanten ist. Aber insgesamt schätzt die strukturdominante Geisteshaltung den universal gebildeten Generalisten, der sich auf Intuition, Intelligenz und *common sense* verläßt, mehr als den engen Fachspezialisten.

3.2 Anti-interventionistische Akzeptanz des Wohlfahrtsstaats

Die hohe Kunst des "Muddling Through" (der pragmatischen Tugend des "Durchwurstelns") wird nicht nur aus dem Verlauf der englischen Geschichte verständlich. Sie findet ihre ideelle Rechtfertigung auch aus dem Verfassungsverständnis des Common Law (siehe oben Kapitel 1.1). Denn wenn die Verfassung nicht als ein für allemal autoritativ gesetzter Rahmen begriffen wird, sondern als geschmeidige Anpassung des historisch Überlieferten an gewandelte Verhältnisse, dann ist man auch bereit, historisch gewachsene Anomalien unter teilweiser Korrektur ihrer Auswüchse zu dulden. Gustav RADBRUCH hat diese Denkweise mit einem Zitat von MACAULAY so umrissen:

> Common Law duldet historische Absonder- lichkeiten

> "Vernachlässigung der symmetrischen und geschickten Anordnung; niemals Beseitigung einer Anomalie bloß um deswillen, weil sie eine Anomalie gewesen; keine Neuerung, wenn nicht eine Beschwernis unmittelbar empfunden wurde, und dann Neuerung nur insoweit, als gerade zur Beseitigung eben dieser Beschwernis notwendig war; keine Gesetzesvorlage von weiterem Umfang als es die notgedrungene Fürsorge für den besonderen Fall erheischte" (RADBRUCH 1958, 9).

Britische Kritiker eben dieser Haltung mögen dieses Zitat als ungerechtfertigte Idealisierung einer "Whig Legende" englischer Geschichtsschreibung abtun. Sie können darauf verweisen, daß auch Großbritannien natürlich schon sehr früh mit der Ausdehnung moderner Daseinsvorsorge durch staatliche Instanzen einen "rise of collectivism" nicht nur in der politischen Philosophie erlebt hat (GREENLEAF 1983). Der gebührenfreie staatliche Gesundheitsdienst, der "National Health Service", der sich trotz des Jahrzehnts des "Thatcherismus" einer ungebrochenen, ja sogar steigenden Popularität erfreut, war nicht nur eine "notgedrungene Fürsorge für den besonderen Fall". Er gilt als nationale Errungenschaft des Welfare State und ist in jedem Falle ein Bestandteil der von SAMUEL BEER (1969) als "kollektivistisch" bezeichneten politischen Kultur Großbritanniens (vgl. DÖHLER 1990, 201).

Im Gegensatz zu dieser interventionistischen Tradition eines modernen Kollektivismus ist jedoch das Verfassungsverständnis des Common Law sozial konservativ. Es gründet sich auf die durch frühere Gewohnheit für gut erwiesene Lebensweise. KARL ROHE hat diese Grundhaltung dahingehend zugespitzt:

> "... der 'Sinn' von Politik [...] besteht [darin], unterschiedliche gesellschaftliche Interessen so zum Ausgleich zu bringen, daß darüber der gesellschaftliche Friede bewahrt wird. Diese Auffassung unterscheidet sich von der primär 'technischen' und 'technokratischen' Vorstellung, [...] daß Politik als die Herstellung, Allokation und Verteilung von öffentlichen Gütern anzusehen sei" (ROHE 1984, 178).

So habe die "für alte Staatskulturen charakteristische Vorstellung, daß die Gesellschaft, unabhängig von den jeweiligen Trägern der Regierungsgewalt, um ihres Erhaltes und um ihrer Entwicklung willen auf eine kontinuierliche Staatsintervention angewiesen ist", in der politischen Kultur Großbritanniens niemals Fuß gefaßt (ROHE 1984, 178). In der Tat fallen einem, wenn man sich umschaut, zahlreiche Indizien für die Richtigkeit dieser Behauptung auf. Beispielsweise sollten britische Sozialisten, die die Gesellschaft durch staatliche Intervention verändern wollen, einer zentralen Planung nicht abgeneigt sein. Wer aber ein programmatisches Buch wie das von ANTHONY CROSLAND (1956) über die "Future of Socialism" in die Hand nimmt, wird durch eine essayistische Gesprächigkeit überrascht werden, die wenig konkrete Vorschläge für die Gestaltung der Zukunft enthält.

Ein guter Kenner der politischen Ökonomie behauptet, das Problem liege darin, daß es in Großbritannien eine viel zu schwache (und in den USA im übrigen überhaupt keine) interventionistische politische Kultur gegeben habe (WHITELEY 1983, 211). Ein solches pauschales Urteil, das durch keine Daten belegt wird, mag Skeptikern auf den ersten Blick als weit hergeholt erscheinen. Wie treffend es jedoch ist, wird voll ersichtlich, wenn man es anhand international vergleichender Meinungsumfragen zur Beurteilung der Regierungstätigkeit in liberaldemokratischen Systemen überprüft. In den Jahren zwischen 1973 und 1976 stellte die Acht-Nationen-Studie

(BARNES/KAASE 1979), deren Feldarbeit für Großbritannien 1974 durchgeführt wurde, einem repräsentativen Querschnitt der Bevölkerung die folgende Frage:

"Now we would like to know how you feel about some of the particular issues and problems that people often talk about these days. We would like to know [...] how far you feel Government has responsibility for [...] *providing good medical care*, [... for] *trying to even out differences in wealth between people* [...] (POLITICAL ACTION 1973-1976, Variablen 46 und 61). In der betreffenden deutschen Version des Fragebogens wurde gefragt, "wieviel Verantwortung der Staat (im Englischen: *the government*) für die Lösung des Problems tragen soll", und zwar im Hinblick u. a. auf "Eine gute Krankenversorgung für alle" bzw. auf den "Ausgleich der Unterschiede zwischen arm und reich".

Zehn Jahre später stellte das Verbundprojekt des "International Social Survey Programme", das im Jahre 1985 der "Role of Government" gewidmet war, eine sehr ähnliche, wenn auch nicht völlig identische Frage:

"On the whole, do you think it should be or should not be the government's responsibility to: [...] *provide health care for the sick*, [...], *reduce income differences between the rich and the poor*" (ISSP 1985, Variablen 103 und 107).

Während die erste der beiden in den zwei Surveys gestellten Fragen "Gute Krankenversorgung für alle" geeignet ist, die Akzeptanz des Wohlfahrtsstaates in elementaren Grundbedürfnissen wie der medizinischen Versorgung zu messen, dient die zweite Frage nach der Verantwortung des Staates für die Verringerung von Unterschieden in der Verteilung des Reichtums seiner Bürger als ein guter Indikator für das Ausmaß stärker umverteilender Interventionsbereitschaft. Die (hier umkodierte) Antwortskala, auf der jeder Interviewte sich einzuordnen gebeten wurde, reichte in beiden Surveys vom Wert 4 ("an essential responsibility" bzw. "definitely should be") über den Wert 3 ("an important responsibility") und über den Wert 2 ("some responsibility") bis hin zum Wert 1 (no responsibility at all"). Wir haben, um Unterschiede zwischen den Nationen sichtbar zu machen, jeweils den nationalen Mittelwert und die Standardabweichung für beide Zeitpunkte aus den beiden Datensätzen berechnet.

Die Mittelwerte, die die durchschnittliche nationale Einstellung ausdrücken, sind in Schaubild 3.2 auf der x-Achse eingetragen. Die Standardabweichungen, die ein grobes Indiz für das Ausmaß von Dissens in einem jedem Lande über die Wünschbarkeit dieser beiden Staatsaufgaben darstellen, sind auf der y-Achse eingezeichnet.

Aus dieser einfachen deskriptiven Statistik ergibt sich ein unerwartet eindeutiger Befund:

- Während die USA in beiden Bereichen eindeutig die am meisten anti-interventionistischen Einstellungen aufweisen, liegt Großbritannien nur

Kranken-versorgung und Einkommens-verteilung im internationalen Vergleich

Schaubild 3.2

Gewünschte Verantwortung des Staates für:
Ausgleich zwischen Arm und Reich

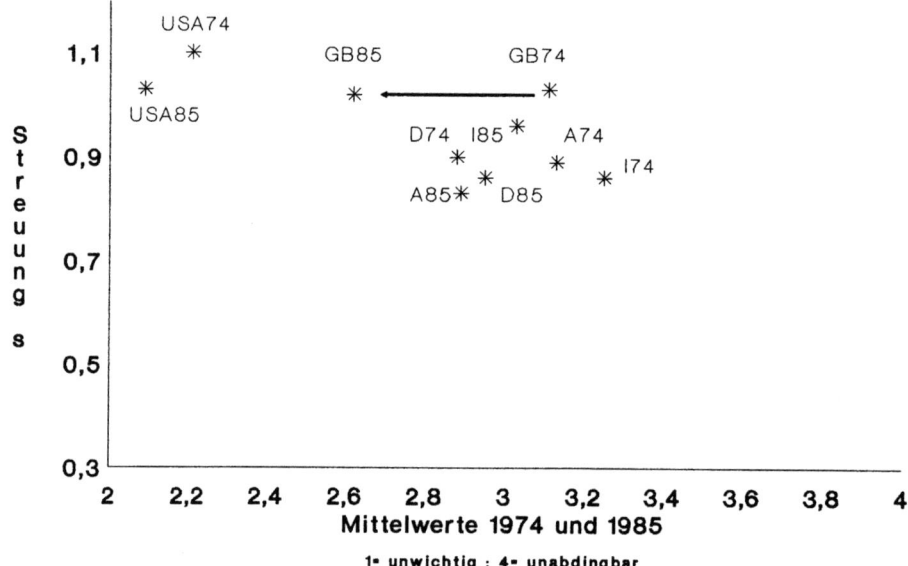

1= unwichtig ; 4= unabdingbar

Gute Krankenversorgung für alle

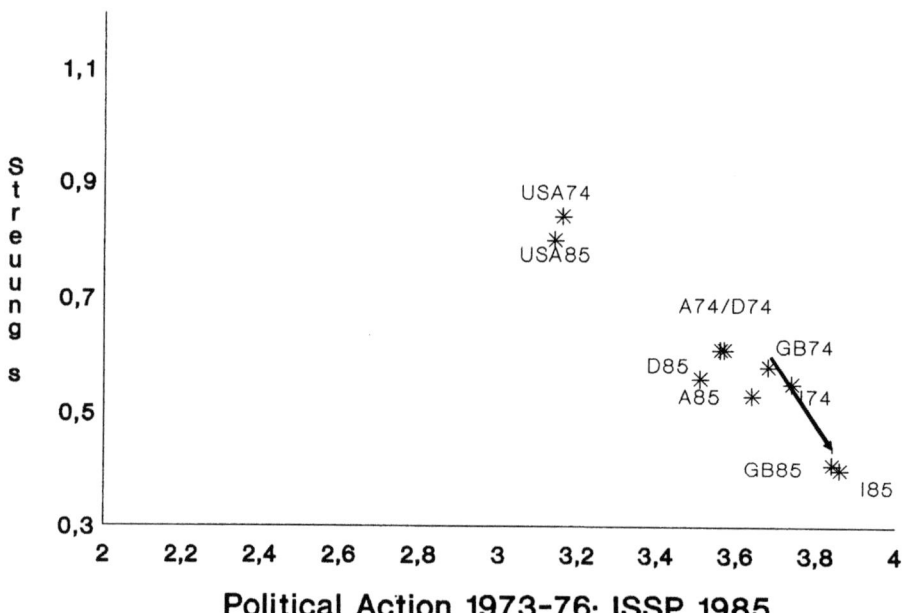

Political Action 1973-76; ISSP 1985

in bezug auf die Verringerung von Einkommensunterschieden durch staatliche Gesetzgebung in einem Zwischenbereich, der sich sowohl von den USA als auch den drei übrigen westeuropäischen Ländern abhebt.

- In bezug auf die Verantwortung des Staates für das Gesundheitswesen ist Großbritannien dagegen noch interventionistischer als die vergleichbaren europäischen Länder. Die USA machen dagegen ihrem Ruf einer anti-interventionistischen Kultur alle Ehre. Dieser empirisch-quantitative Befund ist eine späte Reprise auf die alte, klassische, bereits von SOMBART gestellte Frage: "Warum gibt es in den Vereinigten Staaten keinen Sozialismus?".

- In der Ära des "Thatcherismus" ist Großbritannien im Zeitraum zwischen den beiden international vergleichenden Meinungsumfragen stärker interventionistisch als zuvor geworden, während die USA unter Reagan sich in einem (allerdings bescheidenen) Ausmaß noch etwas stärker in die gegenläufige Richtung bewegt haben. Dagegen läßt die etwas stärkere Befürwortung staatlicher Intervention in Großbritannien die Bemühungen von Margaret Thatcher, eine neue politische Kultur der Privatinitiative zu schaffen, als erfolglos erscheinen.

- Während in Großbritannien aber stärkere Befürwortung der Verantwortung der Regierung für den staatlichen Gesundheitsdienst mit noch stärkerem Konsens einherging, was aus der Verringerung der Standardabweichung ersichtlich wird, ist der Grad des Dissenses in bezug auf wohlfahrtsstaatliche Umverteilung des Einkommens nach wie vor unverändert hoch geblieben.

Dieser recht gemischte Befund, der für die beiden Bereiche der Einkommenspolitik und des Gesundheitswesens bei einer Neuauswertung der beiden Datensätze sichtbar wird, rechtfertigt die als Zwischentitel des Kapitels gewählte Überschrift: anti-interventionistische Akzeptanz des Wohlfahrtsstaates. Mit einer ungewöhnlich hohen Befürwortung staatlicher Initiative im Gesundheitswesen verbindet sich in Großbritannien etwas stärker als im übrigen Westeuropa (wenn auch nicht amerikanische Proportionen erreichend) eine Skepsis gegenüber staatlicher Intervention zur Verringerung von Einkommensunterschieden. Stärker als die Herstellung sozialer Gleichheit wird vom Staat die Bewahrung von "life, liberty and property" gewünscht.

3.3 Toleranz abweichender Meinungen: "Establishment" und Alternativkultur

Als eine weitere Bedingung für den Erfolg der Konkurrenzdemokratie nannte Schumpeter "ein großes Maß an Toleranz gegenüber anderen Ansichten" (SCHUMPETER 1950, 469). Diese unmittelbar einleuchtende Voraussetzung demokratischer Streitkultur wird von Großbritannien in einem besonderen Maße erfüllt. Denn Toleranz und Fairneß gehören zu den sprichwörtlichen Tugenden der britischen Kultur. Wie stark Toleranz anderer Meinungen als verpflichtender Wert gilt, ist durch Elitenbefragungen aufgewiesen worden. Der entscheidende Punkt, daß die heftigsten Wortwechsel im Unterhaus einen Konsens im Grundsätzlichen voraussetzen, wurde in einer älteren Befragung durch den Elitenforscher ROBERT PUTNAM (1973) in Interviews mit annähernd hundert Unterhausabgeordneten bestätigt. Er fand nur sehr wenig Intoleranz, Mißtrauen oder Verdächtigung der Motive der Opposition.

Streitkultur und
Wertekonsens

Auch in einer späteren Befragung britischer Abgeordneter, die 1974 auf dem Höhepunkt parteipolitischer Polarisierung durchgeführt wurde, zeigte sich fast einmütige Zustimmung zu der Fragevorgabe: "Egal wie verabscheuenswert seine Ansichten auch sind, jedermann sollte seine Meinung in Freiheit publizieren und in öffentlichen Reden vertreten können". ("No matter how despicable his views, any man ought to have the freedom to publish his opinions and present them in public speeches".) Die fast einmütige Zustimmung von Abgeordneten aller Richtungsgruppen zu diesem Statement der libertären Tradition individueller Meinungsfreiheit, die nur auf dem ultra-rechten Flügel der Konservativen etwas schwächer ausgeprägt war, wiegt um so bedeutsamer, als in dieser Umfrage in vielen anderen Punkten ein tiefer Dissens über Grundfragen der Verfassung aufgedeckt wurde (SEARING 1982, Tabelle 3, 249).

Natürlich sind nicht alle Engländer tolerant. Auch wird die Rede- und Pressefreiheit begrenzt durch die besonders strengen Strafgesetze gegen üble Nachrede (libel laws) sowie durch die Bestrafung der Weitergabe von Informationen an Parlamentarier oder an Journalisten durch Beamte (siehe Kapitel 7.3). Doch früher als in anderen Verfassungsstaaten wurden Freiheitsrechte in Großbritannien verwirklicht, das zum "Gast- und Exilland für Deutsche" (NIEDHART 1985) und für Emigranten aus anderen absolutistischen und autoritären Regimes des europäischen Kontinents wurde. Toleranz gegenüber Andersdenkenden, die durch die berühmte "Speakers' Corner" im Hyde Park symbolisiert wird, entwickelte sich in einer Ironie der Geschichte aus den Exzessen der Intoleranz im 17. und 18. Jahrhundert. Auch diese "List der Vernunft" läßt sich wiederum als eine Spätfolge jener "Wende" der Glorreichen Revolution von 1688 verstehen.

Mit der Restauration der Monarchie, die auf die Enthauptung des Königs, die Abschaffung des Oberhauses und die puritanische "Republik der Heiligen" folgte, wurde den Katholiken und den Angehörigen protestantischer Sekten der Zugang zu allen Ämtern in Regierung, Flotte, Armee und königlichem Hofstaat verwehrt. Denn die Übernahme eines öffentlichen Amtes wurde durch die *Test Act*, die erst 1829 aufgehoben wurde, vom Empfang des Abendmahles nach anglikanischem Ritus, der Verwerfung der katholischen Transsubstantiationslehre und den Eid auf den König als Oberhaupt der "Established Church" abhängig gemacht. Alle Dissidenten, die nicht zumindest ein Lippenbekenntnis zur "Established Church", der anglikanischen Staatskirche, ablegten, wurden in einer Art früher "Berufsverbote" vom öffentlichen Dienst ferngehalten. Die politische Bedeutung des Wortes Establishment hat hierin ihre Wurzel.

Exzesse religiöser Intoleranz als Voraussetzung für spätere liberale Kultur

Allerdings wurden abweichende Glaubensbekenntnisse im privaten Bereich toleriert. So wurde Privatschulunterricht durch Lehrer, die nicht der *"Established Church"* angehörten, nicht durch Staat, Polizei und Justiz verfolgt. Zwar wurde das Unterrichtsverbot formell erst ein Jahrzehnt vor der Französischen Revolution in der "Dissenting Schoolmasters Relief Act" vom Jahre 1779 für Protestanten und 1790 für Katholiken aufgehoben (FRIEBEL/HÄNDEL 1982, 178). Aber in einer Grauzone wurde das Erziehungssystem der vom Staatsdienst ausgeschlossenen Alternativkulturen geduldet. Anders als in Frankreich, wo die Hugenotten vertrieben wurden, konnten "Nonkonformisten", wie die Angehörigen der protestantischen Sekten hießen, ihre Kinder erziehen und im nichtstaatlichen Bereich Karriere machen lassen. Das Ergebnis war eine ambivalente Mischung aus "Berufsverbot" im Staatsdienst und faktisch, wenn auch nicht gesetzlich, gewährter Toleranz im Alltag.

Als auch nach Aufhebung der Testakte die beiden Universitäten Oxford und Cambridge noch bis zum Jahre 1871 die Zulassung zum Studium von der Annahme der 39 Glaubensartikel der anglikanischen Kirche abhängig machten und als eine die Konfessionsbindung des Hochschulstudiums aufhebende Gesetzesvorlage am Widerstand des Houses of Lords scheiterte, gründeten die Freidenker und die Anhänger der protestantischen Sekten, die "Nonkonformisten", im Jahre 1832 aus Protest die Universität London, die zunächst als Privatuniversität arbeitete. Die protestantischen Sekten, die katholische Minderheit und nicht zuletzt auch die *"working men's clubs"* (siehe etwa GLINGA 1983, 121 ff.) bilden Alternativkulturen. Die atmosphärische Feindseligkeit, die Margaret Thatcher immer wieder gegen das Establishment der britischen Hochkultur an den Tag legte, sowie ihr als "unenglisch" empfundener schriller Ton der Argumentation mögen damit zusammenhängen, daß sie selbst aus der strengen Erziehung eines nonkonformistischen Elternhauses hervorging.

Die diplomatische Leistung einer Toleranz, die Duldung abweichenden Verhaltens mit dem Zwang zur Akzeptanz einer engen gesellschaftlichen Normalmoral verknüpft, lädt natürlich zu List, Verstellung, Ironie, aber auch

Scherz, Satire und Ironie

zu Heuchelei ein. Doch setzt auch "erheuchelte Moral", schreibt RADBRUCH in seiner Abhandlung "Der Geist des englischen Rechts", in einem Volk ein starkes Maß "echter moralischer Forderung und Bindung voraus; der Grad der Heuchelei ist der beste Maßstab für die Macht der Moral über ein Volk" (RADBRUCH 1958, 13). Von deutschen Englandkritikern seit jeher als *cant*, als "Scheinheiligkeit" verschrien (TÖNNIES 1917), ist eine tolerante Doppelbödigkeit, die auch zum Wesen der Ironie gehört, bis heute ein Merkmal der britischen politischen Kultur geblieben. Einige Beobachtungen aus dem "World Values Survey" von 1981 können als ein zwar nur indirekter, dafür aber besonders interessanter Beleg für die These gelten, daß die Duldung abweichender Meinungen bei formalem Lippenbekenntnis zu einer strengen Normalmoral nicht nur bei den Eliten verbreitet, sondern auch in der breiten Bevölkerung anzutreffen ist.

Bestätigung ironisch-toleranter Doppelbödigkeit durch die Internationale Wertestudie

In der "Wertestudie", die Anfang der 80er Jahre in Interviews mit repräsentativen Querschnitten der Bevölkerung in zahlreichen Ländern denselben Fragebogen benutzte, zeigten die Briten auch empirisch-quantitativ ein Profil, das mit den vorstehenden qualitativen Thesen übereinstimmt. Als ein zwar nicht perfekter, aber doch hinreichend aussagefähiger Indikator für Toleranz gegenüber Andersdenkenden kann die folgende Frageformulierung in diesem Survey dienen:

"Do you dislike being with people whose ideas, beliefs or values are different from your own?". ("Ist es Ihnen eigentlich unangenehm, mit Leuten zusammen zu sein, die ganz andere Werte, Glauben, Religion und Einstellungen haben als Sie?". (Antwortvorgabe: 1="sehr unangenehm"; 2= "ziemlich unangenehm"; 3="nicht sehr"; 4="überhaupt nicht"; 0= "unentschieden".)

Obwohl bei dieser Frage einige der Antwortangaben wegen sozialer Erwünschtheit ein hohes Maß an Zustimmung erzielten, können doch graduelle Unterschiede zwischen den einzelnen Ländern die tendenziell höhere oder niedrigere Verbreitung von Toleranz gegenüber anderen Meinungen anzeigen. Eine zweite Fragebatterie in diesem Survey ist geeignet, das Bekenntnis (oder wenn man so will: zumindest das Ausmaß des Lippenbekenntnisses) zu den offiziellen Normen der gesellschaftlichen Moral zu erfassen:

"Ich möchte Ihnen Verschiedenes vorlesen, wo man geteilter Meinung sein kann, ob man das tun darf oder nicht. Wenn Sie mir bitte jedesmal sagen, ob Sie das in jedem Fall für in Ordnung halten, oder unter keinen Umständen, oder irgendwo dazwischen. Gehen Sie bitte nach diesem Bildblatt vor: 1 würde bedeuten, das darf man unter keinen Umständen tun; 10 würde bedeuten, das ist in jedem Fall in Ordnung (ICPSR MICHIGAN Studie 9303 und ALLENSBACHER Fragebogen der deutschen Teilstudie, Variablen 265 ff.).

Gefragt wurde im einzelnen u. a. nach: "[...] Wenn verheiratete Männer/Frauen ein Verhältnis haben (Married men/women having an affair); Geschlechtsbeziehungen zwischen Minderjährigen (Sex under the legal age of consent); Homosexualität; Prostitution; Abtreibung (Abortion); Sich scheiden lassen (Divorce) [...]". Natürlich kann aus der Analyse der aus 4

Punkten bestehenden Skala zur ersten Frage und der aus aus 10 Punkten bestehenden Antwortskala zur zweiten Frage (von 1 ="never" bis 10 ="always") nicht die absolute Höhe "der" Toleranz oder "der" Sexual- und Sozialmoral bestimmt werden. Doch relative Trendaussagen zwischen Nationen werden möglich. Weil uns die Bestimmung des besonderen britischen Profils im Vergleich zum übrigen Westeuropa interessiert, bietet es sich an, für jeden einzelnen Punkt die britische Abweichung vom westeuropäischen Durchschnitt (der 13 in der Studie u. a. enthaltenen Länder Europas) zu bestimmen.

Das Schaubild setzt zu diesem Zweck den europäischen Mittelwert auf 0. Die Balken zeigen an, ob die nationale britische Einstellung im Mittel eher unter oder über Westeuropa liegt. Dabei ergibt sich ein klarer Befund. In der Toleranz anderer Meinungen liegen die Briten insgesamt noch über dem

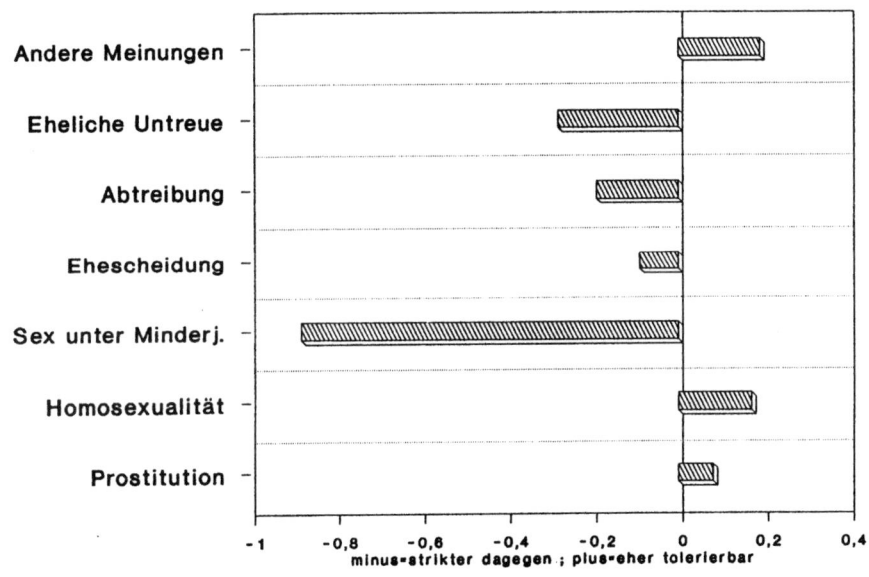

Schaubild 3.3
**Toleranz anderer Meinungen
bei strenger Sozialmoral**
Britische Mittelwerte unter/über dem Durchschnitt Europas
Berechnet aus dem European Values Survey 1981-83

Mittelwert aller Länder. Sie gehören zu der kleinen Spitzengruppe von Ländern, deren Bürger von sich sagen, daß es ihnen durchaus nicht unangenehm sei, "mit Leuten zusammen zu sein, die ganz andere Werte, Glauben, Religion und Einstellungen haben". In vier der sechs anderen Punkte, die die Sozialmoral betreffen, reagieren sie aber weit strenger als das übrige Europa. Streng ist die Moral. Die Praxis - etwa der Schwangerschaftsunterbrechung - ist dagegen eher liberal (vgl. die Statistik bei HALSEY 1988, Tabelle 2.13, 60).

Duldung abweichenden Verhaltens, wenn es nicht provokativ zur Schau getragen wird, und eine von Ausländern immer wieder bewunderte Liebenswürdigkeit gelten bei offizieller Anerkennung einer strengen gesellschaftlichen und politischen Moral oder Etikette. Ihr muß notfalls zumindest ein ironisches Lippenbekenntnis gezollt werden. Diese Doppelbödigkeit gehört im übrigen auch zum Wesen der in Großbritannien besonders gepflegten Ironie. Bei offener, nicht durch listige Verstellung gemilderter Verletzung der gesellschaftlichen Normalmoral stellt sich der Sünder - in einem bezeichnenden englischen Idiom - "beyond the pale" (d.h. außerhalb des Grenzpfahls, in dem der Schutz und Schirm der sozialen Gemeinschaft gilt). Wer den ungeschriebenen gesellschaftlichen Fundamentalkonsens verletzt, läuft Gefahr, ausgegrenzt zu werden.

3.4 Insularer Nationalstolz: Militärische Behauptung der "englischen Freiheiten"

Stolz auf Bewahrung der individuellen Freiheit mit kriegerischen Mitteln

In der Verteidigung der Freiheit der Bürger auf den britischen Inseln gegen Invasionsversuche (von der Armada Philipps II. von Spanien im 16. Jahrhundert über Napoleon bis hin zu Hitler) findet das nationale Selbstbewußtsein einen parteiübergreifenden Identifikationskern. Die "englischen Freiheiten", wie sie im Inneren in der anti-absolutistischen Verfassung des nach-revolutionären England errungen wurden, sind aufs engste mit dem kriegerischen Stolz der Abwehr tyrannischer Herrschaft von außen verbunden. Das folgende treffende Zitat, das trotz eines Hauchs der unvermeidlichen Ironie völlig ernst gemeint ist, verdeutlicht die enge Verbindung des Stolzes auf die "englischen Freiheiten" mit dem Bewußtsein der eigenen militärischen Tüchtigkeit:

"One thing that every English schoolchild knows is that the English have never lost a war since 1066 - the little matter of the American colonies not counting as the colonists were themselves English. By general consensus, the Tudor period was the greatest age of English history. This was not because of its system of government (which was somewhat tyrannical) but because in that age England defeated Spain, freed herself from the Vatican, and established herself as the world's foremost trading nation. Subsequent bases for national pride have been afforded by our victories over Napoleon, the establishment of the greatest empire the world has ever seen, and our two victories over Germany - particularly in the Second World War when for a time we stood alone against forces far superior to ours" (BIRCH 1977, 136).

Noch in den 1960er Jahren hielten Politiker wie Bürger an der alten Groß-machtrolle Großbritanniens fest. Der konservative Premier Churchill hatte 1945 gesagt, er werde keiner Liquidation des Empire vorstehen; und der Labour Vorsitzende Gaitskell sah zu Beginn der 60er Jahre im damals abgelehnten und unterbliebenen Beitritt zur EG das "Ende der tausendjährigen Geschichte" des Landes. Zur gleichen Zeit, zu der der Labour Premier Wilson Ende 1964 sagte: "Wir sind eine Weltmacht und haben Einfluß in der Welt - oder wir sind gar nichts" (zitiert nach DIETER SCHRÖDER 1979, 26 f.), hielten 55% der Briten in einer Gallup-Umfrage es für wichtig "for this country to try to be a leading world power"; und nur etwa ein Viertel glaubte, daß es nach einer ähnlichen Rolle wie Schweden oder die Schweiz streben sollte. Aber bereits ein Jahrzehnt später, als diese Frage 1975 nach dem verspäteten Beitritt Großbritanniens zur EG und dann erneut 1981 wieder gestellt wurde, hatte sich das Verhältnis umgekehrt; nur noch 29% befürworteten die Großmachtrolle, während eine Mehrheit von 57% (der Rest entfiel auf die "Don't knows") wünschte, daß die einstige Weltmacht zu einem "country more like Sweden and Switzerland" werden sollte (WEBB/WYBROW 1982, 87).

Da die sichtbaren Erfolge in der Vergangenheit zu finden sind, hat sich der britische Nationalstolz - so BIRCH - in einen historisierenden, narzißtisch die eigene Vergangenheit betrachtenden "nostalgic nationalism" verwandelt. Die "libertäre" Tradition der Erkämpfung individueller Freiheit gegen tyrannisch ausgeübte Staatsgewalt ist im nationalen Selbstbewußtsein eine enge Verbindung mit dem Stolz auf außergewöhnliche militärische Leistungen durch Armee und Flotte eingegangen. In der "libertären Tradition" der wohlerworbenen englischen Freiheiten, die als ererbter Rechtsbesitz nicht in einem Grundrechtskatalog niedergelegt sind (vgl. Kapitel 8.4), ist der historische Stolz auf die Verteidigung der insularen Freiheit gegen äußere Aggression eine enge Verbindung mit der Abneigung gegen die kontinentale interventionistische Staatstradition eingegangen.

Daß die hier gegebene Interpretation nicht etwa eine idealisierende Spekulation, sondern ein sozialwissenschaftlich begründetes Faktum ist, wird durch ältere und neuere international vergleichende Meinungsumfragen erhärtet. So zeigten die Briten in der Fünf-Nationen-Studie von ALMOND/VERBA (1963), deren Feldarbeit 1959 stattfand, auf die Fragevorgabe, ob es zu den Pflichten eines Bürgers gehöre, sein "Land zu lieben", ihm "treu und ergeben zu sein" und es "militärisch zu verteidigen", deutlich höhere Werte als die USA, Italien und die Bundesrepublik Deutschland (vgl. die Wiedergabe der Zahlen bei DÖRING 1987a, 160). Auch im Hinblick auf die durch das Eurobarometer 19 vom April 1983 erhobene Stärke des Nationalstolzes lagen die Briten, übertroffen nur noch von den Griechen, an der Spitze. Empirisch am stärksten gestützt wird die These vom "nostalgischen Nationalismus" der "libertären Tradition" durch den "World Values Survey" (Feldarbeit 1981).

Diese Internationale Wertestudie enthielt nicht nur eine Frage nach dem Grad des Nationalstolzes, sondern auch eine Frage nach der Beurteilung des Verhältnisses zwischen Freiheit und Gleichheit. Freiheit und Gleichheit stehen als Grundwerte der Demokratie gewiß in einem Spannungsverhältnis zueinander. Über ihre konkrete Ausgestaltung werden von Zeit zu Zeit ideologisch getönte Debatten geführt. Während die bundesdeutsche Bevölkerung der salomonischen Lösung zuneigt, daß beide Grundwerte gleichermaßen wichtig seien, weichen die Briten mit ihrer überwiegenden Option für die individuelle Freiheit stark von allen anderen Ländern ab. Eine Analyse der beiden Variablen "Freiheit vor Gleichheit" und "Nationalstolz" ergab für Großbritannien ein deutlich von allen übrigen europäischen Systemen unterschiedenes Einstellungsprofil. In einem früher bereits veröffentlichten Streudiagramm habe ich gezeigt, daß Großbritannien in der positiven Bewertung der beiden Dimensionen von "Nationalstolz" und "Freiheit vor Gleichheit" weit außerhalb der typischen westeuropäischen Streuung liegt (vgl. DÖRING 1990d, Abbildung 2, 285).

Schaubild 3.4 überprüft diesen Befund für weitere politische Systeme. Eindeutig rangiert Großbritannien - zusammen mit den beiden anderen anglo-amerikanischen Demokratien (und mit Finnland) - in Teiltabelle a) in einer Spitzengruppe von Ländern, deren Bürger sowohl sehr nationalstolz sind als auch der individuellen Freiheit mehrheitlich den Vorzug vor sozialer Gleichheit geben. In der Teiltabelle b) wird überdies gezeigt, mit welchen anderen Einstellungen "Freiheit vor Gleichheit" in den Antworten aller einzelnen Befragten auf einer latenten Dimension verknüpft ist. Das geeignete Mittel hierzu ist eine statistische "Faktorenanalyse", die aus den Korrelationen zwischen Einstellungen aller Befragten auf die Existenz einer oder mehrerer verdeckter Dimensionen (sogenannter "Faktoren") schließt. Dabei zeigt sich wiederum, daß das Freiheitsverständnis auf den britischen Inseln auffallend von anderen Systemen abweicht.

Nur in Großbritannien ist, abweichend von den meisten übrigen Ländern, "Freiheit vor Gleichheit" *nicht* in erster Linie mit der (kollektivistischen) Links-Rechts-Dimension und nicht mit der Betonung der Rechte von Managern und Eigentümern verknüpft. Dagegen bildet "Freiheit vor Gleichheit" nur in Großbritannien - und nur in diesem Land allein - ein Bündel von Bedeutungen zusammen mit Nationalstolz und Bereitschaft zur militärischen Landesverteidigung. Die Betonung staatsabwehrender Privatheit verbindet sich mit einer im internationalen Vergleich außergewöhnlichen Bereitschaft zu kollektiver militärischer Kraftentfaltung. Dies ist um so bemerkenswerter, als der Survey ein Jahr *vor* den "Falklands" lag. Kollektive militärische Kraftanstrengung zur Verteidigung bedrohter individueller Freiheit gegen äußere Aggression durch einen Diktator - diese Mischung von imperialer Pose und "libertärer" Tradition dürfte auch die für

NATIONALSTOLZ UND "FREIHEIT VOR GLEICHHEIT"

a) Klassifikation der Länder nach aggregierten Häufigkeiten

		NATIONALSTOLZ		
		NIEDRIG <70%	MITTEL 70%-80%	HOCH >80%
"FREIHEIT VOR GLEICHHEIT"	HOCH > 60%		Norwegen	Finnland Großbritannien Kanada USA
	MITTEL 50%-60%	Niederlande	Belgien Dänemark Schweden	Frankreich Island Irland
	NIEDRIG < 50%	Deutschland Japan		Italien Spanien

b) Faktorenanalyse individuell vercodeter Daten

In der Wahrnehmung aller einzelnen Befragten eines jeden Landes verbinden sich mit "Freiheit vor Gleichheit" in erster Linie die folgenden mit einem Pluszeichen markierten Einstellungen:

	B	CAN	D	DK	E	F	GB	I	IRL	ISL	J	N	NL	S	USA
Nationalstolz	-	-	-	-	-	-	+	-	-	-	-	-	-	-	-
Landesverteidigung	-	-	-	-	+	-	+	-	-	-	-	-	-	-	-
Manager und Eigentümer	-	+	-	+	-	+	-	+	+	-	-	+	+	+	+
Lohn nach Leistung	+	+	+	+	-	+	-	+	+	+	-	+	+	+	+
Rechts-Links-Präferenz	+	+	-	+	-	+	-	+	+	+	-	+	+	+	-

Oblique rotierte Hauptkomponentenanalyse mit "listwise" Ausschluß fehlender Nennungen. Daher ist Finnland in der Faktorenanalyse nicht enthalten.

Zeichenerklärung:"+"= Faktorladung größer als .60, "+"= Faktorladung zwischen .40 und .60, "-"= Faktorladung kleiner als .40 auf dem Faktor "Freiheit vor Gleichheit". Dokumentation der kompletten Faktoranalysen für die einzelnen Länder auf Anfrage beim Autor.

Quelle: Neuauswertung des World Values Survey, ICPSR Michigan Studie Nr. 9309, Variablen 101, 102, 119, 252, 253, 304.

Ausländer fast unbegreifliche nationale Begeisterung quer durch die politischen Richtungen anläßlich der Flottenexpedition des Jahres 1981 zur Befreiung der südatlantischen Falklandinseln von argentinischer Besetzung durch das Regime des Diktators Galtieri verständlich machen.

3.5 Skepsis gegenüber Doktrinen: Personen und Prinzipien in der Politik

Fragen der Theorie pflegen von den meisten Engländern nicht abstrakt-theoretisch, sondern taktisch-politisch im Hinblick auf ihre aktuellen Handlungsfolgen beurteilt zu werden. SIDNEY LOW, dem wir viele bis heute gültige scharfsinnige Einsichten verdanken, hat diesen Grundzug der politischen Kultur Großbritanniens so ausgedrückt:

> "Nichts ist in der Tat merkwürdiger, als zu beobachten, wie unwichtig formelle Darlegungen der Doktrin sind [...]. Es erscheint dem englischen Temperament als eine Zeitverschwendung, die Äußerung einer irrigen Meinung zu widerlegen, wenn derselben nicht die Tat folgen wird. Dann freilich ist es eine ganz andere Sache" (Low 1908, 122).

Natürlich gibt es auch in Großbritannien nicht wenige bedeutende Theoretiker und Philosophen. Auch wird die politische Debatte durch eine Reihe von Doktrinären und Ideologen belebt. Aber sie werden in der öffentlichen Meinung eher mit Geringschätzung als beliebte Zielscheiben mokanter Kritik behandelt.

SIDNEY LOW sah nicht im Glauben an "Prinzipien", sondern in der "Treue gegen Personen" die Grundlage der englischen politischen Parteien (LOW 1908, 120). Damit wollte er natürlich nicht sagen, daß die meisten Briten prinzipienlos seien, wohl aber, daß sie die Fähigkeit zur Realisation politischer Ziele in starkem Maße von der Handlungskompetenz einzelner Persönlichkeiten abhängig machen. Denn er fügte sogleich hinzu, daß die englische Nation "viel leichter den Glauben an eine Abstraktion als den Glauben an einen Menschen" aufgeben könne.

Ist dies nun nicht mehr als eine gefällige essayistische Spekulation? Oder treffen die funkelnden Aphorismen LOWs auch heute noch einen Grundzug politischer Kultur Großbritanniens? In welchem Ausmaß dieses "personale" Verständnis von Politik tatsächlich in Großbritannien auch heute noch verbreitet ist und wie stark das Land sich darin von vergleichbaren Demokratien unterscheidet, kann für Mitte der 1970er Jahre mit einem Indikator aus der international vergleichenden Surveyforschung belegt werden. Die Political-Action-Studie über acht Nationen enthält nämlich eine Surveyfrage, die geeignet ist, die hier interessierende Dimension zu erschließen.

In einer offenen Frage, die viele spontane Antworten zuließ, erfragte sie Gesichtspunkte zur Bewertung der größten "linken" und "rechten" Partei eines jeden Landes (Vorgabe der Parteien in Variable 69 von POLITICAL ACTION ZA Köln , Studie Nr. 0765). Aus der Vielfalt der Antworten wurden von den Primärerhebern dieser Daten vier Bereiche gebildet: 1. begriffliches Verständnis (z. B. staatliche Kontrolle der Wirtschaft oder Mitbestimmung als "links"); 2. personales Verständnis (Links und Rechts werden nur nach konkreten Personen und Parteien eines Landes identifiziert); 3. emotional-wertendes Verständnis (z. B. "gut" oder "böse"); und 4. generelle Unkenntnis, falsches Verständnis oder Antwortverweigerung.

Schaubild 3.5 zeigt, wie stark die Befragten eines jeden Landes ein konsistent "begriffliches" oder "personales" Verständnis der "Links-" und "Rechtspartei" ihres Landes besaßen (prozentuiert unter Einschluß aller übrigen Kategorien und auch der fehlenden Antworten). Dabei treten aus der Grafik zwei Resultate recht deutlich hervor:

- In Großbritannien übersteigt das personale Verständnis von "Links" und "Rechts" das abstrakt-begriffliche Verständnis in deutlichem Umfang.

- Das begriffliche Verständnis ist in der Bundesrepublik Deutschland am stärksten von allen sieben Ländern (die Frage wurde in Finnland nicht gestellt) und in Großbritannien im Gegensatz dazu am schwächsten ausgeprägt.

Man darf diese Zusammenhänge gewiß nicht überbewerten, weil insgesamt nur ein kleiner Teil der Befragten überhaupt in solchen klaren Kategorien dachte und ein noch größerer Teil falsche oder idiosynkratische Vorstellungen hatte. Trotzdem ist die Art der Verteilung ein Indiz dafür, wie treffend die alten Beobachtungen von LOW gewesen sein müssen und wie stark sich Großbritannien darin auch in der Gegenwart immer noch von seinen Nachbarn in Europa unterscheidet.

Man sollte bei solchen Analysen aber nicht allein auf Prozentsätze zwischen den Nationen schauen. Vielmehr sollte man, auch wenn dies nicht ohne eigene Analyse des maschinenlesbaren Datensatzes möglich ist, immer zugleich auch fragen, ob innerhalb der einzelnen Länder starke Unterschiede auftreten etwa zwischen politisch Interessierten und Gleichgültigen, zwischen höher Gebildeten und Befragten mit nur elementarer Schulbildung, zwischen Reichen und Armen. Deshalb ist in Schaubild 3.5 auch eine Tabelle mit statistischen Koeffizienten eingefügt worden. Jeder der 21 Koeffizienten steht für eine (hier aus Platzgründen natürlich nicht abgedruckte) Kreuztabelle. Sie enthalten die Art der Verteilung der einzelnen Befragten eines jeden Landes nach dem Ausmaß ihres personalen/begrifflichen Verständnisses und ihrem Bildungsgrad (nach Schulabschluß), ihrer

Schaubild 3.5

Begriffliches oder personales Verständnis
der Begriffe "Links" und "Rechts"

a) Prozentuale Häufigkeiten zwischen Nationen

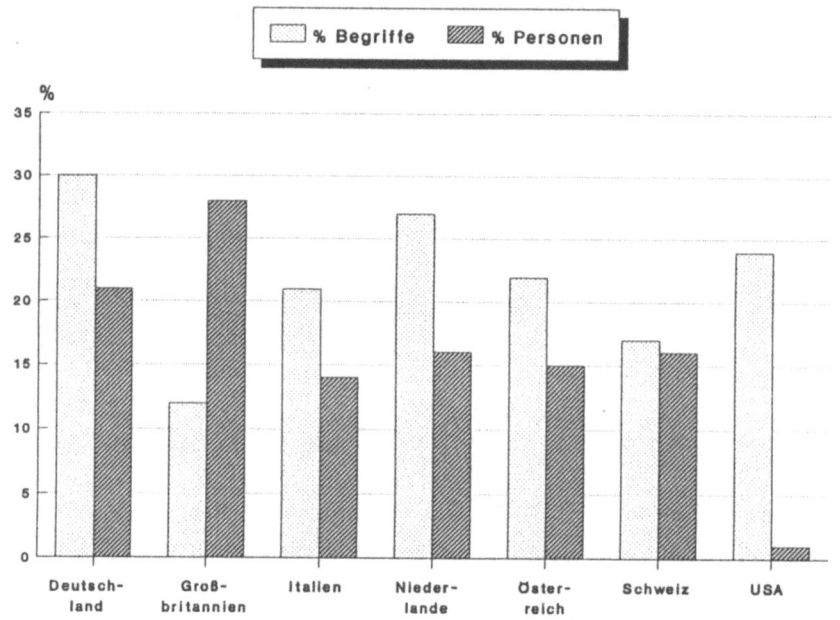

b) Korrelationen innerhalb der Nationen zwischen
begrifflich/personalem Links-Rechts-Verständnis
und:

	D	GB	I	NL	A	CH	USA
Bildungs-grad	0,13	0,32	0,23	0,27	0,14	0,18	0,18
Höhe des Einkom-mens	0,08	0,27	0,16	0,14	n.s.	0,10	n.s.
Politischem Interesse	0,10	0,27	0,20	0,14	0,18	0,22	n.s.

Koeffizienten sind Pearson's r (individuell vercodete Daten)

Quelle: Neuauswertung der Political-Action-Studie 1973-1976
(Variable 335 und Variablen 13, 214, 256)

Einkommenshöhe (nach Selbstangabe geschätzt) und ihrem selbsterklärten politischen Interesse.

Ein Koeffizient von .00 würde keinen Zusammenhang, ein Koeffizient von 1.00 einen "perfekten" Zusammenhang aufzeigen. Erwartungsgemäß zeigt sich, daß Gebildete stärker in Begriffen denken. Die Tatsache, daß alle Koeffizienten in Großbritannien etwas höhere Werte als in allen übrigen Nationen besitzen, zeigt an, daß bei struktureller Dominanz einer "personalen" politischen Kultur dieses an Personen und nicht an Prinzipien ausgerichtete Politikverständnis insgesamt doch etwas weniger homogen als in vergleichbaren Demokratien ausgeprägt ist. Da diese Entdeckung im Widerspruch zu gängigen Klischees steht, ist sie hier etwas ausführlicher mitgeteilt worden. Personales Politikverständnis stark, aber nicht dominant

Im Gegensatz zum europäischen Kontinent, der durch die Rezeption des römischen Rechts gegangen ist und die Idee einer durch Juristen interpretierten vereinheitlichenden öffentlich-rechtlichen Gewalt entwickelt hat, ist in England ein auf Personen bezogenes Öffentlichkeitsverständnis erhalten geblieben. HABERMAS zufolge war das mittelalterliche Verständnis repräsentativ-demonstrativer Öffentlichkeit an "Attribute der Person geknüpft: an Insignien (Abzeichen, Waffen), Habitus (Kleidung, Haartracht), Gestus (Grußform, Gebärde) und Rhetorik" (1965, 17 f.).

Dieser Stil der theatralischen Zurschaustellung von Herrschaft hat sich zum großen Teil erhalten. In Großbritannien schneidet man alte Zöpfe nicht ab. Man kultiviert liebevoll altehrwürdige Formeln. Man eröffnet das Unterhaus täglich mit einer feierlichen Prozession des Speakers und einem stehend gesprochenen Gebet. In diesem Sinne ist es berechtigt, davon zu sprechen, daß "in der englischen politischen Kultur die Orientierungs- und Verhaltensmuster des alten 'Personenverbandsstaats' in starkem Maße überlebten" (ROHE 1984, 172). Aspekte mittelalterlicher Öffentlichkeit

Das Festhalten an den historischen Symbolen und Formeln dient der Legitimation der gegenwärtigen politischen Ordnung durch zeremonielle Beschwörung der Tradition. Der Prunk und das Gepränge der "ehrwürdigen" Institutionen (der "dignified parts" in der Terminologie BAGEHOTS) bietet einen rituellen und institutionellen Deckmantel, unter dessen Schutz und Schirm die "wirksamen" Kräfte der Politik (BAGEHOTS "efficient parts") ihre Arbeit unter Camouflage der wahren Machtverhältnisse verrichten können. "Der 'zeremonielle Teil der Regierung'", schrieb LOW in Anspielung auf BAGEHOT, "wird bewahrt und kann oft Achtung und Ehrfurcht einflößen, selbst wenn er tatsächlich abgestorben ist, während daneben ein mehr oder weniger unbemerkter 'treibender' Faktor steht, der die wirkliche Arbeit tut" (LOW 1908, 3).

3.6 Wandel politischer Partizipation: Kein Niedergang der "Civic Culture"

In einer sehr berühmten, oft aber auch nachträglich gescholtenen Pionierstudie zur politischen Kultur ermittelten ALMOND/VERBA (1963) anhand einer international vergleichenden Meinungsumfrage politische Einstellungen sowohl zwischen Nationen wie auch Unterschiede zwischen den Befragten innerhalb der einzelnen Länder. In dieser Meinungsumfrage, die zur gleichen Zeit mit dem gleichen Fragebogen in fünf Ländern durchgeführt wurde, stellte sich zunächst heraus, daß die überwiegende Mehrheit der Engländer ihr politisches System nicht in erster Linie aufgrund seines aktuellen politischen "Outputs" bewertete.

Anders als in Deutschland, wo die Stabilität der Demokratie davon abhängig erschien, daß sie ständige Leistungen erbringe, die der Bürger als Steigerung des Wohlstandes für sich verbuchen könne, wurde Politik, in einer treffenden Formulierung von KARL ROHE, in der politischen Kultur Großbritanniens von der Mehrheit "stets vorrangig als Lebensweise und nicht als Produktionsweise" begriffen (ROHE 1984, S.177). Dieses Politikverständnis stimmt mit dem oben skizzierten Grundzug einer schwachen bürokratischen Staatstradition überein. Freilich sind, wie in Kapitel 3.2 gezeigt werden konnte, auch in Großbritannien politische Einstellungen im letzten Jahrzehnt stärker interventionistisch als zuvor geworden. Dies kann als nicht-antizipierte Gegenreaktion zur Roßkur des Thatcherismus aufgefaßt werden. Dem Staat ("Government"), den Thatcher entlasten wollte, wird heute stärkere Verantwortung für die Gesellschaft zugewiesen als zuvor.

Was ist "Bürgerkultur" (Civic Culture)?

Darüber hinaus waren in der ALMOND/VERBA-Studie für Großbritannien vor allem drei Ergebnisse bemerkenswert. Alle drei Aspekte sollen nun nacheinander erörtert werden. Dabei gilt der vieldiskutierten Frage besonderes Interessse, ob seit der Umfrage von ALMOND/VERBA in Großbritannien ein Verfall jener von ihnen ermittelten "Bürgerkultur", der sogenannten "Civic Culture", eingesetzt habe (vgl. KAVANAGH 1981, ausgzugsweise wieder abgedruckt im dem Reader von BURCH/MORAN 1987, 69-87). Das erste Ergebnis betraf den Partizipationsstil der Briten.

- Als eine Nation von "joiners", die sich durch Mitgliedschaft in zahlreichen Interessengruppen der Nachbarschaftshilfe oder karitativen und gesligen Vereinigungen auszeichnete, würden die Briten bei Bedrohung ihrer Interessen durch eine für ungerechtfertigt gehaltene Gesetzesvorlage der Regierung vor allem spontane Bürgerinitiativen zur Beeinflussung von Parlament, Regierung und Verwaltung gründen. Solange die Regierung aber ihre Sache gut machte, würden sie auf fortlaufende politische Partizipation während einer Legislaturperiode des Parlaments verzichten und sich sozialen Kontakten im gesellschaftlichen Bereich widmen.

SCHUMPETER, der hier bereits mehrfach zitierte Theoretiker der Konkurrenzdemokratie, hatte einen solchen Verzicht der großen Mehrheit der Wähler auf ständige politische Partizipation zwischen den Wahlen - unter der euphemistischen Bezeichnung der "demokratischen Selbstkontrolle" (1950, 467 f.) - aus seiner elitären Sicht sogar als eine der Voraussetzungen für den Erfolg der Konkurrenzdemokratie bezeichnet. Partizipationsbereitschaft unter tatsächlichem Partizipationsverzicht, diesen Aspekt hatten ALMOND/VERBA dann weit über den britischen Fall hinaus generalisiert zu einem normativen Idealtypus der sogenannten "Bürgerkultur", der "Civic Culture".

Tabelle 3.6

WANDEL POLITISCHER PARTIZIPATION

Angaben in Prozent aller Befragten

	1964	1966	1969	1974	1981	1983	1987
	%	%	%	%	%	%	%
1. Parteimitglieder (in allen Parteien)	10	KA	6.2	6.8	KA	6.5	5.9
2. Besuch einer Wahlversammlung	8 (1970)	7	5	6	KA	KA	2.7
3. Besuch einer Wahlversammlung unter freiem Himmel	8	3	6 (1970)	3	KA	KA	KA
4. Unterzeichner von Petitionen				23	63	KA	69.4
5. Teilnahme an legalen Demonstrationen				5.8	9.9	KA	11.2

Quellen:

Für Position 1: Crewe u. a. 1991: 122, Tabelle 3.1

Für Position 2 und 3: Gallup 1976: 763 f., 856, 1099, 1374; und British Election Study 1987, ESRC Archive, Variable 2D. Frageformulierung: "Did you go to hear any candidate at a political meeting?"

Für Position 4 und 5: Political Action, Variablen 103 und 105; World Values Survey, Variablen 245 und 247; und British Election Study 1987, ESRC Archive, Variablen 106B2 und 106B3.

Sie hielten die "Bürgerkultur", die nicht so sehr ein Realtypus, sondern vielmehr ein normatives Konstrukt ist, für eine der Demokratie ganz allgemein besonders förderliche Einstellung. Denn als Anhänger der "Theorie demokratischer Elitenherrschaft" wünschten sie eine Konkurrenz politischer Unternehmer um die Stimmen einer im wesentlichen passiven, sich nur bei Bedrohung der Bürgerfreiheiten aktiv organisierenden Wählerschaft. So sollte einer starken Regierung freie Hand unter dem Vorbehalt spontaner Organisation der Bürger bei Amtsmißbrauch gegeben werden (ALMOND/VERBA 1963, 481). Wegen ihres normativen Urteils wurde die Pionierstudie von ALMOND/VERBA heftig kritisiert. Sie selbst haben die Argumente ihrer Kritiker in einem zwei Jahrzehnte später veröffentlichten Sammelband unter dem Titel "The Civic Culture Revisited" (1981) zusammengetragen.

Partizipation und
Inaktivität
Für Großbritannien selbst trafen sie allerdings mit jenem Paradox des rationalen politischen Akteurs, der, wenn alles gut läuft, auf ständige Partizipation verzichtet, einen noch bis in die Mitte der siebziger Jahre auch empirisch wieder bestätigten Grundzug politischer Partizipation in England. So stellte die nicht minder berühmte Political-Action-Studie (BARNES/KAASE 1979), deren Meinungsumfragen über acht Nationen 1973-1976 durchgeführt wurden, fest, daß die Zahl der "Inaktiven", die bestenfalls den politischen Teil einer Zeitung lasen oder mit Freunden und Bekannten über den Wahlkampf diskutierten, sonst aber nur auf Parteien, Parlament und Wahlen bezogene sogenannte "konventionelle Partizipation" übten, in einer "so traditionsreichen Demokratie wie England" erstaunlich hoch war (KAASE 1982, S.181).

Wenn dieses elitäre Bild der Demokratie noch in den 1950er und 1960er Jahren für Großbritannien zugetroffen haben mag, so hat es sich seit den 1970er Jahren gründlich geändert. Im Einklang mit der sogenannten "partizipatorischen Revolution" (KAASE 1982), von der sämtliche westliche Industriegesellschaften in vergleichbarer Weise ergriffen worden sind, haben sich die Formen politischer Partizipation auch in Großbritannien stark gewandelt. Darüber gibt Tabelle 3.6 Aufschluß, deren Angaben aus verschiedenen nationalen wie auch international vergleichenden Bevölkerungsumfragen zusammengetragen worden sind. Die Mitgliedschaft in politischen Parteien ist gesunken. Auch das Interesse am Besuch von Wahlversammlungen, ein Zeichen für die Häufigkeit "konventioneller" politischer Partizipation, ist deutlich zurückgegangen. Dagegen ist die Beteiligung an Petitionen geradezu "explodiert". Aber auch die Teilnahme an genehmigten Demonstrationen und an Boykotten, zwei anderen Instrumenten sogenannter "unkonventioneller" Aktion, hat zugenommen. Dabei sind hier nur diejenigen aufgenommen, die als Antwortkategorie *"have done"* von sich angegeben haben.

Stolz auf
Institutionen und
Verfassungspatrio-
tismus
Als zweites bedeutsames Ergebnis konstatierten ALMOND/VERBA zur Zeit ihrer Umfrage, dem Jahr 1959, einen hohen "Verfassungspatriotismus" als einen Grundzug der anglo-amerikanischen politischen Kultur:

- Auf die Frage *"What are the things about this country that you are most proud of?"*, nannten die Amerikaner und die Engländer an erster Stelle -

im Gegensatz zu allen übrigen Nationen - den Stolz auf ihre politischen Institutionen (ALMOND/VERBA 1963, 102).

Als in einer neueren Befragung, die einige der berühmten alten Surveyfragen von ALMOND/VERBA replizierte, unter den Institutionen, auf die die Briten stolz sein würden, auch die Monarchie vorgegeben wurde, wählte die überwiegende Mehrheit quer durch alle Altersgruppen und soziale Schichten diesen "ehrwürdigen" Teil der Verfassung, der sich von der aktuellen Politik fern hält, als Objekt ihres uneingeschränkten Verfassungsstolzes (MOHLER 1989). Dieser auf den ersten Blick vielleicht erstaunliche Befund erscheint keineswegs als absurd, wenn man ihn mit dem Blick auf die grundlegende Tatsache interpretiert, daß der moderne Verfassungsstaat im allgemeinen, das traditional-moderne System Großbritanniens aber im besonderen, eine "gemischte Verfassung" besitzt.

Diese von ULRICH MATZ in die Legitimitätsdiskussion wieder eingeführte theoretische Annahme besagt, daß das "demokratische rückgekoppelte Repräsentativsystem [...] Elemente verschiedener reiner Verfassungstypen - Demokratie, Oligarchie, Monarchie (im wörtlichen Sinne der Einherrschaft) - in spannungsreicher Kombination zu *einer* Legitimitätsgrundlage mischt" (MATZ 1978, 47). Für die durch keine Kodifikation systematisierte Vielschichtigkeit der nach-revolutionären Verfassungsordnung Großbritanniens trifft dies in besonderem Maße zu. Seine Legitimität beruht auf "qualitativ unterschiedlichen, konträr wirkenden Legitimationsquellen [...], die sich wechselseitig stabilisieren und jeweilige Effektivitätsverluste kompensieren" können (HEIDORN 1982, 70).

Vertrauen auf die Monarchie in der "gemischten Verfassung"

Als drittes vielbeachtetes Ergebnis ihrer Fünf-Nationen-Studie behaupteten ALMOND/VERBA :

-    In den englischen Unterschichten ist ein ehrerbietiges Vertrauen - die sogenannte *deference* - in die Weisheit, soziale Milde und Umsicht sozial Höhergestellter verbreitet. In Mischung mit "Teilhabegesinnung" bei Bedrohung des gewohnten *way of life* ist die britische politische Kultur eine *deferential civic culture*.

Dieses idealisierende Bild entpuppte sich aber als ein den Daten aufgesetzter Mythos. In späteren Neuauswertungen des maschinenlesbaren Datensatzes konnte keineswegs jenes Ausmaß der Untertänigkeit festgestellt werden, das sich ALMOND/VERBA als real existent dargestellt hatte (DÖRING 1987a, 147-149). Die Legende von der "Ehrerbietigkeit" der Unterschichten (zur Kritik KAVANAGH 1971) ist unter Heranziehung älterer und neuerer Surveydaten jüngst durch PHILIP NORTON (1984, 350-363) scharf und prägnant zurückgewiesen worden. Realistischer Zynismus und gewaltsamer Protest sind keine neuartigen Verfallserscheinungen der "Civic Culture", sondern entstammen einer sehr alten, periodisch aufflackernden Tradition politischen Protests. Zu konstatieren ist nicht ein Zusammenbruch der sogenannten "Deference", die selbst in den 1950er und 1960er Jahren bei weniger als einem Fünftel der Bevölkerung anzutreffen war. Festzuhalten ist vielmehr der Zusammenbruch des falschen und idealisierten Bildes, das sich die amerikanische Sozialwissenschaft von ihr gemacht hat.

3.7 Politik als "adversativer" Wettstreit von Regierung und Opposition

Wahrheiten und Mehrheiten

In Deutschland steht über dem Parlament und den politischen Parteien in Gestalt des Bundesverfassungsgerichts noch ein mit unmittelbar geltender Wirkung den politischen Streit schlichtender "Hüter der Verfassung". Deshalb ist die deutsche politische Kultur "legalistisch". Sie steht "unter dem Einfluß normativer, von der Justiz definierter Maßstäbe" (LEPSIUS 1990, 78 f). Dagegen entscheidet in Großbritannien nicht die Justiz, sondern die politische Debatte zwischen den streitenden Parteien in einem Wettkampf mit offenem Ausgang über Verfassungsfragen. "Britons have come to regard constitutional disputes as matters for resolution by political debate and not litigation" (NORTON 1984, 318). Letzter Geltungsgrund der Politik sind nicht so sehr Wahrheiten als vielmehr wechselnde Mehrheiten, in deren Schlagabtausch sich nach längerem Hin und Her in der Regel wiederum ein situationsgebundener Konsens ergibt.

Die britische Neigung, auf die "Verrechtlichung" politischer Konflikte weitgehend zu verzichten, hängt mit einem anderen Prozeßverfahren und einer anderen Methode der Wahrheitsfindung vor Gericht als in Deutschland zusammen. In Deutschland wird der Angeklagte durch Richter und Staatsanwalt in "inquisitorischer" Beweiserhebung verhört und mittels Indizien entlastet oder überführt. Dagegen gilt in Großbritannien und in den USA (in beiden Ländern hat sich das aus dem *common law* stammende Prozeßverfahren des *trial by jury* erhalten) als eine wichtige Methode der Urteilsfindung der gerichtliche Zweikampf der gleichberechtigten Prozeßparteien von Kronanwalt und Verteidigung unter Aufbietung von Zeugen und deren Kreuzverhör vor den Augen einer Jury aus juristischen Laien. Wie dem deutschen Beobachter aus unzähligen Kriminalromanen und Fernsehfilmen bekannt ist, entscheidet nicht der Berufsrichter über "schuldig" oder "nicht schuldig". Vielmehr suchen Staatsanwalt und Verteidigung, die als *adversaries* (Prozeßgegner) gegeneinander antreten, durch ihren Wettkampf das Verdikt der ehrenamtlichen *jury* zu prägen.

Der gerichtliche Zweikampf als zentrale Denkfigur

Das jedem englischen Bürger zustehende Recht, sich nur vor einer *jury* von Seinesgleichen (als ehrenamtlich tätigen Richtern) strafrechtlich zu verantworten, stellt ein wichtiges Grundrecht aller Briten im Rahmen ihrer "libertären" Tradition dar. Obwohl heute davon in kaum mehr als fünf Prozent der schweren strafbaren Handlungen Gebrauch gemacht wird, weil die Unwägbarkeiten des Urteils von Laien groß sein können, strahlen von dieser Institution der "angelsächsischen Mythologie" (LOEWENSTEIN 1967,

Bd. II, 61-65) bewußtseinsprägende Verhaltenserwartungen auch auf den Parteienstreit zwischen Regierung und Opposition aus. In der Debattierkammer des "Redeparlaments" (vgl. Kapitel 6.1) können ähnlich dem Auftritt von Staatsanwalt und Verteidiger im Gerichtssaal die Redeschlachten zwischen Regierung und Opposition als ein "teils theatralisches, teils sportliches Schauspiel" zwischen zwei rivalisierenden Teams verstanden werden. In Analogie zum Richter, der an der Beratung über den Schuldspruch nicht teilnimmt, wacht der unparteiische Unterhauspräsident, der *speaker*, der seine Fraktionszugehörigkeit aufgibt, über die Einhaltung fairer Spielregeln. Das Elektorat kann als die "Grand Jury of the Nation" (LOW 1908, 97 f.) aufgefaßt werden.

In dieser Parallele, zwischen gerichtlichem Zweikampf und dem parlamentarischen Schlagabtausch zwischen Regierung und Opposition ist nicht nur eine der kontinuierlich herausragenden geistesgeschichtlichen Grundlagen des englischen Parlamentarismus zu sehen. Auch die "personalistische Orientierung" der englischen politischen Kultur (ROHE 1984, 172), die, wie in Kapitel 3.5 bereits erwähnt, nicht so sehr an Doktrinen und Prinzipien als vielmehr an der "sportsmännischen Auffassung" (LOW 1908, 120) eines Parteikampfes orientiert ist, findet in diesem aus dem Mittelalter überlebenden Gerichtsverfahren des *common law* eine ideelle Fundierung. So werden die Qualitäten eines großen Parteiführers in Großbritannien als mit denen eines großen Advokaten verwandt betrachtet. Die hier skizzierte Denkfigur dient in ihrer grandiosen Suggestionskraft als kleinster gemeinsamer Nenner, auf den sich Anhänger der unterschiedlichsten politischen Theorien und Weltanschauungen (vgl. die von BEER 1969 und BIRCH 1979 im einzelnen dargestellten vielfältigen Ideen der Verantwortlichkeit und Repräsentation) als regulative Leitidee des politischen Prozesses einigen können. Aber sie ist weder unbestritten geblieben, noch wird sie universal akzeptiert.

Unter dem polemisch gemeinten Stichwort der "adversary politics" (FINER 1975) wies eine Reihe britischer Politikwissenschaftler aller Partei-richtungen, die über die Leistungsfähigkeit des traditionellen Zwei-parteiensystems enttäuscht waren, auf zwei entscheidende Lücken in der Analogie zwischen dem angelsächsischen Geschworenengericht und der parlamentarischen Demokratie hin. Zum einen muß eine Jury einstimmig ent-scheiden (in neuerer Zeit mit 8 oder 9 von 12 ehrenamtlich tätigen Ge-schworenen); aber das Elektorat fällt seinen "Wahlspruch" über Regierung und Opposition nicht mit einer qualifizierten Mehrheit, sondern oft genug mit einer Minderheit der gültigen Stimmen (vgl. zur Wirkungsweise des eng-lischen Mehrheitswahlrechts Kapitel 5.2). Zum anderen sind die beiden ein-ander als Kontrahenten gegenüberstehenden Parteien im Parlament nicht so wie Staatsanwalt und Verteidigung wirklich gleichberechtigt. Vielmehr wird die Legislative für die volle Dauer einer Legislaturperiode von einer all-mächtigen Regierung gegen eine auf machtlose verbale Kritik beschränkte Opposition beherrscht (siehe unten Kapitel 6.1 und 6.5).

Kritik des "adversativen" Systems

Diesen, die politische Kultur seines Landes durchdringenden, adversativen Stil hat SAMUEL FINER auf die folgende, klassische Formulierung gebracht:

"The adversary system is a stand-up fight between two adversaries for the favor of the onlookers. [FINER geht auf die Analogie zum Zweikampf zwischen den Prozeßparteien und den *common-law courts* ein und fährt fort:] Since 1945 especially, British public life has been conducted in a similar way, with two rival teams of politicians in open contention [...]" (FINER 1980, 207).

Ein Zweikampf bereitet allerdings nur dann das für "adversary politics" wesentliche emotionale Vergnügen, wenn es beim Fechten mit scharfen Waffen nicht um die Tötung des Gegners geht. Auch der politische Wettbewerb funktioniert dann am reibungslosesten, wenn - darauf haben Theoretiker der Konkurrenzdemokratie verwiesen - "*the stakes are not too high*" bzw. wenn der "Bereich der wirksamen politischen Entscheidung nicht zu weit ausgedehnt" wird. So bedeutet "adversary politics" eine Mischung von politischem Schaukampf und stillschweigendem Basiskonsens. Obwohl sich Regierung und Opposition heftige Wortgefechte liefern, werden im Vereinigten Königreich nicht weniger Gesetze als in Deutschland (und im Bereich der Außenpolitik sogar mehr) einvernehmlich mit den Stimmen der Opposition verabschiedet. Aufgrund solcher harten Statistiken kann man auf weite Strecken von "*consensus in the nominal home of adversary politics*" , also von Konsens im Gehäuse der Konkurrenzdemokratie, sprechen (ROSE 1980, Kapitel 5).

Formale Omnipotenz der Mehrheitspartei und informale Selbstbeschränkung

Die weltweit einzigartige Handlungsvollmacht, die die Ein-Partei-Regierung im befristeten Ämterturnus genießt, beruht in einem ungeschriebenen "agreement to disagree" sowie auf dem stillschweigenden Einverständnis, die Instrumente der nach einem Wahlsieg errungenen Macht nur "milde" einzusetzen. So hatte bereits ein Klassiker freiwillige Machtbegrenzung und Augenmaß als Voraussetzung des britischen Typus der Parteiregierung gefordert:

"Our English system [...] makes party government permanent and possible in the sole way in which it can be so, by making it mild" (BAGEHOT zitiert nach PULZER 1987a, 17).

Wie das politische System auf den Bruch dieser kulturellen Voraussetzung in der Krise der siebziger Jahre und dann in der Ära des "Thatcherismus" reagiert hat, wird in den folgenden Kapiteln analysiert werden.

4 Die "englische Krankheit": Wirtschafts- und Währungskrisen

Die Bindungen zwischen Bürgern und Parteien haben sich nicht nur durch die oben in Kapitel 2 skizzierten Wandlungen der Sozialstruktur gelockert. Einer der auslösenden Faktoren, die zur sinkenden Integrationskraft des Zweiparteiensystems und zu den (allerdings nur flüchtigen) Erfolgen dritter und vierter Parteien in der Wählergunst maßgeblich beitrugen, war die wirtschaftliche Dauerkrise Großbritanniens. Die weltweite Rezession der siebziger Jahre, die die Grenzen des Wachstums in allen liberal-demokratischen Systemen offenbarte, setzte in der einstigen Pioniernation der industriellen Revolution aus hausgemachten Gründen, die im folgenden Kapitel noch etwas näher zu umreißen sind, ein Jahrzehnt früher als in den übrigen OECD-Ländern ein. Beide Parteien hatten auf dem Höhepunkt des Optimismus der wirtschaftlichen "Globalsteuerung" einer "gemischten Wirtschaft" (freier Markt mit staatlicher Intervention) nach der Theorie des Nationalökonomen Keynes Verantwortung für das störungsfreie Wachstum der Volkswirtschaft übernommen.

Rezession früher als in anderen Staaten

Der Begriff der "englischen Krankheit" steht für eine geringe Produktivität und Konkurrenzfähigkeit der Wirtschaft in Verbindung mit hoher Inflation der Preise. Die "englische Krankheit", die die erste Industrienation befallen hatte, galt vielen als Symbol für eine auch anderen Nationen drohende industrielle "Vergreisung" (KIMMIG 1982, 157). Die juristisch ungeregelte Streikfreudigkeit der Schlagzeilen machenden britischen Gewerkschaften schien die "institutionelle Sklerose" zu verdeutlichen, denen Nationen einer prominenten allgemeinen Theorie zufolge immer dann erliegen, wenn sie in einer langen, ununterbrochenen Periode liberaler Demokratie immer mehr gesellschaftlichen Gruppen zum Zweck der Stimmenmaximierung in der Konkurrenzdemokratie Privilegien und materielle Vorteile einräumen (OLSON 1982). Von hier aus gesehen gewann die neokonservative Roßkur des "Thatcherismus" trotz ihrer sozialen Härten eine gewisse zeithistorische Attraktivität als weit über Großbritannien hinausreichendes Experiment.

4.1 Zurückbleibendes Industriewachstum der ersten Industrienation

Relativer, nicht absoluter Niedergang

Wenn vom wirtschaftlichen Niedergang Großbritanniens die Rede ist, so ist relativer, nicht absoluter Abstieg gemeint. Es war nur logisch, daß die einstige Vormacht der industriellen Revolution ihre ehemalige Monopolstellung an die aufholenden Konkurrenten in den Nachzügler-gesellschaften verlor. Auf dem Höhepunkt seiner industriellen Blüte, zur Zeit der Londoner Weltausstellung im Jahre 1851, besaß Großbritannien, der Pionier der industriellen Revolution und die größte Seemacht der damaligen Zeit, gegenüber den noch in den Kinderschuhen ihrer Industrieentwicklung steckenden Nachzüglergesellschaften eine dominierende Stellung im Welt-handel und einen monopolartigen Vorsprung in der Technologie und Fertigung von Industrieerzeugnissen:

"Eine kleine Insel, deren Bevölkerungszahl nur halb so groß war wie die Frankreichs, förderte zwei Drittel aller Kohle in der Welt, produzierte mehr als die Hälfte allen Eisens und Baumwolltuches. Das Einkommen pro Kopf war weitaus größer als in Deutschland oder Frankreich. Großbritannien war der industrielle Schrittmacher der Welt. Auf fast allen Ge-bieten war es überlegen: im Verkehrswesen, beim Schiffbau, in der Telegraphie und im Fi-nanzwesen" (SCHRÖDER 1979, 12 f.).

Anfängliche Konkur-renzlosigkeit der ersten Industrienation

Dieses auf Erfindungsgeist gegründete Monopol trug nicht nur zur Anhäufung eines außergewöhnlichen Reichtums bei, von dem die prachtvollen Bauwerke der Metropole London und der *second cities* (Birmingham, Manchester und Newcastle) bis heute zeugen. Die anfängliche Konkurrenzlosigkeit eines jeden Monopolisten kann eine weniger beachtete langfristig schädliche Nebenwirkung besitzen, auf die ALBERT O. HIRSCHMAN in seinem einflußreichen Essay über Leistungsabfall bei Unternehmungen, Organisationen und Staaten mit Nachdruck verwiesen hat: ein Monopolist neigt "zur Ineffizienz, zum Verfall und zur Schlaffheit" (HIRSCHMAN 1974, 48). Es ist zwar die Aufgabe des Wirtschaftshistorikers und nicht des Politikwissenschaftlers, im einzelnen zu zeigen, wie weit diese generell richtige Beobachtung für einzelne Branchen in unterschiedlicher Weise tatsächlich zutrifft. Aber in der allgemein menschlichen Tendenz, sich auf den Lorbeeren von Erfolgen, die in der Vergangenheit erzielt wurden, auszuruhen und den erprobten Erfolgsrezepten auch in Zukunft zu folgen, dürfte eine der Ursachen für das spätere schwache Industriewachstums Großbritanniens zu suchen sein.

Die britische Wirtschaft wuchs, aber sie wuchs schwächer als die übrigen mit der einstigen "Werkstatt der Welt" konkurrierenden Industrienationen. Auch war die Produktivität geringer (vgl. die Tabellen bei GAMBLE 1985, wieder abgedruckt in dem Reader von BURCH/MORAN 1987, 14). Auch ließ die Qualität der Produkte gegenüber den aufholenden Nachzüglern nach. Ungeachtet dieses relativen Zurückbleibens stiegen aber auch in Großbritannien insgesamt Beschäftigung, Produktion und Lebensstandard. Angesichts der absoluten Wohlstandsmehrung interessierte das relativ gesehen niedrige Industriewachstum lange Zeit "lediglich Sophisten, Buchhalter und Wirtschaftswissenschaftler" (BRITTAN 1981, 112).

Überdies bezog Großbritannien traditionell als imperiale Führungsmacht einen Großteil seines Nationaleinkommens gar nicht aus industriellen Exporten. Die weltweiten Gewinne in Handel, Versicherungen, Schiffahrt und Finanzdienstleistungen, die in der damaligen Handels- und Finanzmetropole London erzielt wurden, glichen über lange Zeit als sogenannte *"invisible earnings"* die sich im industriellen Export verschlechternde Handelsbilanz aus. Überhaupt war (und ist) ein Kennzeichen des britischen Systems die Bevorzugung der Handels- und Finanzinteressen in der City von London gegenüber der Industrie im eigenen Lande (POLLARD 1982). Bedeutung des Empire

Als britische Bürger in den 60er und 70er Jahren verstärkt begannen, preiswertere und oft qualitativ bessere ausländische Fertigungsprodukte (vor allem PKWs) der teuren und (jedenfalls im damaligen Zeitraum) unzuverlässigen und reparaturanfälligen inländischen Produktion vorzuziehen, kam es nicht nur zu relativem Niedergang, sondern zu einer absoluten Schrumpfung der Produktion im Leitsektor Fahrzeugbau. So halbierte sich beispielsweise der Marktanteil neuzugelassener PKWs britischer Herstellung im Vereinigten Königreich zwischen 1970 und 1979 von 85,7% auf 43,7% (HEINEBERG 1983, 130). Importe ausländischer Industrieprodukte

Mit dieser Entwicklung, die angesichts der Liberalisierung des Welthandels und der Konkurrenzschwäche der britischen Waren auf dem eigenen einheimischen Markt verständlich war, war auch eine Reihe von Währungskrisen vorprogrammiert. Die Importe von Nahrungsmitteln, die auf den britischen Inseln nicht selbst angebaut wurden, und die Einfuhr ausländischer Industrieprodukte mußten mit Sterling bezahlt werden. Da die Ausgaben für Importe die Erlöse aus Exporten überstiegen und auch nicht mehr durch *invisible earnings* oder durch Kapitalgewinne im Ausland oder durch Touristen voll ausgeglichen werden konnten, mußte das Pfund an Außenwert verlieren.

Im gleichen Zeitraum, in dem sich die Neuzulassung von Autos einheimischer Produktion halbierte, fiel der Außenwert des Pfundes gegenüber der Deutschen Mark von DM 8.74 auf DM 3.89 (BUTLER, 1986, 386). Zwar war dieser Verlust an internationaler Kaufkraft gegenüber dem Dollar weit geringer ausgeprägt, aber das zurückbleibende Wachstum der ersten Industrienation wird doch durch den Wertverlust von Sterling symbolisiert. Über die gesunkene Konkurrenzfähigkeit seiner Fertigwaren und über die dadurch verschärften Währungskrisen hatte das seit einem Jahrhundert zu beobachtende zurückbleibende Industriewachstum Großbritanniens im Vergleich zu den Nachzüglergesellschaften ab Mitte der 1960er Jahre eine neue Dimension gewonnen.

Zur Stagnation der Industrieproduktion trat ein zeitweiliger ungeahnter Inflationsschub von in der Spitze 26,9% im August 1975 hinzu (BUTLER 1986, 344). Stagnation und Inflation - von Wirtschaftsjournalisten zur neuen Erosion der industriellen Basis

Außenwert des Pfundes Sterling
logarithmischer Maßstab

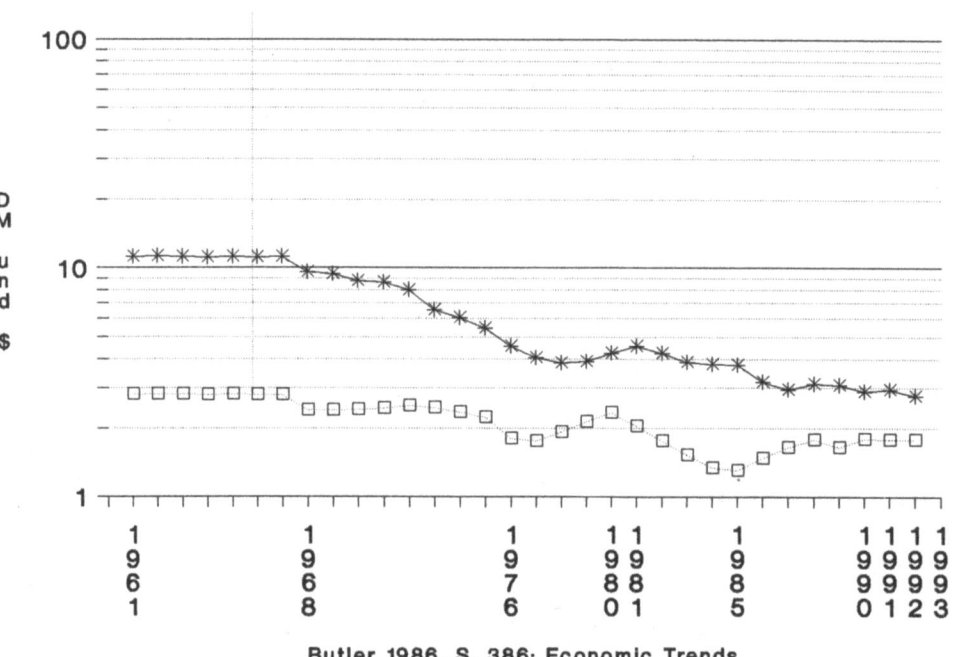

Butler 1986, S. 386; Economic Trends

Krankheit der "Stagflation" gekoppelt - gerieten zu ominösen Symptomen der "englischen Krankheit". Im dritten Quartal 1982 erreichte die Erosion der industriellen Basis insofern eine historische Schwelle, als die einstige "Werkstatt der Welt" erstmals in ihrer Außenhandelsgeschichte ein Defizit im Austausch von Industriewaren akkumulierte.

4.2 "How British is the British Sickness?"
Alte und neue Krisendiagnosen

Diagnose der Ursachen umstritten

Über die Symptome der "englischen Krankheit" - das schwache Wachstum und die geringe Produktivität der britischen Wirtschaft - besteht Einigkeit. Doch über die Diagnose ihrer Ursachen und die Prognosen und Rezepte zur Heilung gehen die Meinungen nicht nur unter Politikern, sondern auch unter wissenschaftlichen Nationalökonomen weit auseinander. (Die in dem Buch von COATES/HILLARD 1986 zusammengetragenen Beiträge über die Debatte zwischen Linken und Rechten werden jetzt in handlicher Form auch auf Deutsch knapp zusammengefaßt durch STURM 1991, 35-41). Die gleichen Tatsachen (von Preisanstieg oder Arbeitslosigkeit) können - je nachdem, welcher Theorie man folgt - als Indizien völlig gegensätzlicher Ursachen diagnostiziert werden. Solche "kognitiven Konflikte" sind in Wissenschaft und Politik unvermeidbar (vgl. ihren systematischen Aufweis bei SCHARPF 1987, 225 f.)

Daher kann es sich auch in dieser Darstellung nicht darum handeln, aktiv und kritisch in die laufende Debatte über alternative ökonomische Strategien oder die Widersprüche der Wirtschaftspolitik der Regierung Thatcher einzugreifen. Vielmehr sollen - wiederum mit dem Blick auf international vergleichbare statistische Trendaussagen - nur einige Grundtatsachen der wirtschaftlichen Wachstumsproblematik Großbritanniens skizziert werden. In einem bemerkenswerten Aufsatz mit dem Titel "How British is the British Sickness?" führte SAMUEL BRITTAN (1978) den Nachweis, daß einige viel zitierte Ursachen, die für das schwache Wirtschaftswachstum Großbritanniens verantwortlich gemacht werden, sich in anderen Ländern mit besseren Wachstumsraten im gleichen oder noch viel stärkerem Ausmaß finden.

Seine an wohletablierten Legenden rüttelnde Vergleichsstudie legte die Vermutung nahe, daß die so populären monokausalen Erklärungen für sich allein die "englische Krankheit" nicht plausibel begründen können. So finden sich einige der für besonders bezeichnend gehaltenen Auslöser der "englischen Krankheit" - z. B. häufige Streiks, geringe Investitionen durch die Unternehmer oder eine hohe Steuerlast - in anderen, vergleichbaren Ländern in noch höherem Maße als in Großbritannien. Als einzigartig identifizierte er nur eine geringe Arbeitsproduktivität bei hohem Personalbestand der Unternehmen.

Geringe Arbeitsproduktivität, die über die Steigerung von Lohnkosten und über die Störanfälligkeit nicht maschinell rationalisierter Produktion zu einer sinkenden Konkurrenzfähigkeit der exportierten britischen Industriewaren beitrug, ist nicht erst eine Erscheinung der 1960er und 1970er Jahre. Auch in der Zeit zwischen den beiden Weltkriegen erzielte die britische Schuhindustrie mit eigens aus Amerika gekauften modernen Fabrikationsanlagen nur etwa die Hälfte der amerikanischen Produktivität (LEWIS 1978 zitiert bei LEYS 1983, 40). Auch über die Ursachen dieser hartnäckig geringen Produktivität und sogar über die beste Art ihrer Messung können die Meinungen unter Fachleuten auseinander gehen. Was einen Sozialwissenschaftler allerdings faszinieren kann, ist die frappierende Tatsache, daß in einem Abstand von gut sechzig Jahren - im Jahrzehnt vor dem Ersten Weltkrieg und nach dem Einsetzen der chronischen Pfundkrisen aufgrund sinkender internationaler Wettbewerbsfähigkeit seit Mitte der 1960er Jahre - von besorgten Zeitgenossen damals wie heute, ohne daß die neuen Kassandras (etwa JOHNSON 1977) sich auf die alten berufen hätten, nahezu identische Ursachen namhaft gemacht wurden.

Zirkularität alter und neuer Krisendiagnosen

Damals wie heute wurden von einer kritischen Minderheit, die über das relative Zurückbleiben der ersten Industrienation gegenüber den aufholenden Nachzüglern besorgt war, sechs eng miteinander verflochtene Ursachen für die geringe Produktivität der britischen Industrie aufgeführt (siehe die Zusammenstellung bei LEYS 1983, 30 f., 68 f.; und für die Gegenwart bei BIELSTEIN 1988, 190 f.; RODERICK/STEPHENS 1982, 3 und STURM 1991, 35-41):

- auf Gewerkschaftsseite Behinderung der Einführung neuer Technologien durch Pochen auf antiquierte Privilegien in der Gestaltung des Arbeitsablaufs sowie eine hohe Streikhäufigkeit;

- im Erziehungswesen eine Vernachlässigung von Berufsschulen und technischer Ausbildung von Ingenieuren; stattdessen eine Betonung der humanistischen Bildung;

- auf Unternehmerseite Dilettantismus und geisteswissenschaftliche Ausbildung kultivierter Amateure auf Kosten betriebswirtschaftlicher Vorbildung des Managements und am Fließband eine unzureichende Rationalisierung der Arbeitsteilung;

- im Vertrieb eine Vernachlässigung des Marketing und das Versäumnis, Fremdsprachen zu erlernen;

- in der Finanzwelt eine Vorliebe für hohe Renditen durch Kapitalexport anstelle von Investitionen in die störanfällige einheimische Industrie;

- im Regierungssystem Orientierung an kurzfristigen wahltaktischen Gesichtspunkten der Parteienkonkurrenz auf Kosten langfristiger parteiübergreifender Planung.

Sicherlich kann keine der aufgelisteten Ursachen für sich allein monokausal die unterdurchschnittlichen Wachstumsraten Großbritanniens erklären. Alle gemeinsam aber deuten auf das zentrale Paradox der Errungenschaft der industriellen Revolution im Rahmen eines anti-industriellen Habitus einer im Grunde industriefeindlichen politischen Kultur hin. "While England invented the Industrial Revolution", schreibt DAHRENDORF in Zuspitzung eines von WEINER begründeten Arguments, "it never liked its consequences", und er charakterisiert den Pionier der industriellen Revolution als eine "non-industrial-society" (DAHRENDORF 1982, 44).

Die durch Erfindungsgeist und Gunst der Umstände, aber nicht nach einem vorausschauenden Plan vollzogene industrielle Revolution, mit der Großbritannien zum Schrittmacher der modernen Industriegesellschaft wurde, vollzog sich im Rahmen einer politischen Kultur, deren wichtigstes Bildungsideal nicht der nach Innovation und Gewinn strebende Unternehmer war. Das Leitbild dieser Kultur blieb der Gentleman, der an vorindustriellen Werten orientierte Amateur. Noch ehe in der Literatur der moderne wissenschaftliche Begriff des "Postmaterialismus" Karriere zu machen begann, beobachten wir eine Ursprünglichkeit "post-industrieller" Werte im Mutterland der industriellen Revolution.

Die alt-neuen Argumente zu Beginn der erneuten britischen "Krise" in den 60er Jahren kann man sich sehr gut aus der lesenswerten Sondernummer der Zeitschrift "Encounter" vom Juli 1963 vor Augen führen. Herausgegeben von dem Wahlbriten ARTHUR KOESTLER, stand sie unter dem etwas reißerischen Titel "Suicide of a Nation?". In dem Chorus von Krisendiagnosen wurden nach 1960 nur zwei neue Ursachen gegenüber der Krisenliteratur vor dem Ersten Weltkrieg zur Erklärung des ökonomischen Schwachwachstums angeboten:

- unter dem Stichwort "too few producers" die Aufblähung eines öffentlichen Sektors sozialer Dienstleistungen unter Vernachlässigung von Investitionen der öffentlichen Hand in der verarbeitenden Industrie;

- das Festhalten (vor dem weltweiten Übergang zu frei schwankenden Wechselkursen seit den 1970er Jahren) an einem überhöhten Pfundkurs.

Im Interesse der Reputation des weltweiten Finanzzentrums London waren City und Treasury an einem stabilen Kurs der Weltreservewährung Sterling interessiert. Dagegen hätte eine Verbilligung des Pfundes durch Abwertung die Exportprodukte der verarbeitenden Industrie im Ausland preiswerter und damit konkurrenzfähiger gemacht. Langfristig gaben wechselnde Regierungen aus Labour und Konservativen Finanzinteressen den Vorzug vor der einheimischen Industrie (POLLARD 1982). *Bevorzugung des Finanzkapitals gegenüber Industriekapital*

Diese strategische Entscheidung korrespondiert durchaus mit dem vor- bzw. post-industriellen Amateurideal des universal gebildeten Gentleman. Denn aufstrebende Talente zieht es in die international verflechtende Finanz- und Versicherungswelt des bedeutenden Börsenplatzes London; und eine Tätigkeit als Industriemanager gilt als zweite Wahl. Hier kann nicht beurteilt werden, welche der vorstehend geltend gemachten Ursachen stichhaltig sind und welche nicht. Doch deutet die repetitive Zirkularität dieser Krankheitsdiagnose darauf hin, daß die "englische Krankheit" - ungeachtet der mittel- und langfristigen Veränderung ökonomischer Rahmenbedingungen - vermutlich dauerhafte strukturelle Ursachen im englischen System besitzen muß.

4.3 Wirtschaftspolitik der Prosperitätsphase: Der Elitenkonsens des "Butskellismus"

Akzeptanz des Wohlfahrtsstaates durch die Konservativen

Als die Konservativen 1951 wieder an die Macht gelangten, machten sie die von Labour unter Attlee nach 1945 durchgesetzten Verstaatlichungen (mit Ausnahme der Schiffswerften und des Güterfernverkehrs, die damals noch recht profitabel waren) nicht rückgängig. Vielmehr wurden weitere wohlfahrtsstaatliche Ziele wie die Erhöhung der Bildungschancen durch Neugründung von Universitäten und "Polytechnics" durch konservative Regierungen begonnen. Die Konvergenz der Konservativen mit Labour in einem Programm verteilungsorientierter Sozialreform ging freilich nicht ohne Rebellion des rechten Flügels der Partei ab, deren Vertreter von Macmillan aus dem Kabinett entlassen wurden. (Die neokonservative Wende von Margaret Thatcher ist als eine bewußte Umkehr dieser "sozial-demokratischen" Orientierung der Konservativen zu verstehen.)

"Verteilungs-paradigma" und "Butskellismus"

In der weltweiten Prosperitätsperiode der 1950er Jahre wurde nicht nur in Großbritannien, sondern in allen westlichen Demokratien von "bürgerlichen" wie "sozialdemokratischen" Regierungen gleichermaßen die Politik verfolgt, die "ökonomische Herrschaftsfrage [...] durch ein Programm von Wachstum und Verteilung" gleichsam "stillzulegen" (RASCHKE 1980). So stark war das Eingeschworensein beider Parteien auf diese von Raschke "Verteilungs-paradigma" getaufte Verteilung eines wachsenden Wohlstandes durch wohl-fahrtsstaatliche Gesetzgebung, daß die Wirtschaftszeitung "Economist" die neue Politik in einer Wortschöpfung, die aus einer Kombination der beiden Namen des konservativen Schatzkanzlers Butler und Labourparteiführers Gaitskell bestand, mit dem erst zum Markenzeichen und dann zum Symbol des Versagens gewordenen Etikett des "Butskell"-ismus belegte.

Im "Butskellismus" waren die beiden Antagonisten des konkurrierenden Parteienduopols trotz innerparteilicher Widerstände sich in der Grundmaxime einig, daß es prinzipiell möglich sei, eine "gemischte Wirtschaft" aus privaten und verstaatlichten Unternehmen durch vorsichtig dosierte Intervention mit den Instrumenten der volkswirtschaftlichen Theorie von Keynes einem ständigen krisenfreien Wachstum zuzuführen. Dabei sollte soziale Ungleichheit durch wohlfahrtsstaatliche Gesetzgebung gemildert werden. Akzentunterschiede des Parteienwettbewerbs bezogen sich auf die Feinsteuerung des Verhältnisses von Arbeitslosigkeit und Inflation bei prin-zipieller Garantie der Vollbeschäftigung.

Gewiß wurde zwischen den Parteien um die Verteilung des Wohl-standszuwachses zwischen den sozialen Klassen gestritten. Aber die ord-nungspolitischen Rahmenbedingungen der Wirtschafts- und Gesellschafts-ordnung wurden damals nur noch von Randgruppen in Frage gestellt. Damit war Bipolarität in der klassenpolitischen Verteilungsfrage gegeben, die bei wachsendem Sozialprodukt relativ leicht lösbar war, ohne das Parteiensystem zusätzlich mit dem über Verteilungsfragen hinausgehenden, viel schwieriger

zu schlichtenden verfassungsrechtlichen Streit um politische und ökonomische Ordungsmodelle zu belasten.

Noch im Jahre 1959 konnte Premierminister Macmillan seinen Wahlkampf
mit der zutreffenden Parole führen: "You never had it so good". In der Tat
kontrastierte die Prosperität der "goldenen Jahre" markant mit der großen
Zahl von Armen und der großen Arbeitslosigkeit in der gesamten Zeit
zwischen den beiden Weltkriegen (vgl. das Schaubild der Gesamtzahl der
Armen zwischen 1850 und 1939 bei RITTER 1983, 180, welches schon lange
vor der Großen Depression von 1929 eine sprunghaft angewachsene Zahl
offiziell registrierter Armer über die gesamte Zwischenkriegszeit hinweg
aufzeigt). Doch ging die Wachstums- und Prosperitätsperiode in
Großbritannien aus den oben in Kapitel 4.1 umrissenen Ursachen etwa ein
Jahrzehnt früher als in den anderen Industrienationen zu Ende.

Seit Mitte der 60er Jahre unternahmen wechselnde Regierungen beider
Parteien, zunächst die konservative Regierung Macmillan, dann die Labour
Regierung Wilson, gezielte Maßnahmen zur Förderung des
Industriewachstums, um den drohenden Abstieg des Lebensstandards
aufzufangen. Der Staat bemühte sich, als die Probleme von schwachem
Wachstum, internationaler Konkurrenzschwäche der britischen Industrie und
Kursverfall des Pfundes akut wurden, um eine überparteiliche
Industrieförderung durch Investitionshilfen, Steueranreize und Agenturen zur
Beratung des privaten Management. Außerhalb des "adversativen"
Konkurrenzsystems wurde eine "National Economic Development
Corporation" mit zahlreichen Zweigstellen (genannt "Neddies") im
Einvernehmen zwischen Labour und Konservativen gegründet.

Doch diese staatlichen Initiativen vermochten weder die Produk-
tivitätsschwäche der Industrie noch den Druck auf das Pfund Sterling zu
stoppen, ehe die Ölfunde in der Nordsee Großbritannien in die Liga der
erdölproduzierenden Länder aufsteigen ließen und das Währungsproblem ab
1976 entschärften. Im Interesse der Stabilität der Weltreservewährung Sterling und der Sicherheit und Bonität des Finanzplatzes London suchten die
Regierungen in Westminster - ob aus Konservativen oder Labour bestehend -
den Wechselkurs (vor dem Zeitalter frei schwankender Wechselkurse) stabil
zu halten. Doch in einer Reihe von Währungskrisen sah sich seit Mitte der
60er Jahre jede Regierung, ob aus Labour oder den Konservativen, in der
Mitte ihrer Amtsperiode zu einer Kehrtwendung in ihrer Wirtschaftspolitik
gezwungen.

Kritiker des überlieferten "adversativen" Systems des häufigen Wechsel
von Regierung und Opposition machten (wie auch damals schon vor dem
Ersten Weltkrieg) geltend, daß die "stop - and - go"-Politik wechselnder
Parteiregierungen dem langfristigen Wirtschaftswachstum geschadet habe.
Stattdessen plädierten sie für eine überparteiliche "Konzertierung" der
Wirtschaftspolitik nach dem Muster (damals) erfolgreicher kontinental-
europäischer Systeme wie Österreich und Schweden. Statt Konkurrenz mit
Ausschluß des unterlegenen Gegners in einem "Nullsummenspiel" forderten

sie Konsens und parteiübergreifende Absprachen unter Mitbeteiligung der Opposition.

Allerdings haben neuere Policy-Studien zu wirtschaftspolitischen Strukturentscheidungen in den Nachkriegsjahrzehnten gezeigt, daß - abgesehen von Arbeitsbeziehungen und Gewerkschaften - die geld- und kreditpolitischen sowie außenwirtschaftlichen Rahmenbedingungen der britischen Volkswirtschaft niemals Gegenstand des "adversativen" Schlagabtauschs zwischen Regierung und Opposition gewesen sind. Sie entstammten bereits einem Allparteienkonsens unter den Eliten außerhalb der Konkurrenzdemokratie (GAMBLE/WALKLAND 1984). Der rechte Flügel der Konservativen um Thatcher machte deshalb nicht die Parteienkonkurrenz, sondern ein überparteiliches "stagnationsbrütendes Krisenmanagement" (KIMMIG 1982, 138) des "sozialdemokratischen Konsensus" nach europäischem Muster für die englische Krankheit verantwortlich.

Überparteilicher Elitenkonsens

Dieser sozialdemokratische Konsensus wechselnder Regierungen aus Labour und Konservativen beruhte in Großbritannien wie in anderen Ländern auf der universalen volkswirtschaftlichen theoretischen Annahme, daß Arbeitslosigkeit und Inflation empirisch in einem funktionalen Wechselverhältnis zueinander stehen müssen. Nach diesem aus der Theorie von Keynes abgeleiteten Axiom ist es möglich, das eine auf Kosten des anderen gezielt durch vorsichtig dosierte staatliche Interventionen ohne Unterbrechung des Wirtschaftswachstums zu steuern. In diesem Sinne war eine konservative Regierung bestrebt, die Inflationsrate zu senken, während Labour eher an einem Niedrighalten der Arbeitslosigkeit orientiert war. Beide aber hatten in der Mitte einer Legislaturperiode die Wirtschaft auch um den Preis eines geringen Anstiegs der Inflation stimuliert, um ihre Chancen bei der nächsten Wiederwahl zu verbessern.

Ein solcher "politischer Konjunkturzyklus", den man als "fiddling of the economy", das "Frisieren" der Ökonomie durch die Parteien, oder als schädliche "economic bribery of the electorate" bezeichnet hat (FINER 1980, 128 f.), ist im internationalen Vergleich als durchaus unzutreffend erwiesen worden (SCHMIDT 1982). Doch sind Ein-Partei-Regierungen wie die britische, die im internationalen Vergleich die Ausnahme und nicht die Regel bilden, dazu durchaus in der Lage und bedienen sich dieses Mittels recht häufig zur Erzeugung eines kurzfristigen ökonomischen Booms vor den Wahlen (POWELL 1982, 209). Die Schärfe, mit der eine stärkere Anbindung Großbritanniens an die EG in London abgelehnt wird, beruht nicht zuletzt auch darauf, daß die Regierung in Westminster das probate Mittel des politischen Konjunkturzyklus verlieren würde.

Die Theorie von Keynes, die in der Ära des "Butskellismus" fast ausnahmslos von den britischen Eliten für richtig gehalten wurde, bildete die Basis des "technokratischen Modells" der Parteienkonkurrenz (ROSE 1980, 28 f.), dem zufolge die Treasury und nicht das Parteiensystem die zentrale Instanz zur Steuerung der Wirtschaft darstellte. Doch weil Arbeitslosigkeit und Inflation Anfang der 70er Jahre gleichzeitig stark anstiegen, anstatt daß

Konjunktur- steuerung zwecks Wählerbein- flussung

96

sich der eine Faktor auf Kosten des anderen kontrollieren ließ, zerbrach der auf der Theorie von Keynes beruhende Elitenkonsens des "Butskellismus". Die Heftigkeit, mit der die Kehrtwende zum Monetarismus vollzogen wurde, wird erst aufgrund der vorangegangenen einhelligen Anerkennung von Keynes voll verständlich.

4.4 Zuspitzung der Wirtschaftskrise: Abschwächung starker Parteibindungen

Es ist nicht die Aufgabe dieses Kapitels, nach volkswirtschaftlichen Ursachen zu forschen, warum das funktionale Wechselverhältnis von Arbeitslosigkeit und Inflation in Großbritannien zwischen 1968 und 1986 entgleiste. (An Schaubild 4.4. kann man studieren, wie beide zusammen zu steigen begannen, anstatt, wie theoretisch erwartet und in der Vergangenheit bestätigt, sich tendenziell gegenläufig zueinander zu bewegen.) Wichtig ist für die Politikwissenschaft jedoch zweierlei. Zum einen ein Verständnis dafür, daß in den oben bereits erwähnten unvermeidbaren "kognitiven Konflikten" über die der Situation am besten angemessene national-ökonomische Theorie die bisher praktizierte Lehre von Keynes als diskreditiert gelten und die neoklassische Wende zum Monetarismus als attraktiv erscheinen konnte.

Arbeitslosigkeit und Inflation entgleisen gleichzeitig

Zum anderen die Beobachtung, daß sich nicht zuletzt als Folge der traumatischen Erfahrungen in den Krisenjahren nach dem ersten "Ölpreisschock" die dauerhaften Bindungen der britischen Bürgerinnen und Bürger an die beiden etablierten Parteien in ihrer Intensität stark abschwächten, ohne jedoch etwa preisgegeben zu werden. Schmerzhafte Erfahrungen gab es genug. Einige davon werden durch Schaubild 4.4 veranschaulicht. Der Pfundkurs gegenüber einem Land, aus dem in besonderem Maße Industriewaren importiert wurden, der Bundesrepublik Deutschland, fiel - schon vor der Vervielfachung des Rohölpreises im Herbst 1973 - stark ab, um schließlich - nach der eigenen britischen Erdölförderung - bei einem Drittel seines früheren Wertes Halt zu finden, wodurch sich die Kosten der Einfuhr erhöhten. Zudem stieg die Arbeitslosigkeit, nur von kurzen Erholungen unterbrochen, stetig an. Die Preissteigerungsrate nahm galoppierende Ausmaße an.

Emotionale Parteibindungen durch Wirt-schaftskrise abgeschwächt

Hinzu kamen andere erschreckende, im Schaubild nicht sichtbare Eindrücke: ein vorübergehender Zusammenbruch des Immobilienmarktes mit vielen Bankrotten; Drei-Tage-Woche und Bergarbeiterstreik 1974; Abschalten des Stroms wegen streikbedingter Engpässe; die von Premierminister Heath vorzeitig mit der (irreführenden) Parole: "Wer regiert Großbritannien - die Gewerkschaften oder die Regierung?" anberaumte (und verlorene) Unterhauswahl. Gewiß lagen die aktuellen Ursachen der dramatischen Zuspitzung der schon lange schleichenden chronischen wirtschaftlichen Krise mit der Kostenexplosion der Ölpreise infolge des OPEC-Kartells ab 1973 auch in exogenen Faktoren außerhalb der Kontrolle der Regierungen in Westminster. Aber die Mittel zur Bekämpfung der Krise waren die alten, ohne zu greifen: Erhöhung der Staatsausgaben zur Belebung der Wirtschaft und Senkung der bedrohlich ansteigenden Arbeitslosigkeit.

Schaubild 4.4

Zuspitzung der Wirtschaftskrise um 1974

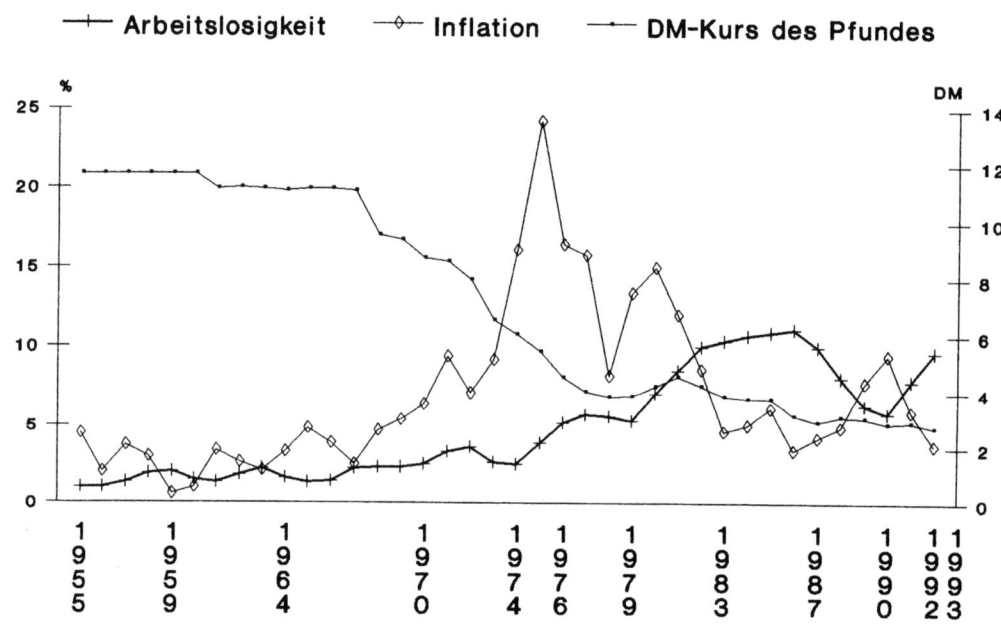

Mit dem Einsetzen der chronischen Wirtschafts- und Währungskrise seit Mitte der 1960er Jahre waren beide Parteien an vergleichbaren Problemen in ähnlicher Weise gescheitert. Wechselnde Regierungen aus Labour und Konservativen hatten versprochen, die Ökonomie besser als die andere Partei steuern zu könnnen. Doch in der Mitte jeder Legislaturperiode hatten sie den Kurs ihrer Wirtschaftspolitik beide abrupt - in jenen inzwischen sprichwörtlichen "U-turns" - aufgegeben, um den Druck auf das Pfund abzufangen und etwas gegen steigende Arbeitslosigkeit zu tun. Zuletzt und am deutlichsten sichtbar hatte das die 1970 gewählte konservative Regierung Heath getan, die bereits vor Thatcher eine monetaristische Ausgabenkürzung

Beide Parteien scheitern an gleichen Problemen

eingeleitet hatte, dann aber aus Furcht vor weiter steigender Arbeitslosigkeit das Ruder herumwarf und damit zu dem in Schaubild 4.4 sichtbaren Inflationsschub von in der Spitze 26.9% im August 1975 beitrug (BUTLER 1986, 376).

Für die negativen Ergebnisse mußten die im Machtwechsel alternierenden Ein-Partei-Regierungen, die während des Konsens des "Butskellismus" in den Augen der Wähler "much of a muchness" gezeigt hatten, ohne doch wirklich Alternativen aufzuzeigen, klare Verantwortung übernehmen, ohne die Schuld (so wie in der Bundesrepublik Deutschland) auf die bremsende Rolle eines kleinen Koalitionspartners schieben zu können. Dies in klarer Verantwortung vergleichbare Scheitern der Parteien, das selbstgesteckte Versprechen einzulösen, die britische Wirtschaft zu stimulieren und in ein krisenfreies Wachstum zu steuern, war eine wichtige Ursache für die Abschwächung der früher hohen emotionalen Bindung der britischen Wählerinnen und Wähler an das "Duopol" der etablierten Parteien. Diese These wird mit den Sonden der Surveyforschung anhand von repräsentativen Wiederholungsbefragungen (Paneldaten) zwischen den Unterhauswahlen von 1970 und vom Februar und Oktober 1974 erhärtet:

"The root of the dealignment in Britain is the failure of both parties to produce the economic growth they promised since at least 1959" (ALT 1984, 299).

Eine langfristige emotionale Bindung von Stammwählern an ihre Partei pflegt in der Wahlsoziologie mit dem Begriff der "Parteiidentifikation" bezeichnet zu werden. Viele Bürger bleiben über Jahrzehnte hinweg in gefühlsmäßiger Bindung einer bestimmten Partei auch dann verbunden, wenn sie aus Protest oder rationaler Abwägung des vermuteten Resultats gelegentlich einmal einen Seitensprung zu einer anderen als der eigenen angestammten Partei machen. Normalweise wirkt eine solche dauerhafte affektive Bindung an eine Partei durchaus als "Puffer gegenüber temporären Outputschwächen des Systems. Sie erhöht den Glauben an dessen Legitimität [...] und verhindert unmittelbare Entfremdungsreaktionen" (KAASE 1979, 330).

Für die mit einer Partei identifizierten Stammwähler kann nämlich in einem psychologischen Mechanismus, der aus der Theorie der kognitiven Dissonanz bekannt ist, die Enttäuschung über den Gang der Politik zunächst erst einmal strukturell der Opposition angelastet werden. So verkehrt sich die Zufriedenheit bei einem Wechsel der Regierung bei Befragten mit einer Präferenz für eine der beiden Parteien des Duopols regelmäßig in ihr Gegenteil, ohne daß sich am Gesamtdurchschnitt etwas ändern würde (siehe die Grafik bei DÖRING 1987a, 142). Wenn dieser Mechanismus mehrmals gegriffen hat, ohne daß die erwarteten Leistungen sich verbessert hätten, dann kann die klare Alternanz, die normalerweise das System legitimiert, eine besonders tiefe Enttäuschung auslösen.

Die Intensität einer emotionalen Bindung von Wählern an politische Parteien ist nicht direkt sichtbar. Sie muß mit den Sonden der empirischen Surveyforschung gemessen werden. Will man Veränderungen der Parteiidentifikation im Zeitverlauf als einen Indikator der Stärke dauerhafter Bindungen an das Parteiensystem benutzen, so darf man dies nur dann tun, wenn den repräsentativen Stichproben der Bevölkerung zu einzelnen Zeitpunkten die stets gleichbleibende Frageformulierung vorgelegt wurde. Dieses Erfordernis ist durch die britischen Wahlstudien zwischen 1964 und 1987 erfüllt worden, die der Bevölkerung über einen Zeitraum von zweieinhalb Jahrzehnten die folgende gleichlautende Schlüsselfrage vorlegten:

"Generally speaking, do you think of yourself as a Conservative, Labour, Liberal or what? (In Schottland wurde auch nach Scottish National Party und in Wales nach Plaid Cymru gefragt.) Die Zusatzfrage lautete: "Would you call yourself a very strong (XYZ), a fairly strong (XYZ) or a not very strong (XYZ)?"

Der Anteil derer, die sich ganz generell als Anhänger einer der beiden Parteien und damit als Befürworter des etablierten Zweiparteiensystems bezeichneten, sank zwischen 1964 und 1987 nur von 81% auf 67%. Doch unter der Decke einer nach wie vor breiten Identifikation mit dem Zweiparteiensystem vollzog sich eine sinkende Intensität dieser affektiven Bindung: der Anteil der "very strongly" mit einer Partei Identifizierten halbierte sich von 48% im Jahre 1966 auf 23% im Jahre 1987 (CREWE 1983, 190; HEATH U. A. 1991, Tabellen 2.1 und 2.2, 12 f.; CREWE U.A. 1991, Kapitel 2).

"Periodeneffekt" in den traumatischen Krisenjahren zwischen 1970 und 1974

Dieser Rückgang starker Identifikation geschah vor allem in den Jahren der dramatischen Zuspitzung der Wirtschaftskrise, d. h. zwischen den Unterhauswahlen von 1970 und 1974. Dabei fiel die Identifikation noch einmal besonders stark zwischen den beiden Wahlen vom Februar und Oktober im Krisenjahr 1974. Während in anderen Systemen oft nur eine "politische Generation" (etwa der akdemisch gebildeten Jugend) von den etablierten Parteien abwandert, kam es in Großbritannien unter den traumatischen Erfahrungen dieser Krisenperiode quer durch alle Altersgruppen zu einer starken Abschwächung, aber zu keiner Auflösung der emotionalen Bindung an die Parteien. Man spricht deshalb auch von einem "Periodeneffekt" gleichmäßig durch die gesamte Bevölkerung aller Altersgruppen. Wie die Fortführung dieser Art von Analysen durch BARTON/DÖRING (1986) zeigte, kam es nach dieser Zäsur aber gerade unter der Jugend von Wahl zu Wahl wieder zu einem Anstieg der Identifikation mit den "Etablierten".

Was unter dem Eindruck von Abwanderung und Widerspruch, Unzufriedenheit mit den Leistungen wechselnder Regierungen und flüchtiger Hinwendung zu dritten Parteien in Großbritannien geschmolzen ist, ist also nicht die Identifikation mit den beiden etablierten Parteien überhaupt, sondern nur die Stärke dieser Parteiidentifikation. CREWE zufolge ist die nach wie vor breite, wenn auch abgeschwächte Parteiidentifikation "testimony to the glacially slow rate at which a major party in Britain is finally abandoned by the electorate" (CREWE 1985a, 124); und er vergleicht das an Wähler- und Mitgliederschwund leidende Zweiparteiensystem (siehe dazu Kapitel 5.3) treffend mit langsam schmelzenden Eisbergen.

4.5 Auf der Suche nach Alternativen: Richtungskämpfe der Labour Party

In der Zuspitzung der Wirtschaftskrise gaben beide Parteien Mitte der 70er Jahre den wirtschaftspolitischen Konsens des "Butskellismus" auf. Aber aufgrund unterschiedlicher innerparteilicher Organisation und Entscheidungsstrukturen waren Labour und Konservative in ungleicher Weise zu einem Strategiewechsel in der Wirtschaftspolitik fähig. Die monetaristische Wende zur Neoklassik in der Wirtschaftspolitik wurde schon vor Thatcher durch den Labour Schatzkanzler Denis Healey vollzogen. Ihm kamen die Auflagen des Internationalen Währungsfond zur Ausgabenkürzung in Großbritannien vor Gewährung eines Stützungskredits für das Pfund Sterling nicht ungelegen, um seine Politik gegenüber der Parteibasis durchzusetzen. Denn außerhalb der Labour Regierung, die von 1974 bis 1979 im Amt war, stritten Partei und Fraktion in innerparteilichen Richtungskämpfen um Alternativen.

Monetarismus schon vor Thatcher

Der Parteitag der Labour Party, die *Annual Conference*, ist das höchste Entscheidungsorgan. Er wählt als außerparlamentarisches Führungszentrum das "National Executive Committee" (NEC). Aber traditionell besitzt die Unterhausfraktion, die bis 1981 auch den Parteiführer ganz allein wählte, das größere Gewicht in der Lenkung der Partei. Die auf dem Parteitag abgegebenen Stimmen sind nicht die von individuellen Repräsentanten. Ähnlich dem Depotstimmrecht deutscher Banken, die auf der Hauptversammlung einer Aktiengesellschaft im Namen der Zahl der bei ihnen verwahrten Aktien von Kleinaktionären abstimmen können, für die sie einmal eine pauschale Ermächtigung eingeholt haben, werden die Stimmen der Delegierten der Labour Party entsprechend der Zahl der von ihnen repräsentierten Mitglieder gewichtet. Dabei entsprechen die sogenannten "Blockstimmen" der Gewerkschaften nominell der Zahl aller Gewerkschaftsmitglieder, für die die Gewerkschaftsführung einen Prozentsatz vom Gewerkschaftsbeitrag, die sogenannte *"political levy"*, an die Partei abführt. Da die Zahl der Gewerkschaftsmitglieder in die Millionen geht, wird die Stimmenmehrheit auf dem Parteitag von den Gewerkschaftsführern gehalten. Sie besitzen dank dieser Konstruktion etwa fünf Sechstel aller Stimmen.

Blockstimmrecht der Gewerkschaften

In der Zeit des "sozialdemokratischen Konsenses" des "Butskellismus" in den 50er Jahren waren die fünf größten Gewerkschaften, die aufgrund der eigentümlichen Organisation der Labour Party die Stimmenmehrheit auf den Parteitagen kontrollierten, willig den Hinweisen der Parteiführung, d. h. des

Labour "Schattenkabinetts", gefolgt. Seit Beginn der schleichenden Wirtschaftskrise rückten mehr und mehr Gewerkschaftsführer nach links, wodurch, wie MINKIN (1978) minutiös dokumentiert hat, bereits vor der aktuellen Krise die Spannungen über Policy-Entscheidungen zwischen dem Parteitag sowie dem von diesem mit Stimmenmajorität der Gewerkschaftsführer gewählten außerparlamentarischen "National Executive Committee" (NEC) auf der einen und den Labour Kabinetten (1964-1970 und 1974-1979) und "Schattenkabinetten" (1970 bis 1974) auf der anderen Seite wuchsen.

Diskrepanz zwischen Aktivisten und Wählern

In der aus vielen Richtungsgruppen zusammengesetzten Labour Party, die sich selbst als breite soziale Bewegung versteht und die aus zahlreichen affiliierten Organisationen zusammengesetzt ist, klaffen die politischen Ziele und Präferenzen von Aktivisten und Wählern der Partei stark auseinander. Zum Beispiel befürworteten 1978/79 nur 19% der Aktivisten, aber 55% der Wähler der Partei eine gesetzliche Einkommenspolitik; und während nur 32% der Wähler mehr Verstaatlichungen von Industrien wünschten, waren es bei den Aktivisten 81% (vgl. im einzelnen die Tabelle politischer Ziele der beiden Gruppen bei WHITELEY 1981, Tabelle 1, 166). Eine international vergleichende Befragung der Delegierten von Parteitagen in Westeuropa zeigte, daß diese Diskrepanz in der britischen Arbeiterpartei besonders tief ausgeprägt war. So muß die Parteiführung einen heiklen Kurs zwischen den einander entgegengesetzten Zielen von zwei Klientelen steuern, denen sie verantwortlich ist: zwischen den politischen Präferenzen der Wähler der Partei, die ihr die Regierungsmacht geben sollen, und den programmatischen Wünschen der Aktivisten, die den Parteitag beeinflussen. Von daher gesehen waren Richtungskämpfe unvermeidlich, als sich die Wirtschaftskrise verschärfte.

Sozialkontrakt

Der 1974 an die Regierung zurückgekehrten Führung der Labour Party gelang es, im Austausch für ein Stillhalten in Lohnfragen, bis die neue Wirtschaftspolitik Erfolge gezeigt haben würde, eine Vereinbarung mit dem Dachverband der Gewerkschaften zu schließen. In diesem "Sozialkontrakt" (Social Contract) getauften Stillhalteabkommen wurden die Gewerkschaftsführer als Tausch für vorübergehende Zurückhaltung in Lohnforderungen im voraus an der Ausarbeitung von Gesetzesvorlagen der Regierung beteiligt (Westeuropa vergleichende Diskussion dieser britischen Politik bei ARMINGEON 1983). Wegen dieser offiziösen Beteiligung von Interessengruppen an staatlichen Entscheidungen begann man von einer neokorporatistischen "Regierung auf Vereinbarung der neuen Stände" (NUSCHELER 1979) zu sprechen. Doch ein Problem all solcher neokorporatistischen Spitzenvereinbarungen ist die Akzeptanz durch die Basis, die individuellen Mitglieder der Verbände:

"Die britischen Gewerkschaften [...] verpflichteten sich für die Jahre 1976 und 1977 zu Lohnabschlüssen weit unterhalb der Inflationsrate. Angesichts einer äußerst zerstückelten Gewerkschaftsstruktur mit mehr als 100 Einzelgewerkschaften und eines stark dezentralisierten Systems von Lohnverhandlungen erforderte die Erfüllung dieser Verpflichtung die äußerste Anspannung aller politischen und moralischen Einflußmöglichkeiten der Regierung und der Gewerkschaftsführungen. Der Erfolg in den ersten beiden Jahren war dramatisch: Die Inflationsrate sank von 24.2% im Jahre 1975 bis auf 8.3% im Jahre 1978. Als die Regierung aber dann den Stabilisierungskurs fortsetzte und weitere Lohnzurückhaltung verlangte, hielt die institutionelle Struktur der Gewerkschaften den Belastungen nicht mehr stand" (SCHARPF 1987, 235).

Die Streiks, die im "*winter of discontent*" 1978/79 ausbrachen, übertrafen alles, was man bisher erlebt hatte. In einem Zusammenbruch der öffentlichen Dienste wurden Tote zeitweilig nicht mehr begraben. Nicht abgeholter Müll türmte sich in schwarzen Plastiksäcken wochenlang auf öffentlichen Plätzen der Städte. Der lange schwelende Konflikt zwischen der "revisionistischen" Mehrheit der Labour Kabinette und der marxistischen Linken in der Parteiorganisation brach offen aus, als Labour nach dem dramatischen Streikwinter von 1978/79 die Wahlen verloren hatte. Nach 1979 schwenkte die Partei durch Satzungsänderung und programmatische Beschlüsse, von denen viele durch den MP Tony Benn (der als Lord Stansgate seinem Titel entsagt hatte, um im Unterhaus sitzen zu können) als Führer der Linken inspiriert waren, vollständig ins linke Lager ein.

Streikwinter 1978/79

Die Änderung der Satzung, die die Auswahl des Parteiführers aus der Hand der parlamentarischen Fraktion nahm und den Gewerkschaften die größte Mehrheit in dem neu geschaffenen Wahlkollegium gab (vierzig Prozent Gewerkschaften, dreißig Prozent Fraktion und dreißig Prozent constituency organisations), war der letzte Anlaß zur Abspaltung eines Teils des europafreundlichen sozialdemokratischen Flügels der Partei. Sechs ehemalige Minister der Labour Party, darunter der aus Brüssel zurückgekehrte Präsident der EG-Kommission Roy Jenkins, gründeten die Social Democratic Party. In einem Wahlbündnis mit den in der Wählergunst bereits in einer weiteren flüchtigen Renaissance favorisierten Liberalen unternahm sie den (gescheiterten) Versuch, Labour als glaubwürdige Opposition zu den Konservativen nach dem Muster kontinentaleuropäischer sozialdemokratischer Parteien ohne feste organisatorische Bindung an die Gewerkschaften abzulösen (siehe dazu unten Kapitel 5.5 und 5.6).

Satzungsänderung: Wahl des Parteiführers

4.6 Neuorientierung der Konservativen durch innerparteiliche Koalitionsbildung unter Thatcher

Margaret Thatcher radikalisierte die monetaristische Politik der "Angebotsökonomie", die die Labour Regierung Callaghan bereits vor ihr eingeleitet hatte. Ihre aktuellen Politikprogramme sind also nicht in allen Punkten so radikal neu, wie ihre Rhetorik einer Aufkündigung des stagnationsbrütendenden Konsens glauben machen mag. Was entschieden anders ist, ist die Brechung der Privilegien und Immunitäten der Gewerkschaften (siehe dazu unten Kapitel 9.4) und die selbst angesichts einer früher für undenkbar hoch gehaltenen Massenarbeitslosigkeit beharrliche Weigerung, ähnlich wie ihr Vorgänger Heath Maßnahmen zur

Arbeitsplatzbeschaffung zu ergreifen. Er hatte bereits 1970 eine ähnliche Wirtschaftspolitik wie sie eingeleitet, aber nach zwei Jahren im Amt angesichts der steigenden Arbeitslosigkeit zum inflationsfördernden *"deficit spending"* zurückgelenkt.

Was sie von ihren Vorgängern unterschied, war die geradezu missionarisch verkündete Bereitschaft, an dem einmal eingeschlagenen Kurs auch um den Preis sozialer Härten kompromißlos festzuhalten. Gerechtfertigt wurde dies mit der Behauptung, daß die überalterte britische Wirtschaft sich in einem schmerzhaften Prozeß "gesundschrumpfen" müsse, um international wieder konkurrenzfähig zu werden. Der Übergang von Keynes zur "Angebots-ökonomie" besaß für die Konservative Partei allerdings nicht nur eine volkswirtschaftliche Dimension, sondern auch eine politisch-taktische Komponente.

"Issue-Kompetenz" der Konservativen

Mit sicherem Instinkt befürchteten zahlreiche Konservative, daß die Wähler der Labour Party eine größere "natürliche" Kompetenz zuweisen würden, wenn der Staat Verantwortung für die Steuerung der Wirtschaft übernahm. So hatte schon der Labour Premier Wilson, zuvor selbst ein Nationalökonom in Oxford, die Wahlen von 1964 mit dem Versprechen gewonnen, die "weiße Glut der Technologie zu zähmen". Auch die im Grunde ausgezeichnete ökonomische Bilanz der ausgabenkürzenden Politik der Labour Regierung zwischen 1976 und 1978, unter der Inflation und Arbeitslosigkeit zugleich gesunken waren, drohte die Konservativen zu Verlierern zu machen, ehe die Eruption von Streiks die Glaubwürdigkeit von Labour erschütterte, als einzige Partei zu einem Arrangement mit den aufs engste mit ihr verflochtenen Gewerkschaften kommen zu können.

Dieses von dem Politikwissenschaftler BULPITT (1983, zitiert nach BURCH/MORAN 1987, 171-173) aus teilnehmender Beobachtung innerhalb der Konservativen Partei formulierte Argument findet eine generelle, weit über Großbritannien hinausgreifende Bestätigung durch die statistisch arbeitende vergleichende Politikforschung. Ein ECPR-Projekt (European Consortium for Political Research) unter der Leitung von IAN BUDGE zeigte, wie in der Tat bestimmte sogenannte "Makro-Issues" der Politik (z.B. "Law and order" oder "Defence" oder "Socio-economic redistribution and welfare") in den Augen der Wähler mit einer Kompetenzvermutung für eine bestimmte Partei besetzt sind. Je nachdem, ob eine zu diesem Bereich gehörende Problematik in einem Wahlkampf aktuell politisiert wird oder nicht, kann dies ein Stimmenplus von einigen Prozentpunkten für die entsprechende Partei erbringen (BUDGE U. A. 1983, Tabellen 4.3 und 4.4, 94-96).

Aufgrund der Logik, daß manche Bereiche durch Kompetenzvermutung für eine politische Partei "besetzt" sind, konnte man die neoklassische Wende der Nationalökonomie getreu den Maximen der elitistischen Konkurrenzdemokratie auch "als ein gutes Pferd starten" (SCHUMPETER 1950, 443, Anm. 19), um den Konkurrenten Labour, der die monetaristische Politik ja insgeheim schon längst eingeleitet hatte, den Wind aus den Segeln zu nehmen. Der Staat befreite sich von der direkten Verantwortung für die

Wirtschaft und der Pflicht zur ständigen ökonomischen Intervention. Dabei ist das Paradox von "The Free Economy and the Strong State" (GAMBLE 1988) nur ein scheinbarer Widerspruch. Denn im klassischen Ordo-Liberalismus setzt der Staat durch sein Legislativmonopol autoritativ diejenigen Rahmenbedingungen, die eine freie Wirtschaft erst ermöglichen (siehe die prägnante Darstellung dieser Zusammenhänge bei BÖHRET/JANN/KRONENWETT 1988, 15 f., 138 f.).

Zur nationalökonomischen Botschaft des Monetarismus bekehrte sich Margaret Thatcher unter dem Einfluß eines kleinen Zirkels intellektueller Berater gegen das patrizische Parteiestablishment. Als Mrs Thatcher zum Führer der Konservativen gewählt wurde, war sie, deren radikale Ansichten wohl bekannt waren, ein "*outsider*" außerhalb der offiziellen Parteihierarchie. Sie war zwar 16 Jahre ein MP gewesen, aber britische Parteiführer haben in der Regel eine längere parlamentarische Erfahrung, im Durchschnitt 24 Jahre hinter sich, ehe sie zum Parteiführer gekürt werden. Sie hatte auch nur ein einziges Ministeramt, das eines *minister of education*, bekleidet.

Intellektuelle Berater gegen Partei-Establishment

Sie wurde gewählt, weil sie die einzige Persönlichkeit war, die den Mut hatte, als Gegenkandidat gegen den hochfahrenden "olympischen Stil" (NORTON 1988, 4) des Ex-Premiers Heath, der die Unterhauswahl von 1974 verloren hatte, anzutreten. Doch sie war nicht nur die "zweite Wahl", die im zweiten Wahlgang von einer Koalition in der Fraktion gewählt wurde, die Heath loswerden wollte, der die Prärogativen des Premieramtes voll ausgespielt hatte. Sie schmiedete auch eine neue innerparteiliche Koalition, die den "Butskellismus" in einer mittelfristigen Neuorientierung unter Appell an andere Strömungen in der Partei ablöste (im einzelnen CREWE/SEARING 1988a, 1988b).

Ihre soziale Härten als Mittel der Disziplinierung in Kauf nehmende Wirtschaftspolitik wurde von ihr gegen innerparteilichen Widerstand in ihren ersten beiden Kabinetten durchgesetzt, die mehr und mehr durch Entlassung von Ministern von Opponenten gereinigt wurden. Wechselnde Regierungen jeder der beiden Parteien hatten sich in der Vergangenheit an Programmen der staatlichen Industrieförderung versucht. Sie waren aber darin in vergleichbarer Weise gescheitert. Kaum zwei Jahre im Amt wurde nach 1964 jede Regierung in der Mitte ihrer Legislaturperiode durch Währungskrise und Inflation zur Aufgabe ihres Programms und zur Umkehr ihrer Politik - jenem sprichwörtlichen "U-turn" - gezwungen. Daß die Regierung Thatcher als erste sich weigerte, trotz steigender Arbeitslosigkeit und sogar trotz Protesten von Unternehmern ebenfalls einen solchen "U-turn" zu vollziehen (oder ihn zumindest nur heimlich zuließ), macht eines der Geheimnisse ihres Wählererfolges aus.

Keine "U-turns"

Nachdem Mrs Thatcher einmal zum Parteiführer gewählt war, stellte die Fraktion sich so lange hinter sie, wie ihre sozial- und wirtschaftspolitische Vision Wahlen zu gewinnen imstande war. Die Konservative Partei hat nicht nur eine ganz andere Organisation, sondern auch eine andere Theorie innerparteilicher Demokratie als die Labour Party. Für deutsche Beobachter

"Führer-demokratie"

am ehesten noch MAX WEBERS Konzeption einer "Führerdemokratie mit Maschine" vergleichbar, sind die Beschlüsse des Parteitages für die Parteiführung nicht bindend. Es ist der Führer, der der Doktrin einer "*Tory democracy*" zufolge die politischen Ziele aus eigenster persönlicher Überzeugung setzt. Unterstützt von seiner Partei, erheischt er (oder sie) dafür vom Elektorat Bestätigung oder Zurückweisung (siehe zu den geistesgeschichtlichen Grundlagen BEER 1969, 91 ff.). Mit MAX WEBERS (charismatischer) "Führerdemokratie mit Maschine" teilt *Tory democracy* allerdings auch die Eigenschaft, den Führer abrupt zu verstoßen, wenn seine Erfolgssträhne nachläßt (siehe zu den Umständen von Thatchers Sturz durch die eigene Fraktion unten Kapitel 9.6).

5 Parteiensystem und Wahlrecht: Sinkende Integrationskraft des Zweiparteiensystems

Das britische politische System wird durch die Konservativen und die Labour Party, die beiden in Regierung und Opposition alternierenden politischen Parteien, geprägt. Doch Parteien sind (mit Ausnahme der offiziellen Besoldung des Oppositionsführers und seines Fraktionsgeschäftsführers) in der Verfassung nicht eigens anerkannt. Ihre innere Ordnung wird - anders als in der Bundesrepublik Deutschland, die hierin eine Ausnahme bildet nicht durch ein Parteiengesetz geregelt. Deshalb steht die Organisation und Finanzierung der britischen Parteien, solange sie nicht gegen die allgemein geltenden Gesetze verstoßen, im Belieben der jeweiligen Parteisatzung. Jede ist anders aufgebaut.

Sogar auf den Stimmzetteln zur Unterhauswahl ist die Nennung der Partei der Kandidaten nicht zwingend vorgeschrieben. Daß dennoch im britischen "Personenwahlrecht" Parteien und nicht Personen gewählt werden, verdeutlicht einmal mehr, daß das Prinzip des "*Party Government*" und die dominierende Position der politischen Parteien im parlamentarischen System ohne Plan und Theorie durch Pragmatismus und Zufall entstanden oder, wie oben in Kapitel 1.4 bereits gesagt, sich im "*mental fog of practical experience*" entwickelten. So wird auch durch Parteiensystem und Wahlrecht die Tatsache illustriert, daß das britische politische System ohne bürokratische Staatstradition mit einer nur geringen "Verrechtlichung" des politischen Prozesses auskommt.

Ebenso unvorhergesehen, wie das Parteiensystem entstanden ist, hat sich in der Krise der 70er Jahre, ohne daß das Wahlrecht überhaupt geändert worden wäre, seine Funktionsweise gewandelt. Durch Abwanderung von Wählern und Mitgliedern und die Spaltung der Opposition haben die Regierungen Thatcher mit leicht rückläufigen Stimmen erdrutschartige Zugewinne von Sitzen erzielt. Der alte Zustand einer für die Funktionslogik des "Westminster Modells" wesentlichen Alternanz, d. h. eines periodischen Machtwechsels zwischen den beiden großen Parteien, ist auch mit der Neuwahl des Unterhauses von 1992 nicht wiederhergestellt worden.

5.1 Die Organisation der Parteien: Freie Vielfalt ohne Parteiengesetz

Parteien nehmen in der modernen Demokratie eine Schlüsselstellung ein; der demokratische Verfassungsstaat ist schwerlich ohne Mitwirkung der Parteien an politischer Willensbildung und Interessenvermittlung vorstellbar. In allen Systemen ist der gewaltlose Wechsel zwischen Regierung und Opposition ein Merkmal der demokratischen Ordnung. Doch während die Tätigkeit politischer Parteien in der Bundesrepublik Deutschland durch ein staatliches Parteiengesetz reguliert wird, sind sie in Großbritannien faktisch zentrale, aber formell nur private, freiwillig gebildete Vereinigungen von Bürgern.

Versammlungs- und Redefreiheit sowie eine Reihe anderer Grundrechte garantieren - in Verbindung mit regelmäßigen Parlamentswahlen - den demokratischen Ausgleich gesellschaftlicher Grundkonflikte. Das ist alles, was die englische Verfassung zu sagen hat. Schlägt man ein umfassendes Lexikon wie die vielbändige "Encyclopedia Britannica" auf, so findet sich dort nichts zum "law" der politischen Parteien. (Eine kompetente Bestätigung dieser "Fehlanzeige" jetzt in dem Beitrag von SMITH 1990.) Der Hinweis, der ihm am nächsten kommt, sind die von uns eben bereits erwähnten verfassungsmäßigen Grund- und Freiheitsrechte, denn:

"without freedom of competition for power by electoral methods, political parties in the strict sense of the term cannot exist" (Bd. 17, 422).

jede Parteisatzung anders So steht den britischen Parteien als privaten Vereinen auch der innere Parteiaufbau nach ihrer Satzung frei. In jeder britischen Partei ist die Funktion des Parteitags und die Wahl des Parteivorsitzenden anders geregelt. In der Labour Party, die auf ihren demokratischen Parteiaufbau stolz ist, ist ähnlich wie bei den deutschen Parteien der Parteitag, die Annual Conference, das höchste beschlußfassende Organ der Partei. Aber im Unterschied zum deutschen Schema der Parteiorganisation üben auf dem Parteitag die Vorsitzenden der zahlreichen Gewerkschaften, die einen Teil der Gewerkschaftsbeiträge als automatischen Mitgliedsbeitrag an die Labour Party abführen, ähnlich wie die Inhaber von Aktienpaketen in deutschen Hauptversammlungen, ein nach der Zahl ihrer Mitglieder gestaffeltes "Blockstimmrecht" (*block vote*) aus.

Die Organisation der Labour Party entspricht - mit Ausnahme der Blockstimmen der Gewerkschaftsvorsitzenden - den demokratischen Grundsätzen der inneren Ordnung, wie wir sie aus dem deutschen Parteiengesetz kennen. Denn der Parteitag wählt das Exekutivorgan der Partei, das National Executive Committee (NEC); und er beschließt auch über die programmatische Richtung der Partei, wobei eine solche Entscheidung allerdings nur bei Zweidrittelmehrheit für die Parteiführung bindend ist. Dagegen weist die Konservative Partei einen solchen Anspruch mit vollem Bewußtsein weit von sich. In gewollter Selbstbeschränkung versteht die "Tory Democracy" sich als freiwillige und vertrauensvolle Hingabe und Folgebereitschaft gegenüber dem von einer anerkannten Führerpersönlichkeit gesetzten Ziel.

Bis 1965 wurde der Parteiführer bei den Konservativen überhaupt nicht gewählt, sondern durch informelle Beratungen der Parteihonoratioren gekürt. Bis heute binden ihn keine Beschlüsse der Parteitage. Die Annual Conference hat nur beratende Funktion und dient als werbewirksame Heerschau, aber nicht als eine Vertreterversammlung, auf der das Programm der Partei beschlossen wird. Ja, mehr noch, auf nationaler Ebene gibt es offiziell keine zentrale Parteiorganisation und kein Mitgliederregister: Das "Central Office", dessen Präsident vom Parteivorsitzenden, und vom ihm allein, ernannt wird, steht als Zentralbüro den Wahlkreisorganisationen nur mit Rednerlisten und Werbematerial zur Verfügung. Wahl des konservativen Parteivorsitzenden

Angesichts der dominierenden Position des konservativen Parteivorsitzenden, der von keinem Parteitag mit Direktiven versehen oder abgewählt werden kann und der die Geschäftsführer aller wichtigen Parteiausschüsse selbst ernennt, ist der Konservativen Partei oft vorgeworfen worden, daß ihr innerer Aufbau nicht demokratischen Grundsätzen entspreche. Konservative Theoretiker pflegten darauf zu entgegnen, ein direktes Mandat und eine direkte Kontrolle der Parteiführung durch die Parteimitglieder sei keine Demokratie der Wähler, sondern eine Diktatur der Parteiaktivisten. "Tory Democracy" bestehe dagegen in einer freiwilligen Unterordnung bis auf Widerruf unter eine überragende Persönlichkeit.

Doch in einer berühmten, klassischen Studie über die wirkliche Machtverteilung in britischen Parteien wies ROBERT MCKENZIE (1963) nach: Gleichviel was der Buchstabe der Parteisatzungen sagt, in Wirklichkeit ist weder der Labour Parteitag ausschlaggebend noch der konservative Parteivorsitzende allmächtig, sondern in beiden Parteien liegt das Zentrum der Macht bei der Unterhausfraktion, die jeweils den Parteivorsitzenden wählt - bei den Konservativen seit 1965 und bei Labour bis 1981. In der Zwischenzeit sind allerdings durch Wirtschaftskrise, ideologische Polarisierung, Spaltung der Labour Party und eine Neuordnung der inneren Verfassung der Labour Party die Machtverhältnisse in Fluß geraten. Das von MCKENZIE gezeichnete Bild ist deshalb nicht mehr in allen Punkten gültig (KAVANAGH 1987).

Wegen der beim Durchschnittsengländer dominierenden personalistischen politischen Kultur ist auch in Verbindung mit dem nur schwach entwickelten Staatsbegriff die Einstellung der meisten Bürger zu den politischen Parteien sehr verschieden vom bundesdeutschen Begriff des "Parteienstaats". Während sie in Deutschland - darauf hat ein systemvergleichender Aufsatz von KENNETH DYSON (1982) aufmerksam gemacht - als Instrumente der Willensbildung, aber auch Initiatoren gesellschaftlicher Entwicklung, politische Erzieher und Garanten politischer Integration gesehen werden, werden sie im Vereinigten Königreich im Schnitt lediglich als "Rekrutierungsbasis von Führungstalenten" sowie als "Ausdruck partikularer, wenn auch gele- Begrenzte Erwartungen an "Party Government" gentlich unklar definierter Ideologien" verstanden. Von ihnen werde nicht die "Erfüllung einer weiter gefaßten Aufgabe in der vorausschauenden Gestaltung des öffentlichen Interesses und im Bereich der politischen Bildung" erwartet. So gibt es in Großbritannien auch keine den deutschen vergleichbare Parteistiftungen.

Diese geringe Bedeutung der den politischen Parteien zugeschriebenen Funktionen fand eine empirische Bestätigung, als der Houghton Report als Anlage zu seinem Bericht (1976) eine Meinungsumfrage durchführte. Nur ein Bruchteil der Bevölkerung hielt die Parteien für wichtig in der Policy-Formulierung:

> "People were asked in an open question what parties did. For national government 29% of the sample mentioned the parties as running or governing the country and another 11% as deciding and carrying out policies. 11% referred to the parties' role in looking after individuals" (HOUGHTON REPORT 1976, 42).

In einer Bevölkerungsumfrage, die Anfang 1978 "Attitudes to Government" in England und Wales erforschte, kamen die politischen Parteien zwar bereits an zweiter Stelle (von insgesamt acht Antwortmöglichkeiten) spontan in den Sinn, wenn nach den Trägern der Regierung gefragt wurde (zum Vergleich Parlament 37%, Parteien 22%). Aber weitaus weniger Befragte hielten die Parteien für die wichtigste Instanz "in deciding what is done", womit diese auf den vierten Platz - nach Ministern, Parlament und indviduellen Abgeordneten - zurückfielen. Im Hinblick auf das ihnen entgegengebrachte Vertrauen wurden sie sogar auf den letzten Platz (4%) verwiesen (MOSS 1980, 32). Diese Befunde, die dem landläufigen Englandbild in Deutschland widersprechen, stützen indirekt die obige These, daß Parteien in der personalistischen Kultur Großbritanniens hauptsächlich als Instrumente zur Rekrutierung politischer Führerpersönlichkeiten gesehen werden.

Parteien sind allerdings in unterschiedlichem Maße Karrierevehikel für ehrgeizige politische Führer, die die Parteikarriere als Mittel zum Zweck der Erlangung staatlicher Ämter betrachten. Bei den Liberalen, die aufgrund des Wahlsystems nach 1945 niemals die Chance einer Regierungsbeteiligung besaßen, entfällt dieses Motiv. Parteien können "geistige Heimat" sein und das Gefühl einer Gruppe von Parteimitgliedern, eine solche in ihr nicht mehr zu besitzen, kann zum Austritt aus ihr führen. Parteien können als soziale "Clubs" über Sport- und Freizeitveranstaltungen oder fröhliche Tombolas zum Spendensammeln an einem sonnigen Nachmittag in einem Park (was besonders für englische Parteien bezeichnend ist) soziale Netzwerke für ihre Anhänger darstellen.

Motive zum Parteibeitritt Wissenschaftliche Studien, die die Motive des Beitritts zu einer Partei studierten, erbrachten das Ergebnis, daß bei den Konservativen und den Liberalen die sozialen Gesichtspunkte der Zugehörigkeit zu einem "Club" dominieren. Dagegen sind bei Labour, der alten Partei der Solidarität, die jüngeren Aktivisten aus der Mittelschicht nicht so sehr an ihr als vielmehr an

110

Gesellschaftsveränderung (*purposive incentives*) und an der Formulierung von Policies interessiert, wogegen sich die älteren Mitglieder aus der Arbeiterschicht eher an materiellen Anreizen oder an sozialer Solidarität orientieren. Aus dieser unterschiedlichen Motivation verschiedener politischer Generationen erklärt sich ein Teil der Bitterkeit, mit der innerparteiliche Konflikte ausgetragen werden (WHITELEY 1983, Kapitel 3).

5.2 "Winner takes all": Die relative Mehrheitswahl in Einerwahlkreisen

Obwohl die englische Wahlforschung gezeigt hat, daß ungeachtet des "Personenwahlrechts" auch in Großbritannien Parteien und nicht individuelle Persönlichkeiten gewählt werden, wurde ein Antrag des Innenministers, auf den Stimmzetteln die Namen von politischen Parteien zwingend vorzuschreiben, vom Parlament abgelehnt. Es steht bis heute jedem Kandidaten frei, sich mit nicht mehr als sechs Worten zu charakterisieren. Dies kann sowohl die Partei (z. B. "Leader of the Conservative Party") oder auch ein phantasievoller Slogan (z. B. "Anti Common Market on any terms") sein (BIRCH 1980, 74). Der offizielle Verzicht auf die Nennung von Parteien unterstreicht wiederum, daß die symbolische Darstellung des politischen Prozesses in erster Linie durch Personen und nicht durch Parteien und Prinzipien geprägt wird.

In Großbritannien wird die Regierung in der Regel aus nur einer Partei unter Verzicht auf die im übrigen Westeuropa üblichen Koalitionen gebildet. Dies ist vor allem eine Folge des englischen Wahlsystems, das sich sonst nirgendwo in Europa, sondern nur in den anglo-amerikanischen Demokratien oder in den Ländern der Dritten Welt findet, deren Verfassungen von der früheren britischen Kolonialmacht beeinflußt worden sind (vgl. die internationale Übersicht bei BUTLER U. A. 1981, Tabelle 2.1). Unter diesem Wahlsystem der sogenannten relativen Mehrheitswahl in Einerwahlkreisen wird aus jedem der (zur Zeit) 650 Wahlkreise des Vereinigten Königreichs nur ein einziger Abgeordneter ins Unterhaus entsandt.

Dabei wird in jedem Wahlkreis derjenige Bewerber für gewählt erklärt, der dort die meisten Stimmen erzielt hat. Dies muß nicht die absolute, sondern darf die relative Mehrheit der gültigen Stimmen sein. Alle auf die übrigen unterlegenen Kandidaten entfallenen Stimmen bleiben bei der Zusammensetzung des Unterhauses unberücksichtigt. Man kann sich auch grafisch und rechnerisch an einem Beispiel in dem Buch von NOHLEN (1990, Abbildung 5, 104) gut das Prinzip dieses Wahlsystems verdeutlichen , demzufolge eine Partei die absolute Mehrheit der Mandate erzielen kann, auch wenn sie nur in wenigen Wahlkreisen die absolute Mehrheit der Stimmen gewinnt. Da diese Logik dem "Alles oder Nichts"-Prinzip des sportlichen Wettkampfs, etwa in einem spannenden Pferderennen, nachgebildet ist, bei dem nur der zuerst -

First past the post: Alles oder Nichts

wie knapp auch immer - durchs Ziel Gehende das gesamte Preisgeld erhält, heißt dieses Wahlsystem, das der oben in Kapitel 3.7 skizzierten "adversativen" Konkurrenzkultur entspricht, im allgemeinen Sprachgebrauch nur das *"first-past-the-post"*-System.

Benachteiligung kleiner Parteien ohne Hochburgen

Dieses Wahlsystem benachteiligt kleinere Parteien kraß. Dies gilt insbesondere dann, wenn sie über keine lokalen oder regionalen "Hochburgen" verfügen, in denen sie die relativ gesehen meisten Stimmen besitzen und dadurch eine Anzahl von Mandaten gewinnen können. Beispielsweise gewann die "Allianz" aus Liberalen und Sozialdemokraten, deren Unterstützung (mit Ausnahme der sie überproportional wählenden Akademiker) ziemlich gleichmäßig verteilt war, in der Unterhauswahl von 1987 mit 23.1% der gültigen Stimmen in ganz Großbritannien nur 3.5% (oder 22 von 650) Sitze im Unterhaus (BUTLER/KAVANAGH 1988, 266). Die Labour Party, die sich auf die feste Unterstützung der ökonomisch schwächeren Regionen des Nordens sowie in der keltischen Peripherie in Schottland und Wales und nicht zuletzt auf die Bevölkerung in den Wahlkreisen der *inner cities* stützen kann, würde dagegen selbst bei einem theoretischen Rückgang auf 20% der Stimmen immer noch, wie man in einer Simulationsrechung gezeigt hat, 150 Sitze behalten (CONTEMPORARY RECORD 1988, 24).

Indirekte Sperrklausel

Die relative Mehrheitswahl in Einerwahlkreisen richtet somit ohne jede formelle Sperrklausel eine faktische 30-Prozent-Hürde gegen Partei-neugründungen außerhalb des etablierten Parteienduopols auf. Würde man jedoch in jedem Wahlkreis nicht nur einen, sondern mehrere Abgeordnete wählen, dann würde auch ohne Einführung der Verhältniswahl unter der relativen Mehrheitswahl eine gewisse Proportionalität erzielt. Das geltende Wahlsystem wird, obwohl es von den Liberalen - allerdings erst seitdem sie durch Labour überrundet worden sind - als unfair bezeichnet worden ist, von der überwiegenden Mehrheit der Bevölkerung im Interesse der Bildung einer starken Ein-Partei-Exekutive akzeptiert (siehe zu dieser heiklen Frage im einzelnen noch Kapitel 5.7). Es garantiert einer einzigen Partei in der Regel eine Übersetzung einer nur relativen Mehrheit der gültigen Stimmen in eine komfortable absolute Mehrheit der Unterhausmandate. Nur dreimal in diesem Jahrhundert (1924, 1929 und dann wieder im Februar 1974) erwies sich das "mehrheitsbildende" Wahlrecht als außerstande, eine Pattsituation im Unterhaus zu verhindern, bei der keine der Parteien eine Mehrheit besaß.

Ansonsten bewirkt das englische Wahlsystem in einem "Hebeleffekt" die Multiplikation der nur relativen Mehrheit der gültigen Stimmen in eine absolute Gesetzgebungsmehrheit des Unterhauses. Nur ein einziges Mal im Zeitraum nach 1945, bei der Unterhauswahl von 1955, erzielte eine Regierung auch die Mehrheit der abgegebenen Stimmen (siehe Schaubild

Sitze in Unterhauswahlen

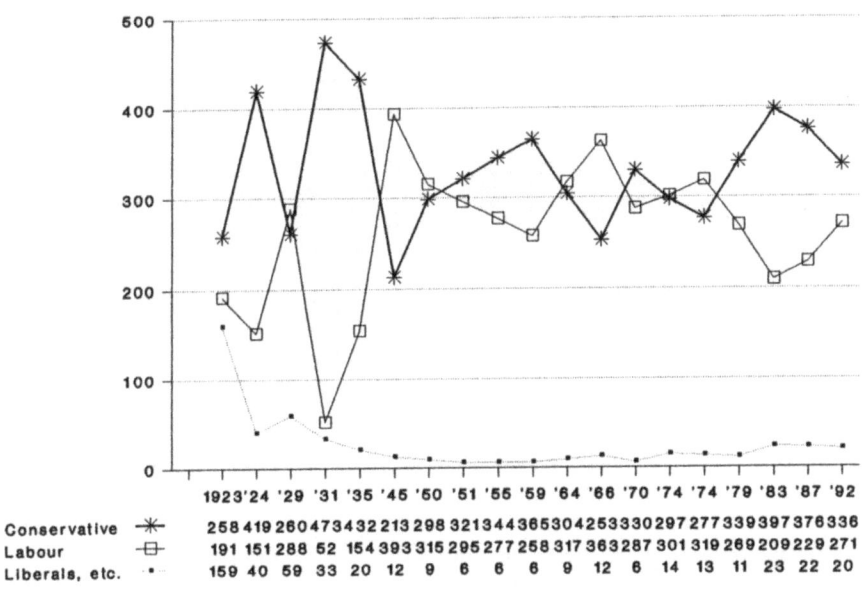

	1923	'24	'29	'31	'35	'45	'50	'51	'55	'59	'64	'66	'70	'74	'74	'79	'83	'87	'92
Conservative ✳	258	419	260	473	432	213	298	321	344	365	304	253	330	297	277	339	397	376	336
Labour ⊟	191	151	288	52	154	393	315	295	277	258	317	363	287	301	319	269	209	229	271
Liberals, etc. •	159	40	59	33	20	12	9	6	6	6	9	12	6	14	13	11	23	22	20

Butler, 1986; Butler/Kavanagh, 1992

Gültige Stimmen in Unterhauswahlen
(auf volle Prozentpunkte gerundet)

Für 1989 Europawahl

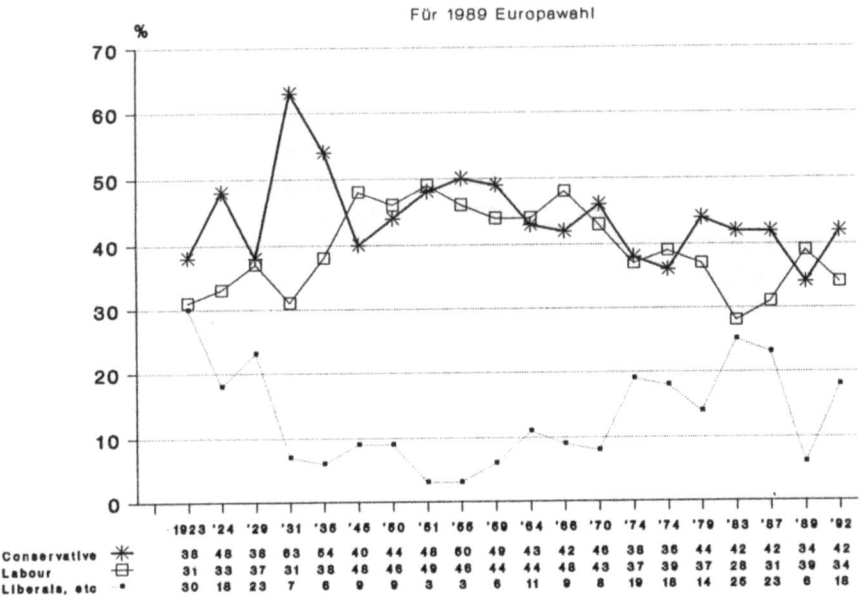

	1923	'24	'29	'31	'35	'45	'50	'51	'55	'59	'64	'66	'70	'74	'74	'79	'83	'87	'89	'92
Conservative ✳	38	48	38	63	54	40	44	48	50	49	43	42	46	38	36	44	42	42	34	42
Labour ⊟	31	33	37	31	38	48	46	49	46	44	44	48	43	37	39	37	28	31	39	34
Liberals, etc •	30	18	23	7	6	9	9	3	3	6	11	9	8	19	18	14	26	23	6	18

Butler, 1986; Butler/Kavanagh, 1992

113

5.2b). Aus einem Vergleich der Schaubilder 5.2a und 5.2b wird auch das eklatante Mißverhältnis zwischen den liberalen Stimmen und den damit erzielten Mandaten über die letzten 60 Jahre hinweg deutlich. Doch dieses Wahlsystem, das nicht beansprucht, den proportionalen Wählerwillen geometrisch abzubilden, wird trotz zunehmender Rufe nach einer Wahlrechtsreform als ein Mittel zur Erzeugung stabiler, effizienter und legitimer Regierungen gerechtfertigt.

Wahlsystem störungsfrei nur bei eindimensionaler Cleavagestruktur

Dieses Wahlsystem arbeitet allerdings nur bei einer eindimensionalen Cleavagestruktur störungsfrei. Wie oben in Kapitel 2.1 erläutert, heißt dies, daß nur dann, wenn nicht mehr als eine der logisch möglichen soziopolitischen Konfliktlinien aktuell brisant und politisiert ist, das Wahlsystem wirklich einer einzigen Partei die Mehrheit ohne Zwang zu Koalitionen gibt. In der Tat aber sind im 20. Jahrhundert in nicht wenigen Fällen vor 1945 Koalitionsregierungen gebildet worden (VON ALEMANN 1973). NOHLEN (1990, 149) zeigte in einer tabellarischen Übersicht für das 19. und 20. Jh., daß ein Zweiparteiensystem in Großbritannien nur bei "'Homogenität' der Gesellschaft entlang des Klassenkonflikts/Abwesenheit von intervenierenden cleavages" existierte. Bei "partielle(r) Fragmentierung des gesellschaftlichen Antagonismus durch wachsende regional-ökonomische Heterogenitäten" steigt die Wahrscheinlichkeit eines Mehrparteiensystems.

Diese Einsicht wurde auch im internationalen Vergleich durch eine empirisch-quantitative Studie untermauert: anders als die Befürworter eines "mehrheitsbildenden" Wahlsystems meinen, reflektiert es nur die Zahl der brisanten *cleavages* (TAAGEPERA/GROFMAN 1985). Es garantiert nicht von sich aus eine Ein-Partei-Regierung und die Chance des Machtwechsels. Im übrigen stört sich das pragmatische englische Denken nicht an gelegentlichen Anomalien. So kann das geltende Wahlsystem in Ausnahmefällen dazu führen, daß, wie aus Schaubildern 5.2a und 5.2b ersichtlich ist, eine Partei manchmal mit weniger Stimmen als die Opposition (so in den Jahren 1929 und 1951) die absolute Mehrheit der Mandate und damit die Regierung in Westminster gewinnt.

Verstärkung regionaler Disparitäten

Allerdings wurden durch den "Hebeleffekt" des *winner-takes-all*-Prinzips, das nur den siegreichen Kandidaten zählt und die gültigen Stimmen aller unterlegenen Kandidaten verfallen läßt, die regionalen Disparitäten in der Unterhauswahl von 1987 und 1992 schon fast besorgniserregend vertieft. Der linke Teil der Karte 5.2 zeigt die auf die einzelnen Regionen Großbritanniens entfallenden gültigen Stimmen in Prozent für die vier in der Legende dieser Karte ausgewiesenen Parteien: 1. die Konservativen, 2. Labour, 3. die Liberal Democrats (die Nachfolger der früheren "Alliance" aus den Liberalen und den - inzwischen aufgelösten - Sozialdemokraten) und 4. die "Nationalisten", d.h. die Scottish National Party und Plaid Cymru in Wales. Der rechte Teil dieser Karte veranschaulicht die mit diesen Stimmen tatsächlich gewonnenen Unterhausmandate dieser vier Parteien prozentual für die einzelnen Regionen Großbritanniens. Der ins Auge fallende Unterschied ist eklatant. Im Süden und Südosten verbuchten Labour und die Liberal Democrats, die zweit- und

Karte 5.2
Verstärkung des Zentrum-Peripherie-Cleavage durch das Wahlsystem

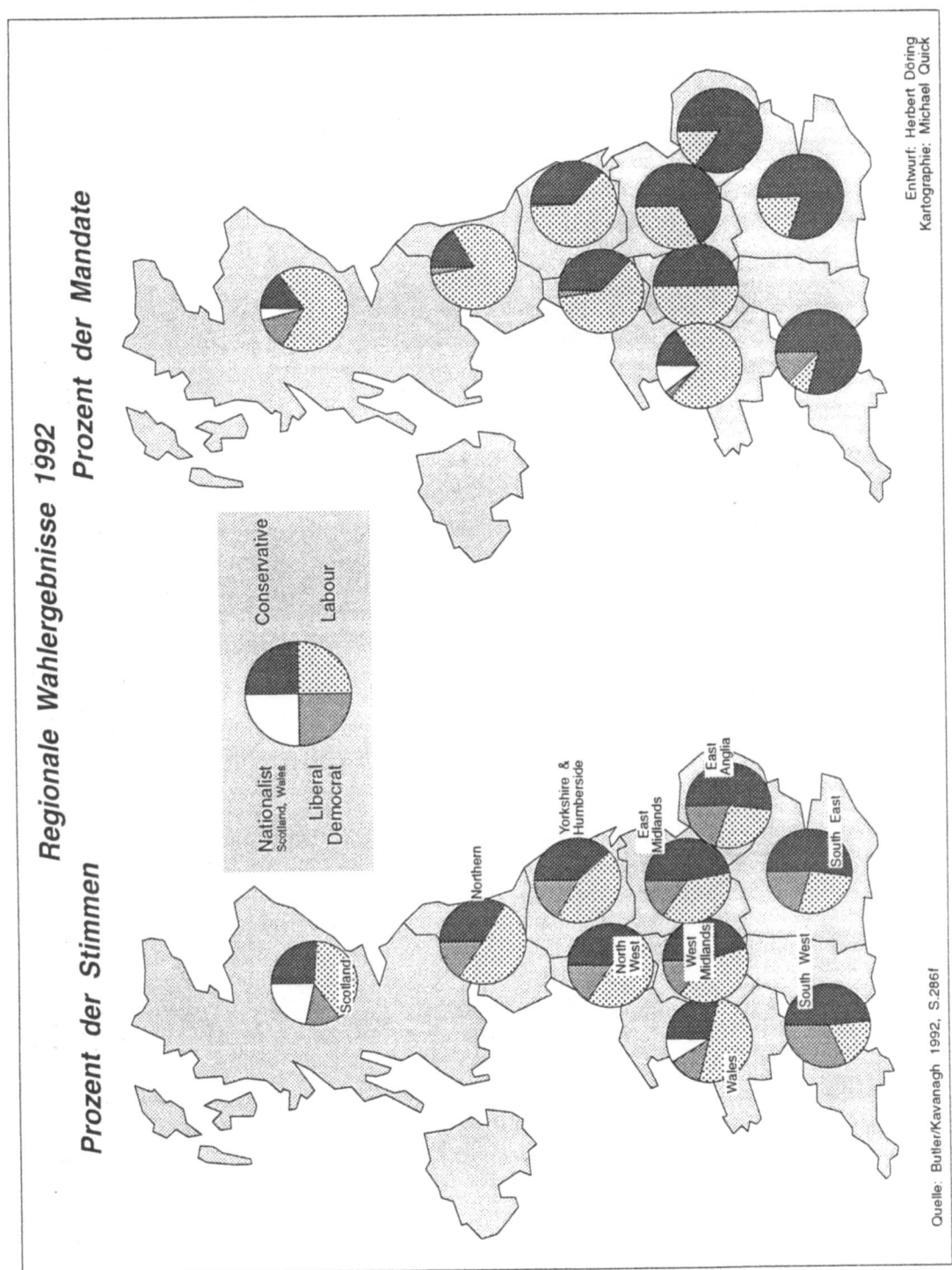

115

drittstärksten Parteien, zwar beachtliche Stimmenerfolge, sind aber nur schwach mit Unterhausmandaten in diesen Regionen vertreten. Im Südwesten war überdies nicht Labour 1987 die offizielle Opposition, die zweitstärkste Partei, sondern dieser Rang wurde ihr hier von der Alliance abgelaufen. Gleichwohl errangen beide damit im Unterhaus kaum Mandate.

Aufgrund dieser Disproportion zwischen gültigen Stimmen und Mandaten klafft in der elektoralen Repräsentation eine Schere zwischen Nord- und Südengland. Denn im Nordosten, im Norden Englands und Schottland ist Labour, bezogen auf den Prozentsatz der Mandate im Unterhaus, die auf die Regionen entfallen, geradezu zu einer Hegemonialpartei geworden. Die Konservativen wurden in "Northern England" und in Schottland auf eine Handvoll Mandate reduziert.

Von hier aus gesehen gewinnen Argumente an Glaubwürdigkeit, die der Regierung in Westminster ein Mandat zur Herrschaft in Schottland bestreiten und eine föderalistische Umgestaltung des Westminster Modells fordern (siehe die knappe deutsche Zusammenfassung der Diskussion bei KAISER 1991, S. 24 f.). Weil die tiefen regionalen Diskrepanzen bei der Verteilung der Mandate auch in der Unterhauswahl von 1992 erhalten geblieben sind, dürften entweder die Reform des Wahlrechts oder die Schaffung von Regionalparlamenten oder beides angesichts der regionalen elektoralen Disparitäten in absehbarer Zukunft wieder verstärkt diskutiert werden.

Funktionslogik des Machtwechsels

Das Repräsentationsprinzip des englischen Mehrheitswahlrechts findet seine ideelle Rechtfertigung in der demokratischen Logik des "*throwing the rascals out*", d. h. in der Vorstellung, daß Wahlen dazu da seien, direkt über die Bildung einer Regierung zu entscheiden und einen Machtwechsel herbeizuführen. Ein Parteiendualismus soll dem Wähler direkt (ohne Koalitionsverhandlungen der Parteien hinter verschlossenen Türen) die Auswahl und Abberufung einer starken Regierung erlauben. Die Grundmaxime, daß Wahlen dazu da seien, einen Machtwechsel herbeizuführen, ist in der angelsächsischen Leitidee der befristeten, widerrufbaren "Auftragsautorität" (trust) im Sinne eines *responsible government* verankert.

Sie ist aber auch ein empirisches Faktum. Eine statistische Studie des Zusammenhangs zwischen Wahlausgang und Regierungsbildung in 18 Demokratien im Zeitraum zwischen 1948 und 1979 ergab, daß in den angloamerikanischen Demokratien Regierungen als Regelfall bei Stimmeneinbußen stürzen, während in den übrigen demokratischen Systemen der Welt in einem solchen Falle oft nur weiterhin regierende Kabinette umgebildet werden (ROSE/MACKIE 1983). Doch ist diese Logik in Großbritannien durch die Abwanderung enttäuschter Wähler vom Parteienduopol und die Bildung eines Dreiparteiensystems in England (und sogar eines Vierparteiensystems in Schottland und Wales) insofern gestört worden, als die Regierung(en) Thatcher mit leicht rückläufigen Stimmen 1983 und 1987 erdrutschartige Zugewinne an Mandaten erzielten.

5.3 Erosion des Zweiparteiensystems: Wähler- und Mitgliederverluste

Die sinkende Integrationskraft der beiden etablierten Parteien in den 70er und 80er Jahren zeigte sich nicht nur in dem "weichen" Indikator der mit den Sonden der Surveyforschung gemessenen Stärke der "Parteiidentifikation" (vgl. oben Kapitel 4.4). Auch durch die unbestreitbar "harten" Indikatoren der Entwicklung von Wählerstimmen und der Mitgliederbewegung wurde eine Erosion des Zweiparteiensystems signalisiert. Ist das Zweiparteiensystem nach den Kriterien der systematischen Politikwissenschaft noch ein solches oder war und ist es vielleicht nur ein "Mythos" (STURM 1983, 183)? Als die "drei Grundbedingungen, die kombiniert auftreten müssen, um sinnvollerweise von einem Zweiparteiensystem sprechen zu können", nennt NOHLEN (1990, 155 f.):

Indikatoren für ein Zweiparteiensystem

- auch außerhalb des Parlaments liegt der Stimmenanteil der beiden großen Parteien bei rund 90 Prozent oder darüber;

- es bewerben sich durchschnittlich weniger als drei Kandidaten pro Wahlkreis;

- eine Partei gewinnt mit der relativen Mehrheit der Stimmen die absolute parlamentarische Mehrheit; auch in Situationen parlamentarischer Minderheit werden Ein-Partei-Regierungen gebildet.

Schaubild 5.3 verzeichnet Indikatoren zur Beurteilung der ersten beiden der drei eben genannten Punkte. In der oberen Teilgrafik, die den Mandats- und Stimmenanteil des "Duopols" für die beiden etablierten Parteien zusammen ausweist, sind lediglich die in Schaubild 5.2 bereits getrennt aufgeführten Werte für die Konservativen und die Labour Party addiert worden. Der Trend ist eindeutig: Seit der Unterhauswahl von 1959 - der letzten, die mit der Wahlkampfparole: *you never had it so good* ausgetragen werden konnte - ist Wählerunterstützung für das Parteienduopol stetig und nicht etwa nur in zufallsbedingten Sprüngen erodiert.

Da das Wahlrecht überhaupt nicht geändert worden ist, müssen die für dritte Parteien abgegebenen Stimmen nach wie vor als verloren gelten. Trotzdem hat sich, seitdem der Stimmenanteil des Duopols 1964 erstmals unter die Schwelle von 90% sank, eine Abwanderung von Wählern zu dritten und vierten Parteien ergeben. Gewiß ist die Labour Party - wie die Zahlen der Wertetabelle unter Schaubild 5.2b im vorigen Abschnitt zeigen - von dieser Abwanderung viel stärker als die Konservativen betroffen worden. Aber auch diese verloren bis 1974 parallel zu Labour Stimmen; und sie haben sich erst in den letzten Unterhauswahlen wieder erholt.

Angesichts eines Dreiparteiensystems im Lande und einer gespaltenen Opposition hat die Regierung Thatcher in der Unterhauswahl 1983 mit einem um 1.5 Prozentpunkte rückläufigen Stimmenanteil (von 43.9 auf 42.4 Prozent der gültigen Stimmen, siehe Schaubild 5.2a) einen erdrutschartigen Zugewinn von 58 Mandaten erzielt. Auch in der Wahl vom Juni 1987, in der

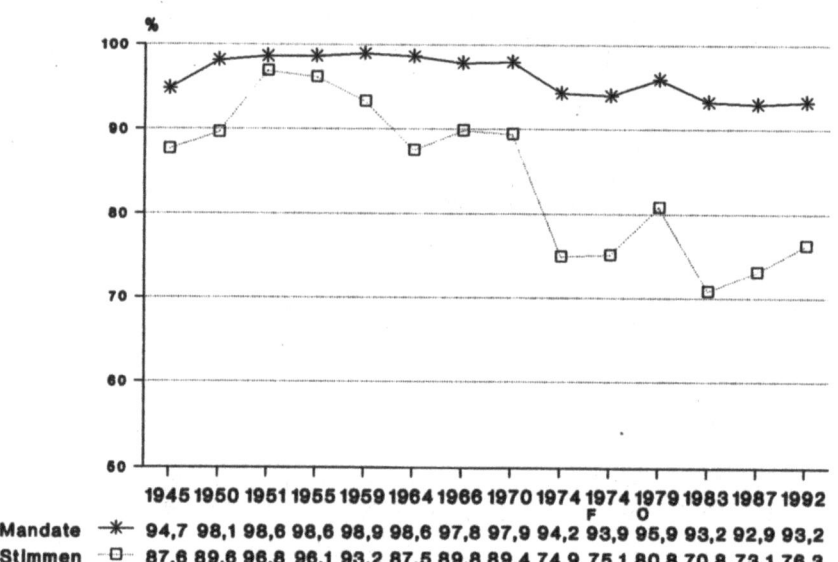

Schaubild 5.3
Erosion des Zweiparteiensystems
a) Kombinierte Sitze und Stimmen

		1945	1950	1951	1955	1959	1964	1966	1970	1974 F	1974 O	1979	1983	1987	1992
Mandate	✳	94,7	98,1	98,6	98,6	98,9	98,6	97,8	97,9	94,2	93,9	95,9	93,2	92,9	93,2
Stimmen	▫	87,6	89,6	96,8	96,1	93,2	87,5	89,8	89,4	74,9	75,1	80,8	70,8	73,1	76,3

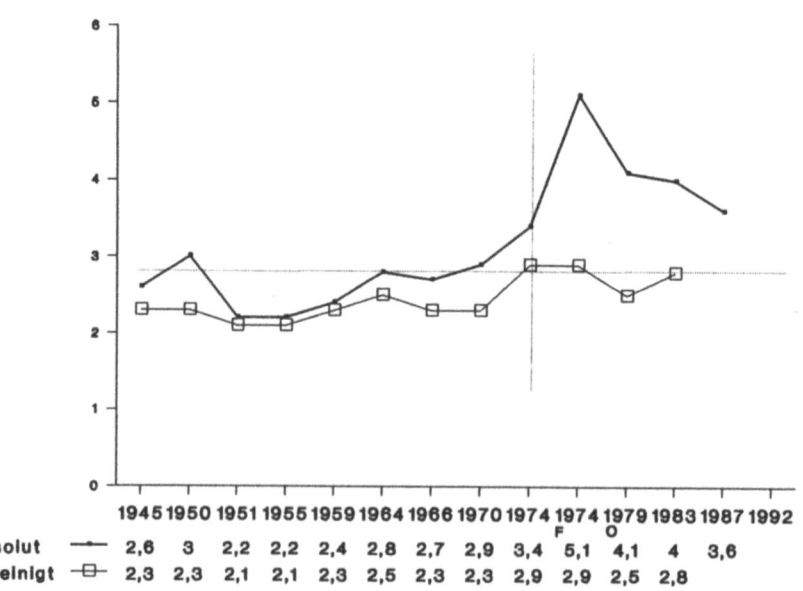

b) Zahl der Kandidaten (absolut und bereinigt um "lost deposits")

		1945	1950	1951	1955	1959	1964	1966	1970	1974 F	1974 O	1979	1983	1987	1992
absolut	—	2,6	3	2,2	2,2	2,4	2,8	2,7	2,9	3,4	5,1	4,1	4	3,6	
bereinigt	▫	2,3	2,3	2,1	2,1	2,3	2,5	2,3	2,3	2,9	2,9	2,5	2,8		

die Parteistärken nur geringfügig verändert wurden (leichte Zugewinne von Labour auf Kosten der Allianz), ist wiederum ein Zweiparteiensystem im Unterhaus, aber ein Dreiparteiensystem im Lande bestätigt worden : "The mould is not broken, but neither is it intact" (PULZER 1987b, 9).

Der zweite Indikator - die Zahl der durchschnittlich kandidierenden Bewerber - kann allerdings irreführend sein, wenn man auch die nicht "ernsthaft" gemeinten Kandidaturen mit einrechnet. Die von Sturm in seiner Dissertation wieder abgedruckte instruktive Abbildung aus dem "Economist" (Kandidaten von 1900-1979) hat einen von ihm auch in seinem Artikel "Großbritanniens Zweiparteiensystem: Ein Mythos" nicht korrigierten Nachteil (STURM 1983, 185). Sie enthält nämlich auch all jene bunten Kandidaten, die wie der Popstar "Lord Such" als spaßiger Kobold auftreten und keiner Partei angehören. Denn im englischen System können Kandidaten auch ohne offizielle Nominierung durch eine Partei mit den Unterschriften ortsansässiger Bürger aufgestellt werden. Sie haben eine Kaution von £150 (1987 erhöht auf £500) zu zahlen, die bei weniger als einem Achtel der Stimmen (seit 1987 bei weniger als einem Zwanzigstel) verwirkt ist, was manchen der Spaß eines Happenings wert war.

Es empfiehlt sich, die Zahl der Kandidaten (ob von bunten Gruppen oder auch von Zwergparteien aufgestellt) um diese "lost deposits" zu bereinigen. Sonst gelangt man mit Sturm, wie die untere Teilgrafik in Schaubild 5.3 zeigt, bereits für die Unterhauswahl von 1950 zu einer Kandidatenzahl von drei. Tatsächlich aber war damals das Zweiparteiensystem kein "Mythos", sondern das Duopol mit 89.6% der Stimmen noch fest (und in den folgenden Jahren ansteigend) im Elektorat verankert. Auch die durchschnittliche Zahl der Bewerber, die nicht ihr "deposit" verwirkten, lag damals noch weit unter der für kritisch gehaltenen Grenze von drei. Erst mit der Unterhauswahl von 1974 näherte sie sich dieser Schwelle, ohne sie zu überschreiten.

Politische Parteien sind auf Wähler-, Mitglieder- und Parlamentsebene verankert. Betrachtet man sie nicht nur als stimmenmaximierende "Offiziere ohne Soldaten" beziehungsweise - im englischen Idiom - als Häuptlinge ohne Indianer (*chiefs without Indians*), sondern fragt auch nach ihrem Mitgliederstand, so wird das Bild ihrer sinkenden Bindekraft eindrucksvoll erhärtet. Die individuell eingeschriebenen Mitglieder der Labour Party (irreführend sind in diesem Zusammenhang die über die Gewerkschaften automatisch angeschlossenen kollektiven Millionen von Blockstimmen) sank parallel zum Schrumpfen der Wählerbasis - von einem Nachkriegsrekord von 1,015 Millionen im Jahre 1952 auf 277 000 (sic!) im Jahre 1981 und erholte sich bis 1983 nur geringfügig auf 295 000 (BUTLER 1986, 152). Die in den fünfziger Jahren erreichte Mitgliederstärke stellte zu einem Zeitpunkt, an dem auch die Wählerstimmen der Partei am größten waren, einen historischen Gipfel dar. (Diese Aussage ergibt sich aus einem sehr instruktiven, über das gesamte zwanzigste Jahrhundert reichende Diagramm bei PINTO-DUSCHINSKY (1981, 158)).

Mitglieder-entwicklung

Auch der Mitgliederstand der Konservativen halbierte sich. Nur ist der Trend nicht so spektakulär, weil er zum einen nicht so steil abwärts geht wie bei der Labour Party und weil die "Tories" als alte, herrschaftserfahrene Partei klug genug waren, die Veröffentlichung von Mitgliedszahlen rechtzeitig einzustellen. Die Konservative Partei veröffentlichte zum letzten Male offizielle Mitgliedszahlen im Jahre 1953. Damals wurden 3,8 Millionen genannt. Die nächste zuverlässige Quelle, die eine Schätzung des Mitgliederbestandes der Konservativen erlaubt, liegt etwas über zwei Jahrzehnte später. Eine vom Houghton Komitee zur Prüfung der Parteienfinanzierung in Auftrag gegebene Umfrage unter den Wahlkreis-organisationen aller britischen Parteien läßt Mitte der siebziger Jahre eine auf 1,5 Millionen Mitglieder gesunkene Konservative Partei vermuten. Hatte sich der Mitgliederstand von Labour im gleichen Zeitraum gedrittelt, so hat er sich bei den Konservativen "nur" halbiert (BUTLER 1986, 139 und 152).

An diesem Mitgliederschwund der etablierten Parteien ist bemerkenswert, daß er sich im gleichen Zeitraum vollzog, in dem auch die Wähler vom Zweiparteiensystem abwanderten. Abwanderung und Widerspruch bleiben also nicht etwa auf rasch fluktuierende Protestwähler beschränkt, die keine sonderliche Parteibindung besitzen, sondern ergreifen auch die Substanz der den alten Parteien besonders verbundenen Mitglieder. Wählerverdrossenheit und Mitgliederschwund laufen parallel zueinander.

An dem sinkenden Mitgliederstand der beiden Etablierten ist ferner bemerkenswert, daß im gleichen Zeitraum, in dem die Attraktivität einer Parteizugehörigkeit sank, ein anderer Typ von Bürgervereinigungen einen enormen Aufschwung verzeichnete. Es handelt sich um die nicht-parteigebundenen freiwilligen Organisationen, die sich in praktischer Sozialarbeit der Fürsorge für in Not geratene oder in Armut lebende Randgruppen der Gesellschaft widmen wie z.B. die *"Child Poverty Action Group"* oder die um ein Studium und eine Verbesserung der Wohnverhält-nisse bemühte Gruppe *"Shelter"*. Diese altruistischen Interessengruppen, die einem guten Zweck dienen wollen, haben in Großbritannien eine lange Tradition. Ihr neuerlicher Aufschwung, der der sinkenden Popularität der Parteien zuwiderläuft, wird dokumentiert durch CYR (1980).

5.4 Die regionalen "Nationalparteien" in Schottland und Wales

Flüchtiger Aufstieg der Regionalparteien

Aus komplexen Ursachen, die hier nicht näher dargestellt werden können, erzielten im Einklang mit anderen Regionalbewegungen Westeuropas die antizentralstaatlichen Parteien der "keltischen Peripherie" (Die *Scottish National Party* in Schottland und *Plaid Cymru* in Wales) Mitte der siebziger Jahre überraschende, die Einheit des Vereinigten Königreichs vorübergehend scheinbar bedrohende Wahlerfolge, die inzwischen wieder abgeklungen sind.

(In der Spitze erzielt die SNP 30,4% aller schottischen Stimmen in der Wahl vom Oktober 1974 und Plaid Cmyru 11,5% der walisischen Stimmen 1970.) Beide Regionalparteien waren bereits in den 1920er Jahren gegründet worden, hatten aber über Jahrzehnte hinweg keine nennenswerte Resonanz bei den Wählern gefunden (vgl. BIRCH 1977; STURM 1981). Ihr Anstieg in den beiden Regionen, der in einer ersten Welle 1959 und 1964 begann, verlief in etwa parallel zu der Renaissance der Liberalen in ganz Großbritannien (vgl. die Tabellen bei MERKL 1980, 71). Einige Beobachter sahen bereits den "Break-up of Britain" (NAIRN 1977) oder ein "Multi-party Britain" (DRUCKER U. A. 1988) voraus oder stellten die Frage nach dem "End of British Politics?" (MILLER 1981).

Für die Alternanz des Parteienduopols in Regierung und Opposition war der Einbruch der "Scottish National Party" in Schottland und von Plaid Cymru in Wales in traditionelle Hochburgen der Labour Party insofern bedrohlich, als Labour auch im nationalen Zentrum in Westminster ohne die Mandate in den Wahlkreisen der Peripherie, die als besonderes Privileg an diese beiden Regionen traditionell zahlreicher waren, als ihnen nach ihrer Bevölkerungszahl zugestanden hätte, nicht (mehr) mehrheitsfähig gewesen wäre. Mit dieser Gefahr konfrontiert, unternahmen es die amtierenden Labour Regierungen Wilson, den Nationalisten dadurch den Wind aus den Segeln zu nehmen, daß sie Gesetzentwürfe zur Errichtung von Regionalparlamenten mit eigenen Regierungen in Schottland und Wales vorlegten. Diese quasi-föderale Dezentralisation, die staatsrechtlich "Devolution" heißt, unterscheidet sich vom Föderalismus dadurch, daß sie unter dem Legitimationsvorbehalt des Parlaments in Westminster steht und von diesem auch jederzeit widerrufen werden darf. Devolution ist kein Föderalismus. Es ist aber durchaus zu fragen, ob er nicht als "Föderalismus durch die Hintertür" (*"federalism by stealth"*) bezeichnet werden kann.

Bedeutung der schottischen Peripherie für Westminster

Die Beratung der beiden Gesetzeswerke, die regionale Parlamente und eigene Exekutiven für Schottland und Wales vorsahen, nahmen die beste Sitzungszeit des Unterhauses während zweier Sitzungsperioden in Anspruch. Die Lektüre des Buches, das die entsprechenden Diskussionen zusammenfaßt, führt in nahezu alle Strukturprobleme der britischen Regierungsorganisation ein (BOGDANOR 1979). Beide Gesetze scheiterten in zwei (im Westminster Modell normalerweise nicht vorgesehenen) Volksabstimmungen in den beiden Regionen. In Schottland entschied sich nur eine Mehrheit der Abstimmenden, nicht aber eine Mehrheit aller Abstimmungsberechtigten für die "Devolution" (32% stimmten für ein Regionalparlament, 30% dagegen). In Wales, wo die Furcht groß war, daß die Nationalisten in einer Regionalregierung die nicht des Keltischen mächtige Mehrheit der Bewohner benachteiligen würde ("they would force Welsh down our throats"), fanden sich nur 11% Ja-Stimmen und 56% Nein-Stimmen.

"Devolution": Gescheiterte regionale Dezentralisation

Obwohl es viele Bücher zum schottischen und walisischen Nationalismus in neuester Zeit gibt, besteht in der Wissenschaft kein Konsens über die Ursachen seiner Wiederbelebung. Der walisische Nationalismus, der einen kulturnationalen Kern besitzt, ist im wesentlichen eine Reaktion einer industrie- und zivilisationsfeindlichen Gruppe von Lehrern und Volks- dichtern auf das mit der Verstädterung und Anglisierung drohende Ausster- ben des keltischen "Cymrischen". Der schottische Nationalismus wird dage- gen eher von einer modernisierungsorientierten Schicht von Angestellten getragen. Der historische Kern der Nationalbewegung in Schottland ist "staatsnationaler" Art, in Wales dagegen handelt es sich um einen "kultur- nationalen" Regionalismus. Außer Betracht bleiben müssen hier die kompli- zierten Vermittlungsprozesse ihrer aktuellen Politisierung, die unter anderem mit den Ölfunden in der Nordsee zusammenhängen und mit der neuen Wahl- kampftechnik und Methodik der Kandidatenaufstellung.

5.5 Die flüchtigen Renaissancen der totgesagten Liberalen

Anfang der 1950er Jahre schien die durch die Koalitions- und Schaukelpolitik vorangegangener Jahrzehnte diskreditierte Liberal Party, die durch den Übertritt einzelner Abgeordneter sowohl zu den Konservativen wie auch zur Labour Party zusätzlich geschwächt worden war, reif für ein die Parteigeschichte beendendes Übernahme- und Abfindungsangebot durch die damals regierenden Konservativen. Aber der liberale Parteiführer Clement Davies lehnte 1951 einen Posten in Churchills Kabinett ab. Damit bewahrte er den auf sechs Abgeordnete zusammengeschrumpften Rumpf der ehemals großen alten Partei davor, ähnlich wie die früher von ihr abgespaltenen National Liberals in der Konservativen Partei aufzugehen (WALLACE 1983).

Auf den Parteitagen dieser Jahre rangen die Liberalen in programmatischen Richtungskämpfen um ihre zukünftige Identität. Die Anhänger der klassi- schen liberalen Doktrinen von Freihandel und staatsabwehrenden Freiheits- rechten, die sich "Radical Individualists" nannten, drifteten zu den Konser- vativen ab. Die Mehrheit unterstützte dagegen das maßgeblich von den Liberalen Beveridge und Keynes entworfene sozialliberale Programm einer wohlfahrtsstaatlichen Korrektur einer "gemischten Wirtschaft" aus freiem Markt und staatlicher Intervention. Doch gaben zwei ehemalige liberale Ab- geordnete durch ihren Übertritt zur Labour Party zu erkennen, daß sie den Sozialliberalismus besser bei dieser als in ihrer alten politischen Heimat aufgehoben glaubten. Bemerkenswert bleibt, daß die britischen Liberalen in den vergangenen drei Jahrzehnten dem interventionsstaatlichen Sozialliberal- ismus verpflichtet blieben, so daß die neoklassische Wiederbelebung liberaler ökonomischer Doktrinen in jüngster Zeit sich in der Konservativen Partei und nicht im politischen Liberalismus vollzog.

Bedeutung der Suezkrise für liberale Profilierung

"By all accounts", schrieb die TIMES in einem Leitartikel vom 12. 5. 1964, "the Liberal Party ought to die. And yet it does not." Ein Umstand, der zur stärkeren programmatischen Profilierung der 1955 nur noch sechs Abgeord- nete zählenden Partei beigetragen hatte, war die Suezkrise von 1956. Nach kurzem Zögern verurteilte die kleine Unterhausfraktion einhellig das militärische Abenteuer. Die Schockwellen, die der einsame Entschluß von Anthony Eden zur bewaffneten Intervention in der öffentlichen Meinung auslöste, erschütterte das weithin akzeptierte Image der Konservativen Partei, natürlicher Erbe der besten liberalen Traditionen zu sein. Eine Anzahl liberaler Sympathisanten wurde für die Partei wieder politisch aktiv. Der Mitgliederstand wuchs wieder an. Seit dieser Absage an postkoloniale Weltmachtambitionen zeichnet sich die Liberale Partei durch eine proeuropäische Programmatik aus.

Das Programm der Liberalen - Abkehr von Weltmachtambitionen und europäische Integration, industrielle Mitbestimmung in einer "gemischten" Wirtschaft aus Markt und staatlicher Intervention sowie Wahlrechtsreform und Reform der parlamentarischen Geschäftsordnung sowie nicht zuletzt eine Liberalisierung des Straf- und Privatrechts - konnte als ein alle Flügel der Partei einigender gemeinsamer Nenner um so konsequenter vertreten werden, als die Partei in Ermangelung einer Regierungsbeteiligung keine Kompromisse bei der Umsetzung der reinen Lehre in praktische Politik machen mußte. Die Hinwendung zur Europäischen Gemeinschaft zu einem Zeitpunkt, als die alternde britische Volkswirtschaft noch von gesicherten Absatzmärkten im ehemaligen Empire lebte, war gleichbedeutend mit dem Versuch einer Modernisierung durch Wettbewerb mit den sich von den Kriegsfolgen langsam erholenden Volkswirtschaften des europäischen Kontinents. "Growth not Grandeur" lautete daher der treffende Titel einer programmatischen Broschüre des Parteiführers Jo Grimond.

Zwischen 1961 und 1963 erfuhr die Partei in der Mitte der Amtsperiode einer verbrauchten konservativen Regierung - nach der sensationellen Eroberung eines Unterhausmandats in der Nachwahl von Orpington in einem für sicher gehaltenen konservativen Wahlkreis - einen ebenso spektakulären wie flüchtigen Aufschwung in der demoskopischen Wählergunst. Diese verhieß ihr auf dem Höhepunkt im Mai 1962 ein Wählerpotential von 25,5% aller Wahlberechtigten. Bei der nächsten Unterhauswahl im Jahre 1964 war dieser liberale Aufschwung jedoch schon wieder so weit verpufft, daß die Partei landesweit nur noch 11,2% der Stimmen erzielte. Dies bedeutete zwar gegenüber der vorangegangenen Unterhauswahl von 1959 fast eine Verdoppelung der abgegebenen Stimmen, brachte der Partei aber nur drei zusätzliche Mandate ein. Die liberale Renaissance hatte sich als ein Strohfeuer am Wahlstimmenmarkt erwiesen. (Ein äußerst aufschlußreiches Diagramm der demoskopischen Schwankungen pro Jahr findet sich für den Zeitraum zwischen 1959 und 1982 bei DRUCKER U. A. 1983, 42).

Die Ursachen für Aufstieg und Verfall der Attraktivität der Liberalen lassen ein Szenario erkennen, das eine verblüffende Ähnlichkeit mit der zweiten liberalen Renaissance zwischen 1972 und 1974 und der dritten liberalen Renaissance aufweist, d. h. dem Erfolg der sozialdemokratisch-liberalen Allianz zwischen 1982 und 1987. Damals wie heute propagierten die durch die günstigen Meinungsumfragen ermutigten Herausforderer des

Europa als Programmpunkt

Parallelität mehrerer liberaler Renaissancen

Zweiparteiensystems eine Modernisierung der britischen Volkswirtschaft und eine Reform der politischen Institutionen unter Überwindung des für überlebt gehaltenen Klassenkonflikts.

Ähnlich wie heute profitierte die liberale Alternative einer Europa zugewandten Modernisierung, einer Reform traditioneller britischer Institutionen und einer Übernahme sozialdemokratischer Vorbilder aus Österreich, Schweden und der Bundesrepublik mehr von der zeitweiligen Unpopularität der beiden etablierten Klassenparteien als von der positiven Attraktion des Reformprogramms. Liberale Renaissancen sind in Großbritannien bisher immer dann in der Mitte der Amtsperiode einer unpopulären konservativen Regierung aufgetreten, wenn auch die Labour Party in der Opposition erbitterte Richtungskämpfe zwischen ihren innerparteilichen Flügeln über Revision oder radikale Ausgestaltung sozialistischer Ziele austrug. So war die Labour Party während der ersten liberalen Renaissance 1961 bis 1963 über die Streichung der Verstaatlichungsforderungen aus dem Parteiprogramm (*clause IV*) zerstritten.

Doch kittete Harold Wilson, ein ehemaliger Wirtschaftswissenschaftler mit einer Oxford-Karriere, nicht nur den innerparteilichen Meinungsstreit durch rhetorische Formeln. Er übte auch die alte englische Kunst, einen gefährlich werdenden Gegner beim Baden zu überraschen und ihm die Kleider zu stehlen. So mußten die Liberalen erleben, daß Wilson die seit über einem Jahrzehnt entwickelte programmatische Plattform der Liberalen industrielle Innovation durch Strukturreformen in Wirtschaft und Staatsverwaltung als Wahlprogramm aufgriff und unter der griffigen Formel, die "weiße Glut der Technologie" zu zähmen, wählerwirksam einsetzte.

Die Liberalen waren bereits in den 1950er Jahren, als Attlee und Churchill beide noch in den Vorstellungen einer die Wasserstoffbombe besitzenden Weltmacht dachten, zu Protagonisten einer europäischen Rolle der ehemaligen Weltmacht unter Aufgabe ihres Empire geworden. Doch mußten sie in den 60er Jahren erleben, wie ihr einstmals zukunftsweisendes Programm sowohl von den Konservativen als auch von Labour aufgegriffen wurde:

> "Liberals once again had had to stand on the sidelines watching the other parties take up their ideas - entry into the EEC, a National Plan, a modernization programme" (GAMBLE 1983, 206).

Damit erlitt die Liberale Partei das typische Schicksal einer für die Mehrheitsbildung in einem Zweiparteiensystem durch das Wahlrecht benachteiligten Drittpartei, die zuschauen muß, wie ihre innovativen Ideen mit erheblicher Verspätung vom Kartell der Etablierten übernommen werden. Ihre neue Stunde kam erst, als das Programm einer Modernisierung der britischen Volkswirtschaft, das sowohl Labour als auch die Konservativen im Einklang mit frühen liberalen Programmentwürfen nunmehr in klarer Regierungsverantwortlichkeit in die Tat umsetzten, nach zwei Legislaturperioden 1974 nicht zu dem erhofften Erfolg geführt hatte.

5.6 Zweifel am Westminster Modell: Aufstieg und Fall der "Alliance" aus Liberalen und Sozialdemokraten

Als Roy Jenkins, der ehemalige Labour Schatzkanzler als Präsident der EG-Kommission seine Rückkehr in die britische Politik vorbereitete, trug er sich einer unwidersprochen gebliebenen Darstellung des "Times"-Journalisten IAN BRADLEY zufolge mit dem Gedanken, der Liberalen Partei beizutreten. Aber er wurde vom liberalen Parteivorsitzenden David Steel dazu bewogen, lieber eine Parteineugründung ins Auge zu fassen, um die wahltaktischen Chancen eines neuen politischen Zentrums in Großbritannien zu verbessern (BRADLEY 1981, 79). In einem berühmten Vortrag in London, der unter dem Titel "Home Thoughts from Abroad" von der BBC zur besten Sendezeit ausgestrahlt wurde, machte er - ähnlich wie schon die Kritiker der "englischen Krankheit" vor dem Ersten Weltkrieg - das "Westminster Modell" schrankenloser Parteienkonkurrenz für die britische Malaise von "stop and go" verantwortlich. (Diese "Dimbleby Lecture", die den Ball ins Rollen brachte, ist wieder gedruckt in KENNET 1982, 9 ff.).

Appell an die politische Mitte

Aktueller Anlaß für die Gründung der (inzwischen wieder aufgelösten bzw. mit den Liberalen fusionierten) "Social Democratic Party", die 1981 von vier aus der Labour Party ausgetretenen ehemaligen Ministern und 27 Unterhausabgeordneten der Partei gegründet wurde, war die von der Parteilinken durchgesetzte Satzungsänderung der Labour Party. Obligatorische Prüfung einer erneuten Kandidatur aller zur Wiederwahl bereiten Unterhausabgeordneten durch die von linken Aktivisten beherrschten Wahlkreisorganisationen sowie die Wahl des Parteiführers und potentiellen Premierministers nicht mehr durch die Unterhausfraktion allein, sondern durch ein Wahlkollegium, in dem die Gewerkschaften mit 40% der Stimmen neben 30% der Unterhausfraktion und 30% Vertretern der Wahlkreisorganisationen ein Übergewicht besaßen, schienen den Linksruck der alten Partei endgültig besiegelt zu haben.

Rechtsabspaltung der Führung

Doch der tiefere Grund der Spaltung war der seit über einem Jahrzehnt schwelende Konflikt in der Partei über die Streitfrage des Beitritts zur Europäischen Gemeinschaft. Die europäische Option war gleichbedeutend mit der Zurückweisung der linken Vision eines "Sozialismus in einem Lande". Hielt doch die "Alternative Economic Strategy" linker Sozialisten, die auf konsequente Verstaatlichungen, Austritt aus der EG, NATO und Internationalem Währungsfonds zielte, eine industrielle Wiederbelebung der stagnierenden britischen Industrie hinter Schutzzollmauern für möglich. Dagegen korrespondierten die Hoffnungen des sozialdemokratischen Flügels der Labour Party, der eine Modernisierung der britischen Industrie im Rahmen der EG erwartete, mit der von den Liberalen seit ihrer programmatischen Neuprofilierung im Schatten der Suezkrise stets vorgetragenen politischen Linie.

Die "Social Democratic Party" war zwar auf parlamentarischer Ebene eine (Rechts-) Abspaltung von der Labour Party. Doch ihre Mitglieder rekrutierten sich zu etwas über der Hälfte aus politischen Novizen, die früher keiner anderen Partei angehört hatten (Ergebnisse einer Befragung des "Council for Social Democracy" durch DÖRING 1982 wieder abgedruckt in dem Reader von BURCH/MORAN 1987, 208). Eine Delegiertenbefragung im Rahmen eines Westeuropa umfassenden Verbundprojektes ergab im Hinblick auf Schulbildung insofern ein von den übrigen Parteien, auch dem liberalen Bündnispartner, abweichendes Profil der SDP, als die meisten eine der leistungsorientierten "Grammar Schools", aber nicht die der Elitebildung dienenden (privaten) "Public Schools" (siehe oben Kapitel 2.2) besucht hatten: Während 26% der liberalen und 28% der konservativen Parteitagsdelegierten eine "Public School" besucht hatten, waren es bei der SDP nicht mehr als 20%, wogegen die Grammar School Absolventen mit 53% überwogen (zum Vergleich Liberale: 43%, Labour: 27%, Konservative: 37%) (DÖRING 1987b, Tabelle 4, 210).

Daraus kann man interpretativ, auch wenn dies aus den Daten selbst nicht zwingend hervorgeht, den Schluß ziehen: Eine nicht dem Establishment angehörende, sondern durch Bildung sozial aufgestiegene neue Mittelschicht sieht "ihre Interessenlage nicht mehr durch das alte Parteiensystem mit seiner abgeschwächten, aber nach wie vor dominierenden Verankerung im Klassenkonflikt zwischen Arbeitnehmern und Industrie und Banken" vertreten. Dieser Personenkreis drängt auf "eine seine eigenen Einflußchancen vergrößernde Modernisierung der wirtschaftlichen und politischen Institutionen Großbritanniens" (DÖRING 1984, 442).

Jenkins forderte in seinem Londoner Fernsehvortrag nicht weniger als eine "Totalrevision" der Verfassung. Als zentrale Forderungen tauchen hier auf: eine Wahlrechtsreform, die zu Koalitionsregierungen geführt hätte, sowie Dezentralisierung und eine geschriebene Verfassung mit positiv verbürgten Grundrechten, Reform der Arbeitsbeziehungen und des Tarifvertragsrechts (DÖRING 1984, 442). Diese vom scheidenden Präsidenten der EG-Kommission gehaltene Strafpredigt aus Brüssel, wo Großbritannien mit seinem Wahlsystem und seinen ehrwürdigen, aber sonderbaren politischen Institutionen und Gewohnheiten durchaus als "odd man out" (BRADLEY 1981, 37) erscheinen konnte, verfehlte ihre Wirkung nicht auf zahlreiche neu gewonnene Anhänger der SDP, die der Partei durch Telefonanruf unter Angabe ihrer Kreditkarte beitreten konnten. Auf die Frage:

"Compared with other European countries, do you think British industry is well run, badly run or is it about average? Or: is Britain well governed, badly governed or is about average?" (BRITISH ELECTION STUDIES October 1974, NEW SOCIETY SURVEY 1979)

antwortete sowohl im Oktober 1974 als auch im September 1979 etwas mehr als die Hälfte der Bevölkerung, daß Großbritannien weder gut noch schlecht, sondern "about average" (1974: 52%; 1979: 55%) regiert werde. Der Prozentsatz derer, die es im Vergleich zu Westeuropa für ausgesprochen "schlecht" einschätzten, lag bei weniger als einem Fünftel (1974: 11%; 1979: 16%). Nicht so aber bei den Anhängern der SDP, deren Haltung allerdings nicht aus einer Bevölkerungsumfrage, sondern aus einer vom Verfasser durchgeführten Delegiertenbefragung des "Council for Social Democracy" bekannt ist: 70% bezeichneten die britische Industrie als "schlecht" (im Vergleich zu nur 27% der Bevölkerung 1974); und mehr als ein Viertel (27%) hielt auch das Regierungssystem für "schlecht" organisiert (DÖRING 1987b, Tabelle 7, 212).

Ähnlich wie in den beiden früheren flüchtigen Renaissancen der Liberalen verzeichnete das Wahlbündnis der "Alliance" aus Liberalen und Sozialdemokraten zunächst einen steilen Aufstieg in der demoskopisch ermittelten Wählergunst. Auf dem Höhepunkt der Sympathiewelle im Dezember 1981 erklärten 46,5% der Bevölkerung eine potentielle Wahlabsicht für die Allianz, was bei einer Unterhauswahl zu einer klaren Regierungsmehrheit geführt hätte. Für die Liberalen zeichnete sich in einer Koalition mit den Sozialdemokraten, deren Führer über ministerielle Erfahrungen verfügten, nach Generationen ohne Regierungsamt wieder die Möglichkeit ab, nationale Politik mitgestalten zu können. Der liberale Parteitag wurde vom Altersvorsitzenden Jo Grimond aufgefordert: "Go and prepare for government".

Doch nach einem langwierigen und von den Medien ausführlich publizierten Streit zwischen den von einer gemeinsamen nationalen Kommission beratenen Aktivisten der beiden Parteien über die Verteilung der aussichtsreichsten Wahlkreise auf jeweils nur einen einzigen Allianzkandidaten sank die demoskopische Popularität der neuen sozialliberalen Alternative zum etablierten Parteiensystem rasch ab. Streit zwischen den beiden Partnern kam nicht von ungefähr. Einerseits war in den Nachkriegsjahrzehnten eine an kontinentaleuropäischen Vorbildern orientierte Reform der Arbeitsbeziehungen, des Wahlsystems sowie die regionale Dezentralisierung immer ein Programmpunkt der Liberalen gewesen. Von daher gab es eine programmatische Gemeinsamkeit zwischen Liberalen und Sozialdemokraten.

Aber die meisten Sozialdemokraten waren früher nicht politisch aktiv gewesen. Auf die Frage, ob sie noch anderen freiwilligen Bürgervereinigungen angehörten, antworteten 79% der liberalen, aber nur 52% der sozialdemokratischen Parteitagsdelegierten mit Ja (DÖRING 1987b, Tabelle 5, 211). Zwischen den neu mobilisierten politischen Novizen der SDP, die früher als "Trittbrettfahrer" ihre Interessen in den alten Parteien vertreten gesehen hatten, und den partizipationsfreudigen liberalen Anhängern der *community politics*, die als ausgesprochene "joiners" eine Partei ohne Chance der Regierungsbeteiligung und Ämtervergabe am Leben erhalten hatten, gab es erhebliche Streitigkeiten und Spannungen.

Außerdem besaß die "Alliance" wohl in bezug auf die Streitfragen von Europäischer Gemeinschaft und britischer Verfassungsreform ein klares Programm. Aber in den sozial-ökonomischen Streitfragen über die Zukunft des Wohlfahrtsstaates lenkte die "neue" Allianz zu dem "alten" Konsens der

Streit in der Allianz über Verteilung der Wahlkreise

Einfluß des Falkland-Kriegs

Wachstumsperiode der 1950er und 1960er Jahre - bzw. zu einer Neuauflage des "Butskellism" - zurück. Mit der Jahreswende 1981/82 kam zunächst der von den Konservativen versprochene Wirtschaftsaufschwung. Dann folgte der Falkland-Krieg, und die gesamte Lage änderte sich. Auch wenn die Befreiung der Falklands bei der Unterhauswahl des folgenden Jahres 1983 nicht namentlich thematisiert wurde, war das Thema doch auf eine subtile Weise präsent: nicht nur trugen die Feierlichkeiten zum Jahrestag der Befreiung und der Besuch der Premierministerin auf dem Stützpunkt im Südatlantik, sondern auch das abstrakte konservative Wahlkampfmotto "The resolute approach" zum werbewirksamen Wachhalten eines in der politischen Kultur verwurzelten "nostalgischen Nationalismus" (siehe oben Kapitel 3.4) bei.

Zwar verlor die Allianz in der Unterhauswahl von 1983 nur 11 "deposits" (weil ihre Kandidaten weniger als ein Achtel der Stimmen im Wahlkreis erhielten). Zwar war sie damals zweitstärkste Partei in 312 Wahlkreisen. Auch löste sie Labour als Alternative zu den Konservativen in ländlichen und vorstädtischen Gegenden sowie in Südengland ab. Aber ungeachtet ihrer 25,4% der Stimmen errang sie nur 23 der 650 Unterhaussitze. Mit der Unterhauswahl von 1987 wurde dann noch einmal - einschneidender noch als bereits 1983 - der Versuch der sozialdemokratisch-liberalen Allianz zunichte gemacht, die traditionsreiche Gußform des Zweiparteiensystem - den "mould" des Parteienduopols - zu zerbrechen.

Es kam zur Verschmelzung von Liberaler Partei und Social Democrats nach einer Kampfabstimmung unter den Mitgliedern beider Parteien. Später, 1990, löste sich die verbleibende Rumpf-SDP unter David Owen auf (siehe die Fakten bei STURM 1991, 250). Das Resultat dieser Streitigkeiten, die auf eine besondere Weise daran erinnern, daß es in der britischen Politik oft mehr auf Personen als auf Prinzipien ankommt (siehe oben Kapitel 3.5), war fatal für die Resonanz der Allianzparteien in der Wählergunst. Bei der Europawahl 1989 verbuchten sie nur noch 5.9% der Stimmen (siehe oben Schaubild 5.2b). Für die bundesdeutschen Liberalen wäre dies zwar immer noch ein nicht unbefriedigendes Ergebnis. Aber mit dem Blick auf das Schaubild 5.2b, das die Wählerbewegung über ein Dreivierteljahrhundert abbildet, kann man eher sagen: "British politics reached its turning-point and failed to turn".

5.7 Überwiegende Akzeptanz von Mehrheitswahlrecht und Ein-Partei-Regierung

Die *"winner-takes-all"*-Regel des relativen Mehrheitswahlrechts sichert den *"mould"*, d. h. die auch in den Unterhauswahlen von 1983 und 1987 trotz erheblicher Stimmengewinne der "Alliance" nicht zersprungene Guß-form des Zweiparteiensystems, das unter Wähler- und Mitgliederschwund leidet, mit dem Korsett einer vergleichsweise außergewöhnlichen Sperrklausel gegen die Herausforderung dritter und vierter Parteien ab. Durch die hohe Schwellenwirkung des relativen Mehrheitswahlrechts in Einerwahlkreisen, die einer indirekten Sperrklausel von faktisch etwa 30% gleichkommt (vgl. GUDGING/TAYLOR 1979, Kapitel 5 und 6), wird das Oligopol der etablierten Parteien gegen die parlamentarische Repräsentation (und damit das Vetopotential) von Drittparteien abgesichert. Daraus darf aber keinesfalls geschlossen werden, daß das unfaire Wahlrecht gegen den erklärten Willen der Bürger nur von den "Oligopolparteien" am Leben erhalten werde.

Eine Sichtung der Surveydaten, die die Einstellungen der Bevölkerung zu ihrem politischen System betreffen, ergibt eine differenzierte, aber eindeutige Akzeptanz des "unfairen" Wahlsystems im Interesse der Bildung einer regierungsfähigen Mehrheit aus nur einer Partei. Einerseits ist den Bürgern bewußt, daß ihr traditionsreiches Wahlrecht, das sich sonst nirgendwo in Westeuropa findet, kleinere Parteien ohne regionale oder lokale Hochburgen benachteiligt. Daher erstaunt es nicht, daß eine Mehrheit der britischen Bevölkerung, wenn sie ganz allgemein auf die Fairneß des Wahlsystems und die Verzerrung des Wählerwillens angesprochen wird, sich in den letzten beiden Jahrzehnten stets für das Verhältniswahlrecht ausgesprochen hat. Diese abstrakte Befürwortung sinkt aber auf unter die Hälfte der Befragten, wenn sie vom Interviewer gleichzeitig darauf hingewiesen werden, daß eine Mandatsverteilung nach Proportionalität eine Vergrößerung der Wahlkreise und eine Aufgabe der vertrauten Praxis nach sich ziehen müsse, daß jeder Wahlkreis nur durch einen einzigen, nämlich "seinen", MP vertreten wird (vgl. CREWE 1985b).

"Unfaires" Wahlsystem im Interesse der Bildung einer Regierung akzeptiert

Diese auf den ersten Blick recht verblüffende Diskrepanz ist nicht etwa als ein törichter Widerspruch zu interpretieren. Sie ist vielmehr als schlagende Illustration zu jenem oben in Kapitel 3.5 skizzierten Grundzug der britischen politischen Kultur aufzufassen, demzufolge "formal statements of doctrine" so lange unwichtig sind, als aus ihnen keine konkrete Aktion folgt. Erst wenn es um aktuelle Entscheidungen geht, macht man sich die Mühe, allgemeine Fragen des theoretischen Prinzips gründlich zu durchdenken. In diesem Sinne war klar, was auf dem Spiel stand, als die "Alliance" gegründet worden war, um die Gußform des Zweiparteiensystems, den *mould of British politics*, zu zerbrechen. In der Unterhauswahl von 1983 hatte sie mit 25.4% der Stimmen in Großbritannien ein Ergebnis erzielt, von dem deutsche Liberale wohl niemals zu träumen wagen. Sie war nur knapp unter Labour (27.6%) geblieben, hatte aber nur 23 Sitze erzielt, wogegen Labour sich mit seinen Hochburgen in den *inner cities* und im Norden sowie in Schottland und Wales mit 209 Sitzen behauptete.

In dieser Situation war die Reform des Wahlrechts keine abstrakte akademische Frage. Sie implizierte eine von der gesamten Bevölkerung unmittelbar verstandene Weichenstellung für den künftigen Kurs des politischen Systems. Eine Reform des Wahlsystems würde das Ende der für das "Westminster Modell" typischen Ein-Partei-Regierung bedeuten. Hätte

Kein "Zünglein an der Waage" erwünscht

das "Westminster Modell" typischen Ein-Partei-Regierung bedeuten. Hätte die Allianz genügend Mandate erzielt, um in einer Pattsituation im Unterhaus ähnlich der deutschen FDP "Zünglein an der Waage" sein zu können, hätte sie als Preis für eine Koalition die Wahlrechtsreform gefordert. Über diesen gesamten Zeitraum hinweg, in welchem die Blockade des etablierten Parteienduopols durch die Allianz nicht auzuschließen war, stellte das Team des wissenschaftlichen Surveys der "British Election Study" dreimal die folgende Schlüsselfrage:

"Should the voting system be changed to give smaller parties a fairer share of MPs, or kept as it is to produce effective government?" Vorgegeben waren die Antwortkategorien: 1. "change the system", 2. "keep it as it is", 3. "don't know" und 4. "no answer".

Tabelle 5.7.a zeigt die Verteilung der Antworten für drei Zeitpunkte 1983, 1986 und 1987. Als wegen der damaligen Popularität der Allianz (noch vor dem Streit über die Fusion der beiden Parteien nach der Unterhauswahl von 1987) klar war, welche weitreichenden verfassungspolitischen Folgen - nämlich das Ende der Alleinregierung durch nur eine Partei und der Übergang zu Koalitionsregierungen nach dem Muster des übrigen Westeuropa - eine Reform des Wahlsystems haben müßte, entschied sich eine Mehrheit für eine Beibehaltung des geltenden Systems.

Der geringe Anteil von "don't knows" und Antwortverweigerungen zeigt, daß die Frage als unmittelbar relevant verstanden und akzeptiert wurde. Trotz abstrakter Befürwortung der Verhältniswahl dürfte die Bevölkerung deshalb auch in einer künftigen Entscheidungssituation, wenn etwa die Frage einer Wahlreform einmal nach dem Wunsch ihrer Befürworter zum Gegenstand eines Volksentscheids gemacht werden sollte, doch geneigt sein, alles beim alten zu lassen.

Eine ähnliche Akzeptanz der Alleinregierung einer Partei, die ohne das unfaire Mehrheitswahlrecht kaum möglich wäre, zeigte sich bei einer im gleichen Survey an anderer Stelle unabhängig vom Wahlsystem gestellten Frage. In bezug auf die Wünschbarkeit der Ein-Partei-Regierung, die für das gewaltenfusionierende "Westminster Modell" typisch ist, brachte sie den Kern der Sache kurz und prägnant auf den folgenden Punkt:

"Which is better for Britain, government formed by one party on its own or two parties in coalition?".

Tabelle 5.7a

AKZEPTANZ DES WAHLSYSTEMS, 1983-1987

"Should the voting system be changed to give smaller parties a fairer share of MPs, or kept as it is to produce effective government?"

	1983 %	1986 %	1987 %
change the system	38.6	37.0	35.9
keep it as it is	53.9	58.9	58.1
don´t know	7.2	4.1	5.6
no answer	0.3	-	0.4

Tabelle 5.7b

AKZEPTANZ DER EIN-PARTEI-REGIERUNG NACH PARTEIPRÄFERENZ 1987

"Which is better for Britain, government formed by one party on its own or two (or more) parties in coalition?"

	CON %	LAB %	LIB/SDP %	SNP %	KEINE %
one party	78.9	60.1	38.5	55.2	64.0
coalition	16.2	32.0	54.2	44.8	22.5
don´t know	4.8	7.7	7.2	-	13.5
no answer	0.1	0.2	0.1	-	-

Quelle: British Election Studies 1983 und 1987, ESRC Survey Archive, Essex

Fast zwei Drittel der Bevölkerung (2377 von 3826 Befragten oder 62%) entschlossen sich in der Entscheidungssituation, in welcher die Nachteile des "adversativen" Systems der Ein-Partei-Regierung von der Allianz mehrere Jahre lang klar genug angeprangert worden waren, gleichwohl für das bestehende System von *"one government by one party"*. Nur ein knappes Drittel (1152 der 3826 Befragten oder 30%) optierte für eine Koalitionsregierung (BRITISH ELECTION STUDY 1987, Variable 5A). Bei der Berechnung der Antworten nach Parteipräferenzen getrennt ergab sich die in Tabelle 5.7.b dokumentierte Verteilung.

Bemerkenswert ist, daß bei den Anhängern aller Parteien außer der Allianz (in besonderem Maße natürlich bei den regierenden Konservativen) der Ein-Partei-Regierung der Vorzug vor einer Koalition gegeben wurde. Dies gilt selbst für die anti-zentralstaatliche Scottish National Party, bei der trotz des Ziels "Los von Westminster" die tradierte Regierungsform präferiert wurde. (Die Prozentsätze für die walisische Plaid Cymru und für die Ecology Party wurden wegen zu geringer Fallzahlen nicht berechnet.) Dieser Befund unter-

Klare Mehrheit nur einer Partei gegenüber Koalitionsregierung präferiert

131

streicht, daß die Forderung der Allianz nach einer Verfassungsrevision ohne Resonanz bei der Bevölkerung blieb.

Eine Kontrolle der Antworten auf Altersgruppen ergab keinerlei signifikante Unterschiede mehr zwischen den Generationen in der Akzeptanz der Ein-Partei-Regierung als der dem Lande angemessenen Regierungsform. Die 18-24jährigen waren 1987 mit 66% eher etwas stärker dafür als die über 55jährigen mit 58%. Dreizehn Jahre zuvor waren die Jüngeren auf dem Höhepunkt der britischen Krise im Jahre 1974 noch skeptischer als die Älteren gegenüber der Wünschbarkeit der Ein-Partei-Regierung eingestellt gewesen (siehe die Grafik bei DÖRING 1987e, 205). Diese Skepsis gegenüber den *established ways* hatte im weiteren Verlauf des Krisenjahrzehnts also einer zunehmenden Akzeptanz gerade bei den nachwachsenden Generationen Platz gemacht.

6 Das Parlament - durch Parteidisziplin beherrschtes Forum der Nation

Das britische Unterhaus genießt als "Mutter der Parlamente" die Bewunderung liberaler Verfassungstheoretiker in aller Welt (GASH 1988). Dagegen pflegen konservative Staatspraktiker wie einst Bismarck, der als einer der wenigen Deutschen den britischen Parlamentarismus vor dem Ersten Weltkrieg nicht mißverstand (LAMER 1963, 50 f., 84 f., 92 f., 122 f.), oder marxistische Kritiker des Parlamentarismus (MILIBAND 1973) eher auf die Diskrepanz zwischen dem respektvollen Anspruch der Souveränität des Parlaments und der Realität eines durch Parteidisziplin gelenkten Ratifikationsorgans der Beschlüsse des Kabinetts hinzuweisen. Dabei übersahen sie allerdings, daß das Kabinett aus den führenden Parlamentariern der Mehrheitsfraktion und nicht aus parlamentsfremden "Quereinsteigern" in die Regierung besteht.

In der Bewertung der Funktion des Unterhauses gehen die Meinungen weit auseinander. Auf der einen Seite können Traditionalisten wie BUTT oder CRICK darauf verweisen, daß das Haus als ganzes - abgesehen von der Revolution im 17. Jahrhundert - nach seinem eigenen Selbstverständnis niemals eine "Mitregierung" angestrebt habe. Vielmehr verstehe die überwiegende Mehrheit sich als das große Forum der Nation, wo Beschwerden vorgebracht und Mängel gerügt werden. Hier müsse und solle die Regierung, die dem Parlament entstammt und ein Teil desselben verbleibt, regelmäßig kritischen Fragen der Abgeordneten im Beisein von Opposition und Medien Rede und Antwort stehen. "The Government legislates and the two Houses criticize and publicize" (CRICK 1970, 41). Mit dieser recht traditionalen Sicht konnte man sogar der Forderung nach einer Stärkung der "Öffentlichkeitsfunktion" (KISSLER 1976) des Unterhauses Gewicht verleihen, nach einer Parlamentsreform, die die Fähigkeit des Unterhauses zu "scrutiny and debate" erhöht (vgl. Kapitel 6.7).

Auf der anderen Seite sehen sehr seriöse Autoren das Haus degradiert zu einer "ehrwürdigen Fassade" eines elitengelenkten Ratifikationsorgans anderswo getroffener Entscheidungen. Die prächtige Fassade der beiden Häuser des Parlamentes im Palast von Westminster am Ufer der Themse, die die Schutzumschläge zahlreicher Lehrbücher zum britischen Regierungssystem ziert, ist das symbolische Zentrum der britischen Herrschaftsordnung. Demgegenüber liegt das Machtzentrum eher versteckt in

> Kontroverse Bewertung des Unterhauses

Downing Street. Die durchaus ernstgemeinte Frage: "Parliament - does it still matter?" (CONTEMPORARY RECORD 1988) zweifelt an der Effektivität der dem "Westminster Modell" zugrundeliegenden Legitimationsidee kritischer öffentlicher Kontrolle der Regierung.

Das Titelbild des Buchs von RICHARDSON/JORDAN (1979), die bereits von einer "post-parlamentarischen Demokratie" sprechen, ziert eine Collage, in welcher die prächtige Fassade der beiden Häuser des Parlaments im Palast von Westminster im Schraubstock anonymer Mächte zerbirst. Welche der beiden vorstehenden Ansichten, die kaum auf einen gemeinsamen Nenner gebracht werden können, realiter eher zutrifft, ist in der Forschung umstritten und kann hier nicht geklärt werden. (Siehe zu den unterschiedlichen paradigmatischen Interpretationen des Parlaments, die miteinander rivalisieren, die knappe Aufzählung bei DRUCKER U. A. 1988, 354 f.). Der Verfasser folgt der Arbeitshypothese, daß das Westminster Modell, das die herrschende Lehre darstellt, nach wie vor den adäquatesten Interpretationsrahmen bietet.

Kritiker, bei denen man nicht weiß, ob es ihnen ernst ist oder ob sie sich in einem Understatement gefallen, nörgeln über den zeremoniellen "mumbo jumbo" (Hokuspokus) altehrwürdiger Formeln und Bräuche im Parlament, dem mehr Schreibtische für Abgeordnete und moderne Technik, die inzwischen (etwa mit dem elektronischen Informationssystem Polis) Einzug gehalten hat, gut täten (BRENNAN 1982, 198). Doch der britische Stolz auf eine große historische Verfassungstradition wird bis heute sinnfällig und bewußt symbolisiert durch die historisierende Architektur des mit Statuen aus Marmor und farbigen Kirchenglasfenstern geschmückten Palastes von Westminster, dem Sitz der beiden Häuser des Parlaments mit seiner prächtigen Fassade am Ufer der Themse.

Idee der "Grand Jury"

Der sinnstiftenden Leitidee des *"responsible party government"* zufolge sollen hier und vor allem nur hier, auf dem großen Forum der Nation, die bewegenden Streitfragen politischer Alternativen debattiert werden. Durch streitende Parteien sollen sie im "adversativen" Austausch der Argumente vor der *"Grand Jury"* der Nation zu einer entscheidungsfähigen Alternative aggregiert werden. Über Parteidisziplin bei den Abstimmungen im Unterhaus sollen die einzelnen Abgeordneten vom Wähler mit ihrer Partei für die Politik der Regierung verantwortlich gehalten werden können. Wer seinem Gewissen folgt und gegen die Parteilinie rebelliert, wird von den Medien mit größter Aufmerksamkeit bedacht. Für den Respekt, der dem Parlament gezollt wird, ist es auch bezeichnend, daß der britische Ombudsmann, der "Parliamentary Commissioner for the Administration", Bürgerbeschwerden nicht direkt entgegennehmen darf, sondern nur durch Vermittlung eines Abgeordneten.

6.1 Dominanz des Kabinetts über das vom "Speaker" präsidierte "Redeparlament"

In Westminster sitzen die Abgeordneten - anders als in den meisten übrigen Parlamenten der Welt - nicht im Halbkreis dem Parlamentspräsidenten, dem unparteiischen *Speaker*, gegenüber. Sie blicken sich auf gegenüberliegenden Bankreihen ohne Arbeitspulte in einer sportlich-gegnerischen Sitzordnung als *"adversaries"* gegenseitig direkt ins Auge. Über ihnen thront an der Stirnseite der Debattierkammer der vom Unterhaus gewählte Speaker. Er gibt kraft alter Konvention seine Fraktions-zugehörigkeit auf und wacht als unparteiischer Schiedsrichter, der in der Interpretation früherer Präzedenzfälle laufend von professionellen Parlamentsbeamten unterstützt wird, über die Einhaltung fairer Spielregeln.

Für die derzeit 650 Abgeordneten gibt es nur 437 Sitzplätze (FISCHER/BURWELL 1988, 169). Als das durch deutsche Bomben beschädigte Unterhaus nach 1945 wiederaufgebaut wurde, verzichtete man auf Drängen Churchills bewußt darauf, jedem Abgeordneten einen festen Platz zu verschaffen. Denn das Unterhaus sollte kein Arbeitsraum, sondern als Debattierkammer das herausragende öffentliche Forum der Nation sein, in welches sich bei besonders dringenden und die Öffentlichkeit erregenden Fragen - in einem "sense of crowd and urgency" - die Abgeordneten hineindrängen würden. In einem "Redeparlament" ohne feste Sitzplätze für alle MPs und ohne Arbeitspulte müssen die Abgeordneten einem alten Ritual zufolge die Aufmerksamkeit des Speakers erregen (*to catch the Speaker's eye*), der den aufspringenden Kontrahenten des (im voraus allerdings weitgehend abgesprochenen) Rededuells das Wort erteilt.

Das Kabinett, das als Vorderbank der Regierungsmehrheit ein Teil des Unterhauses verbleibt (und darüber hinaus nur noch aus wenigen Lords aus dem Oberhaus ergänzt wird), lenkt und bestimmt unter öffentlicher Kritik durch die Opposition und gelegentlich auch durch seine eigenen Hinterbänke so gut wie alle Beschlüsse des Hauses. Dabei muß das Kabinett, das dem Unterhaus kollektiv verantwortlich bleibt und das wegen des englischen Wahlsystems in der Regel aus den Führern nur einer Partei ohne Zwang zu Koalitionen besteht, sich allerdings auf die freie Zustimmung der Regierungsfraktion stützen, die durch die "Einpeitscher", die *whips*, zur Parteidisziplin bei den Abstimmungen angehalten wird.

Die technischen Instrumente der Dominanz des Kabinetts über das Unterhaus wurden, wie oben in Kapitel 1.4 bereits erwähnt, mit den Änderungen der parlamentarischen Geschäftsordnung aus Anlaß der Obstruktion des Hauses durch die Abgeordneten aus Irland in den 1880er Jahren geschaffen. Seitdem sind sie in Kraft geblieben. Die Antrags- und Rederechte der einfachen Mitglieder ohne Regierungsamt oder ohne Sitz im "Schattenkabinett" der Opposition sind beschränkt. So darf von ihnen z. B. nur an jedem zweiten Freitag im Monat ein Gesetzentwurf eingebracht

Architektur des "Redeparlaments"

werden, wobei das Los darüber entscheidet, wer zum Zuge kommt. Schluß der Debatte ("*closure*") und Abstimmung über einen Gesetzentwurf auch ohne Lesung aller Paragraphen zu einem im voraus festgesetzten Zeitpunkt ("*guillotine*") garantieren (meistens) die Ratifikation der vom Kabinett eingebrachten Gesetzesvorlagen.

Vorrang der Regierung in der Geschäftsordnung

Beide Beschränkungen der zur Debatte einer Regierungsvorlage zur Verfügung stehenden Zeit dürfen mit einfacher Mehrheit der Abgeordneten beschlossen werden. Da die Regierung, die dank ihrer Patronagemacht etwa 100 Regierungsposten an ihre Hinterbänke vergeben kann, normalerweise über diese relative Mehrheit verfügt, kontrolliert - in den treffenden Worten ERNST FRAENKELS - "nicht das Parlament das Kabinett, sondern das Kabinett das Parlament" (1968, 95). Im feststehenden parlamentarischen Kalender genießen an etwa vier Fünfteln der Sitzungstage die Geschäfte der Regierung unbedingten Vorrang. Das restliche Fünftel teilen sich die Opposition (siehe Kapitel 6.4) und die "Hinterbänkler" (*backbenchers*) von beiden Seiten des Hauses (TAYLOR 1979, 51).

Die Vorherrschaft des Kabinetts, die in der Geschäftsordnung des Unterhauses verankert ist und theoretisch mit der relativen Mehrheit der Abgeordneten jederzeit geändert werden könnte, erfährt eine ideelle Rechtfertigung mit der oben bereits zitierten Maxime, daß die Aufgabe des Unterhauses nicht die "Mitregierung", sondern die öffentliche Kritik der legislativen Maßnahmen der Exekutive sei, an die das Haus die Gesetzesinitiative unter Verzicht auf spezialisierte Ausschüsse delegiert habe. In seiner berühmten Unterscheidung zwischen "Rede-" und "Arbeitsparlament" schreibt STEFFANI:

> "Während im Redeparlament das Plenum eine wesentliche Rolle spielt, verlagern sich im Arbeitsparlament Macht und Arbeit in entscheidender Weise in die Ausschüsse. Nicht der Redner, sondern der kenntnisreiche Detailexperte, der unermüdliche Sachbearbeiter, wird zur wichtigsten Parlamentsfigur" (STEFFANI 1979, 333).

Vorrang des Plenums

In der Literatur ist die "ungeheuer griffige" Alternative zwischen der Öffentlichkeitsfunktion im Plenum und der Sacharbeit in den Ausschüssen zu Recht als zu eng kritisiert worden (OBERREUTER 1992, 312 f.). "Eine Mischform, die Integrationsparlament genannt werden kann, geht von verschiedenen untereinander gleichrangigen Teilaufgaben des Parlaments aus und versucht, Ausschuß- und Plenararbeit je spezifisch im Hinblick auf die Gesamtfunktion des Parlaments zu gewichten" (RUCH 1976, 119). Doch für das britische Unterhaus, das sich hierin als ein zum Musterbeispiel stilisierter Sonderfall erweist, ist die Einseitigkeit, mit der die Plenararbeit auf Kosten der Ausschüsse betont wird, keine blasse Abstraktion, sondern ein empirisch nachweisbares Faktum.

Auch hier ist die grafische Darstellung der Art der Verteilung von Strukturmerkmalen zwischen Nationen wiederum unmittelbar erhellend, um die große Besonderheit Großbritanniens im Kreis der übrigen

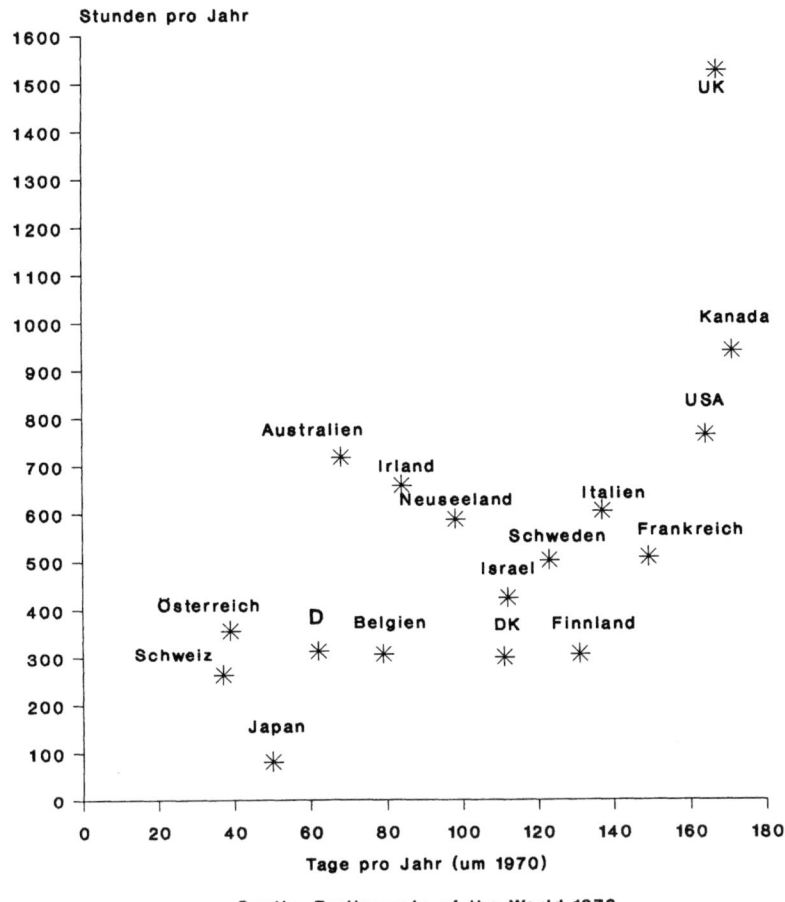

Schaubild 6.1
**Bedeutung des Plenums
in parlamentarischen Systemen**

(Volksgewählte erste Kammern)

Stunden pro Jahr

Tage pro Jahr (um 1970)

Quelle: Parliaments of the World 1976

liberaldemokratischen Systeme hervortreten zu lassen. Schaubild 6.1 arbeitet den großen Anteil des Plenums im Vereinigten Königreich heraus, indem es die mittlere Zahl der Sitzungstage des Plenums und die durchschnittlich pro Jahr dem Plenum gewidmeten Sitzungsstunden in einem Streudiagramm abbildet. Der schon etwas zurückliegende Zeitpunkt um 1970 wurde gewählt, weil für ihn wirklich vergleichbare Angaben zu beiden Größen vorliegen. (Sie stammen aus den Antworten der wissenschaftlichen Dienste der einzelnen nationalen Parlamente auf eine Umfrage der Interparlamentarischen Union in Genf.)

Das Unterhaus räumt auch im technisch komplexen Wohlfahrtsstaat, in dem andere Parlamente Spezialfragen an die Ständigen Ausschüsse delegiert haben, dem Plenum sehr viel Zeit ein. Von der Zahl der Tage, die das Plenum tagt, her gesehen, liegt das einstige Dominion Kanada noch vor dem Mutterland. Aber von der Zahl der Stunden, die das Haus in Westminster dem Plenum täglich bis spät in die Nacht widmet, während die brennende Lampe im Turm von Big Ben den Nachtbummlern kündet, daß die Commons ihre "legislative duty" erfüllen, sticht Großbritannien von allen übrigen Systemen ab. Wichtige Gesetze werden mit Vorliebe im Plenum als "Komitee der gesamten Kammer" (Committee of the Whole House) und nicht in den Ausschüssen beraten.

Wenn die Ausschüsse Gesetze beraten, agieren sie in prinzipiell öffentlicher Sitzung als verkleinerte Plenarversammlungen. Sie sind auf Kritik und Ratifizierung der präsentierten Vorlagen, aber nicht auf sachliche Detailarbeit eingerichtet. Als Forum der Nation soll das Parlament vielen Standpunkten Resonanz und Gehör, aber nicht der Opposition Mitwirkung an der Regierung verschaffen. Ressortbezogene Aufsichtsausschüsse parallel zu allen wichtigen Ministerien waren im Unterhaus bis zur Reform von 1979, die eine alte Verfassungstradition modifizierte (siehe unten Kapitel 6.7), unbekannt. Anders als in den meisten übrigen Systemen tagen die Ausschüsse im Regelfall öffentlich.

6.2 Berufsstruktur der Abgeordneten: "Professionalisierung" parlamentarischer Repräsentation

Kaum Beamte ins Unterhaus

Die Dominanz des Kabinetts über das Unterhaus wurde unter anderem wegen Berufsstruktur und Aufgabenverständnis der (meisten) Abgeordneten vergleichsweise leicht ertragen. Zum einen fehlen Beamte, die für die Dauer ihres Mandats beurlaubt sind, völlig im Unterhaus. Beamten, die in anderen Parlamenten aufgrund ihrer intimen Verwaltungskenntnis detaillierte Kritiker von Regierung und Verwaltung sein können, ist im Westminster Modell aufgrund der strikten Trennung von Amt und Mandat verboten, im Unterhaus zu sitzen. Anders als in Deutschland, wo viele Abgeordnete Beamte auf Urlaub sind, müssen *civil servants* ihre Beamtenlaufbahn in Großbritannien bereits in dem Augenblick aufgeben, in welchem sie als Kandidat einer Unterhauswahl auftreten. Selbst für den Fall, daß ihre Kandidatur erfolglos bleibt, besitzen sie keine Garantie der Rückkehr in den Staatsdienst.

Nebenzeit- und Vollzeit-Abgeordnete

Zum anderen ist (oder besser: war) für die meisten Abgeordneten das Mandat eine Nebentätigkeit. Der traditionelle Sitzungsbeginn des Plenums um 14.30 Uhr (bis 22.00 Uhr und oft bis Mitternacht oder darüber hinaus tagend) eröffnet dem MP die Möglichkeit, morgens einem anderen Beruf nachzugehen. Dem kam auch der Verzicht auf spezialisierte Fachausschüsse entgegen, die es vor der Einrichtung der 14 ressortbezogenen Aufsichtsausschüsse 1979 (siehe unten Kapitel 6.7) nur für wenige Sachgebiete gab. Auch die Bezahlung der Abgeordneten war auf das Rollenverständnis des parlamentarischen Mandats als einer Nebentätigkeit zugeschnitten. Länger als andere politische Systeme hielt das Vereinigte Königreich an der Maxime des altliberalen Parlamentarismus fest: der Volksvertreter sollte in erster Linie "für" die Politik, in keinem Falle aber "von" der Politik leben (vgl. die prägnante Darstellung dieser Zusammenhänge bei BIRCH 1980, 138 f.).

Aus diesem Grunde wurden die Diäten der MPs lange Zeit bewußt niedrig gehalten. Wenn sie sich von 1964 bis 1983 mehr als vervierfacht haben (vgl. die Tabelle in NORTON 1984, 282; BUTLER 1986, 211), so haben sie sich nur an das international übliche Niveau angeglichen (vgl. die Tabellen der Diäten von Abgeordneten und der Aufwandsentschädigungen für Sekretärinnen und wissenschaftliche Mitarbeiter in PARLIAMENTS OF THE WORLD 1986, Tabellen 5 und 6). Bis Anfang der siebziger Jahre erhielten die Abgeordneten in Westminster keine Mittel für Sekretärin, wissenschaftliche Hilfskräfte oder doppelte Haushaltsführung. Selbst nachdem ihre Besoldung sich 1964 verdoppelt hatte, und auch nachdem die MPs zwischen 1972 und 1977 stufenweise eine weitere Verdoppelung von Diäten und Aufwandsentschädigungen erhalten hatten, lagen sie im internationalen Vergleich noch 1975 zusammen mit Kanada am unteren Ende, die Deutschen aber, neben den Volksvertretern der USA, an der Spitze der Skala der Abgeordnetenbesoldung (vgl. die Tabelle bei NORTON 1984, 286).

Entwicklung der Diäten

Der starke Anstieg der Gehälter (sie haben sich nach einem neuen Anstieg 1987 gegenüber den 60er Jahren fast versechsfacht) ist zusammen mit dem Ausbau parlamentarischer Hilfsdienste ein Indiz dafür, daß auch in Großbritannien, wenn auch später als in vielen anderen Ländern, der Abgeordnetenberuf immer stärker von einer Nebentätigkeit zu einer "professionellen" beruflichen Karriere (auf Zeit) geworden ist. Dafür spricht auch die Tatsache, daß immer weniger MPs nur einmal ins Unterhaus "abgeordnet" werden und immer mehr, nachdem sie sich mehrmals erfolglos um eine Kandidatur beworben haben, über einige Legislaturperioden hinweg wiedergewählt werden, um dann einen Pensionsanspruch zu erhalten.

Über die genaue statistische Erfassung dieser Zusammenhänge, die Anthony KING in einem grundlegenden Artikel unter dem Titel "The Rise of the Career Politician" (aufgenommen in den Reader von BURCH/MORAN 1987, 145-165) vorgelegt hat, laufen allerdings in der spezialisierten Forschung Kontroversen (vgl. die knappe, prägnante Zusammenfassung bei SAALFELD 1988, 233 f., Anm. 48). So ist die These der tendenziellen "Professionalisierung" einer Amateurgesellschaft, auch wenn sie im einzelnen noch ungesichert ist, eine vielversprechende Arbeitshypothese. Auch im einstigen *"Club Government"* Großbritanniens, wo es besonders viele Nebenzeit-Parlamentarier gab, die nicht "von" der Politik, sondern "für" die Politik lebten, ist die Abgeordnetentätigkeit mehr und mehr zu einer beruflichen Karriere geworden. Dies war im übrigen einer der Auslöser für die

Einrichtung spezialisierter Fachausschüsse parallel zu den 14 wichtigsten Ministerien in der "Jahrhundertreform" von 1979 (siehe unten Kapitel 6.7).

Anfang der 70er Jahre gingen etwa zwei Drittel aller MPs in den Morgenstunden regelmäßig noch einem anderen Beruf als Rechtsanwälte oder Direktoren in Versicherungen, Industrieunternehmungen und Banken oder als Lehrer u. a. nach:

> "A survey undertaken by the Boyle Committee revealed that 70% of all back-bench MPs pursued part-time occupations of one kind or another in addition to their parliamentary duties. The time spent on these activities by MPs ranged from less than five hours per week (for 29% of MPs questioned) to over 30 hours (for 5% of MPs questioned). The same survey reported that on average MPs claimed to spend 63 hours per week on parliamentary business while the House was sitting and five per cent of Members claimed to spend over 90 hours" (BRENNAN 1982, 197).

Berufe der Abgeordneten

Da im Gegensatz zur Bundesrepublik Deutschland Beamte im Parlament fehlen (die wenigen Ex-Beamten, die den Sprung in die Politik wagten, mußten ihre Karriere aufgeben), wird der Kern der Abgeordneten in beiden Fraktionen durch die freien Berufe gestellt, wobei bei den Konservativen die freiberuflichen Rechtsanwälte und Wirtschaftsprüfer, bei Labour aber eher die freiberuflichen "Redeberufe" und die Lehrer, die in Großbritannien Angestellte und nicht Beamte sind, einen besonderen Akzent setzen (Tabelle über die Berufe der im Februar 1974 gewählten Unterhausabgeordneten findet sich in BIRCH 1990, 117; für die Abgeordneten und Kandidaten 1987 bei STURM 1991, 207 f. statistische Angaben zur Berufsstruktur der MPs ferner bei BUTLER 1986, 178). Da den Labour Abgeordneten solche lukrativen außerparlamentarischen Nebenverdienste nicht im gleichen Maße wie den Konservativen offen stehen, sprangen hier die Gewerkschaften mit finanzieller Unterstützung ein. Im 1979 gewählten Unterhaus erhielten beispielsweise 56% aller Labour Abgeordneten als sogenannte "sponsored MPs" Zuwendungen von einzelnen Gewerkschaften oder den Cooperativen (von 1918-1983 reichende tabellarische Übersicht bei BUTLER 1986, 155 f.).

6.3 Das Unterhaus als Auslesestätte von Ministern und Garant von Regierungen

Ein weiterer Grund, warum die Kabinettsdominanz über das Unterhaus zumeist bereitwillig akzeptiert wird, liegt darin, daß die Regierung selbst so gut wie ausschließlich aus gestandenen Parlamentariern besteht, die in einer längeren "Lehrzeit" in den Commons mit dem Haus umzugehen gelernt haben. Da die Minister sehr früh aus dem Parlament berufen wurden, fungierte das Kabinett in der konstitutionellen Monarchie Großbritanniens schon bald nicht mehr als Gegenspieler, sondern als "Exekutivausschuß" des Unterhauses in "His Majesty's Government":

"Seit Jahrhunderten ist der politische Prozeß Englands von dem Grundsatz beherrscht, daß der Zugang zur politischen Führung und damit zur politischen Macht nur durch das Parlament zu erlangen ist" (LOEWENSTEIN 1967 Bd. I, 296).

Kraft Konvention müssen in Großbritannien alle Minister Parlamentarier sein. Praktisch heißt dies, weil sie in modernen Zeiten nur noch in geringer Anzahl aus dem House of Lords stammen dürfen, daß sie unter dem etwas riskanten "first past the post"-System, das keine sicheren Listenplätze kennt, ein Mandat errungen haben müssen. In der Tat zeigte ein neueres international vergleichendes Projekt, das der Erforschung ministerieller Karrieren in Westeuropa gewidmet war, daß Großbritannien zusammen mit der Republik Irland mit 95% der Minister, die vor ihrer Ernennung zuvor Parlamentarier waren, an der Spitze von 13 Ländern liegt (BLONDEL 1991, 193, Tabelle 1). Die Betrauung von Außenseitern ohne längere parlamentarische Erfahrung mit Ministerposten ist äußerst selten. Sie wird dann durch Einzug ins Unterhaus in einer Nachwahl oder durch Verleihung der Peerswürde auf Lebenszeit mit der Konventionalregel der parlamentarischen Herkunft von Ministern versöhnt. So gehörte den ersten Kabinetten Thatcher der Technokrat und erfolgreiche Wirtschaftsmanager Lord Young an, der vor seinem Eintritt in die Regierung als Geschäftsmann Vorsitzender der Manpower Services Commission gewesen war.

"Quereinsteiger" oder "Senkrechtstarter" ohne längere parlamentarische Erfahrung gibt es in jedem System in unterschiedlichem Ausmaß. Aber nur in Großbritannien und in den Ländern, die das "Westminster Modell" adaptiert haben, ist es eine Konventionalregel bzw. eine zwingende Vorschrift, daß die Minister auch aus der Mitte des Parlamentes entnommen sein müssen (und zwar aus dem Unterhaus mit einer begrenzten Anzahl von Mitgliedern aus dem Oberhaus). Die etwaige Unfähigkeit eines Ministerkandidaten, einen Sitz im Unterhaus zu erringen, führt entweder zu seiner Erhebung zum Lord oder zum abrupten Ende einer hoffnungsvollen ministeriellen Laufbahn. So besteht eine britische Regierung nicht aus parlamentsfremden Persönlichkeiten, sondern aus Ministern, die in der Regel 14 Jahre Lehrzeit im Unterhaus zugebracht haben. Dank der parlamentarischen "Lehrzeit" (fast) aller Minister in den Commons haben sie in ihrer politischen Sozialisation die Verhaltensgewohnheiten des parlamentarischen Stils verinnerlicht. Deshalb wird die Dominanz des Kabinetts über das Unterhaus relativ leicht ertragen:

> "...in considering the view that the Cabinet has 'usurped' Parliament's position as the centre of political power it should be remembered that Cabinet ministers are themselves Parliament men, whose careers have been established over many years of activity in the Commons" (BIRCH 1980, 148).

"Party Government" tendiert in Großbritannien zu einem durch gemeinsame Lehrjahre der Abgeordneten von Regierung und Opposition im *House of Commons* geprägten *Club Government* (MARQUAND 1981). Aufgrund ihrer prägenden Jahre im Unterhaus, das bisweilen als der "beste Club in London" bezeichnet wird, ist ein Großteil der Minister gewöhnt, sich trotz Konfliktrhetorik an den stillschweigenden Einverständnissen eines partei-übergreifenden Konsenses zu orientieren. Diese Einstellung, die in einer wissenschaftlich anspruchsvollen Parlamentarierbefragung in der ersten Hälfte der 70er Jahre zutage trat, ist freilich nicht die einzige. Sie steht, wie diese Befragung ebenfalls ergab, bei linken Richtungsgruppen der Labour Party im Gegensatz zu dem an radikaler Gesellschaftsveränderung interessierten Politikstil einer Minderheit von MPs (SEARING 1982). Ansonsten aber entspricht die Abkürzung "the House" für das Unterhaus nicht von ungefähr einer typischen Einrichtung des britischen Schul- und Universitätswesens, Wohngebäuden und Wohngemeinschaften im College.

Mißtrauensvotum und Auflösung

Seitdem organisierte Parteien als nationale Teams um die Besetzung der höchsten politischen Wahlämter konkurrieren, ist das de jure weiterhin existente Mißtrauensvotum de facto hinfällig geworden, weil die Hinterbänke der Mehrheitsfraktion das Kabinett gegen die Mißbilligungsanträge der Opposition im Amt halten. In seinem klassischen Essay aus dem Jahre 1867 nahm BAGEHOT visionär den Kern des heutigen "Westminster Modells" vorweg:

"Die Legislative, ihrem Namen nach gewählt, um Gesetze zu machen, steht in Wirklichkeit vor der Hauptaufgabe, eine Exekutive zu bilden und aufrechtzuerhalten (BAGEHOT 1971, 54)."

Nur bei Mehrheitszerfall durch Verlust von Nachwahlen zum Unterhaus sowie durch Rebellionen der Hinterbänke oder Parteiwechsel von Abgeordneten wird das Mißtrauensvotum in seltenen Ausnahmefällen noch wirksam. In den 31 Jahren zwischen 1945 und 1985 wurden überhaupt nur 14 förmliche Anträge gestellt, dem Kabinett das Mißtrauen auszusprechen, von denen nur ein einziger gegen die durch die schottischen und walisischen "Nationalisten" tolerierte Labour Minderheitsregierung Callaghan 1979 Erfolg hatte (BUTLER 1986, 191). Ein durch Mißtrauensvotum gestürzter Premierminister ersucht den Monarchen um eine Neuwahl des Unterhauses, die kraft Konvention gewährt wird. In ihr trifft dann das Elektorat die Entscheidung über Neuwahl oder Abwahl der vom Unterhaus gestürzten amtierenden Regierung.

Kein Rücktritt mehr nach Abstimmungs- niederlagen

Durch die Lockerung der immer noch recht hohen Abstimmungsdisziplin seit den 70er Jahren wurde eine lange für unverbrüchlich gehaltene Verfassungskonvention ins Reich der konstitutionellen Mythologie verwiesen: die Konventionalregel, daß eine Regierung, die eine wichtige Abstimmungsniederlage erleidet, durch Rücktritt den Weg für Neuwahlen freimacht. Wechselnde Regierungen jeder der beiden Parteien, die ihre Gesetzesvorlagen zurückziehen mußten, blieben (teilweise ohne die Vertrauensfrage zu stellen) im Amt. Bis dahin galt die Lehrbuchregel, daß die Regierung nach einer Abstimmungsniederlage in einem wichtigen Gesetzgebungsvorhaben ihren Rücktritt einreichte. In den siebziger Jahren aber bürgerte sich die neue Regel ein, daß die Regierung, die aufgrund der

Opposition ihrer eigenen Fraktion unfähig war, eine Unterhausmajorität zu erzielen, eine Vertrauensfrage unter Preisgabe des strittigen Gesetzes stellte und diese nicht mehr an eine konsensunfähige Vorlage gekoppelte Vertrauensfrage natürlich gewann. Ein neueres Standardwerk über die Konventionalregeln der britischen Verfassung stellt lakonisch fest:

> "in any event, governments seem to have been following a new rule, according to which only votes specifically stated by the Government to be matters of confidence, or votes of no confidence by the Opposition are allowed to count" (MARSHALL 1984, 56).

So gilt nun auch in Großbritannien die international üblich formale Regel, daß nur die Mehrheit für ein förmliches Mißtrauensvotum zum Sturz der Regierung durch das Parlament führt.

6.4 Ratifikation von Gesetzesvorlagen durch das Unterhaus trotz gelockerter Fraktionsdisziplin

"Die Einhaltung einer strikten Fraktionsdisziplin", schreibt STEFFANI, "ist funktionell die wichtigste Voraussetzung zur Arbeitsfähigkeit des modernen britischen parlamentarischen Regierungssystems mit Premierhegemonie" (1979, 83). In der Vergangenheit waren die einfachen Abgeordneten beider Parteien ohne Regierungsamt, die sogenannten "*backbenchers*", es zufrieden, in großer Fraktionsdisziplin im gehorsamen Hammelsprung durch die Abstimmungslobbies des Unterhaus zu gehen. Seit den 1970er Jahren hat sich ihr Verhalten geändert, ohne daß die Ratifikation der Gesetzesvorlagen der Regierung durch das Unterhaus mehr als nur punktuell gefährdet worden wäre. Mit Beginn der siebziger Jahre - in einem Zeitraum, in welchem sich auf Wählerebene auch die Parteiidentifikation abschwächte (siehe oben Kapitel 4.4) - hat sich im Parlament die international vergleichsweise immer noch sehr hohe Abstimmungsdisziplin der einfachen Abgeordneten ohne Regierungsamt, d. h. der "*backbenchers*" beider Parteien, so stark gelockert, daß man über ein Jahrhundert zurückgehen muß, um vergleichbare Fälle zu finden (vgl. die Tabellen in NORTON 1985, 15 und in ROSE 1983, 284 f., 291.)

Doch ungeachtet der dramatischen Zunahme von Abgeordneten, die mit der Gegenseite gegen ihre eigene Fraktion stimmen und durch die Abstimmungslobby der Opposition gehen, ist die Fraktionsdisziplin nicht etwa geschwunden. Immer noch herrscht eine international vergleichsweise außergewöhnliche Abstimmungsdisziplin. So wurden zwischen 1945 und 1949 99% aller Regierungsvorlagen zum Gesetz, und zwischen 1974 und 1978 ist dieser Anteil lediglich auf 90,7% gesunken, um 1983-1986 wieder bei 98,7% zu liegen (siehe die Tabelle der Nachkriegsentwicklung bei SAALFELD 1990, 24). Ohne quantitative Gefährdung der Regierung durch ein Mißtrauensvotum bedeutet das neue Abstimmungsverhalten einen

Neue Qualität der Abstimmungsrevolten

qualitativen Sprung. Denn anders als in vorangegangenen Jahrzehnten, in denen Abstimmungsrevolten nur symbolischen Protest bedeuteten, weil klar war, daß sie die "Gesetzgebungsmehrheit" (STEFFANI 1991) der Regierung nicht gefährden würden und als Entlastungsventil indirekt die Parteikohäsion stärkten (JACKSON 1968), mußten wechselnde Regierungen beider Parteien seit den 70er Jahren Gesetzesvorlagen aufgeben, weil ihre eigenen Abgeordneten tatsächlich durch die Oppositionslobby gingen, um die Vorlage ihrer eigenen Regierung scheitern zu lassen.

Die neue Entwicklung betrifft beide Parteien und nicht etwa nur die innerlich durch öffentlich ausgetragene Richtungskämpfe gespaltenen Labour Regierungen. Die der Regierung durch ihre eigenen Hinterbänkler zugefügten Abstimmungsniederlagen begannen in den Jahren zwischen 1972 und 1974, als nicht eine Labour Regierung, sondern eine von Heath geführte konservative Regierung im Amt war und eine klare parlamentarische Majorität von vierzehn, nämlich 330 von 635 Mandaten, besaß. Warum verhielt sich eine solche, noch nicht einmal übermäßig große, also im Grunde zur Geschlossenheit aufgerufene, Majorität nicht so, wie es nach aller Erfahrung in der Vergangenheit "von den Parteimitgliedern im Lande und den Wählern an den Urnen honoriert" worden war (STEFFANI 1979, 82)? PHILIP NORTON, einer der besten Kenner des britischen Unterhauses, sieht die Hauptursache für die weniger zahme Einstellung der Hinterbänke geradezu im Unmut der Fraktion über das Ausspielen eines "Prime-ministerial government" durch den "Olympian style" des konservativen Premier Edward Heath (NORTON 1988, 4).

Dieses Verhalten, auf das überraschenderweise keinerlei Bestrafung der dissentierenden Abgeordneten folgte, verwies auch gleich eine zweite Verfassungskonvention ins Reich der konstitutionellen Mythologie: die Ansicht, daß Mißachtung eines *three-line whip* (dreifache Unterstreichung im wöchentlichen Zirkular der Fraktionsführung fordert strikteste Abstimmungsdisziplin von den Hinterbänken) politischen Selbstmord bedeute. Denn zahlreiche Rebellen wurden später ins Kabinett berufen (NORTON 1985, 16 f.). Nachdem die zu erwartenden Sanktionen gegen einen solchen Bruch der Parteidisziplin sich als leerer Drohung entpuppt hatten und einige der Rebellen später durchaus Minister werden konnten, führte die spontane Erfahrung zu einem dauerhaft gewandelten Verhalten. Der unter Heath eingetretene Verhaltenswandel ist ein Kennzeichen von Westminster geblieben. Auch die Hinterbänke der Regierung Thatcher haben sich 1983-1987 nicht auf die bei der ungewöhnlich großen Majorität (71 Sitze über der absoluten Mehrheit) zu erwartende ritualisierte Rebellion beschränkt, sondern tatsächlich einen Gesetzentwurf zu Fall gebracht und in etwa zehn Fällen die Regierung angesichts der akuten Gefahr einer Niederlage zur Rücknahme von Vorlagen gezwungen (SAALFELD 1990, 23 f.).

Erstmals Referendum Die European Economic Communities Bill, die 85 Kampfabstimmungen erlebte, war die Hauptursache des Bruchs der Fraktionsdisziplin im Parlament von 1970 - 1974 (NORTON 1978, Tabellen 3.1 und 3.4). Da beide

144

Parteien in diesen zwei großen Verfassungsfragen gespalten waren, griff man auch - ein Novum in der britischen Verfassung - zu dem Ausweg, die Entscheidung unter zeitweiliger Aufhebung der Souveränität des Parlaments einer formal allerdings nur "beratenden" Volksabstimmung sowohl im Falle des Beitritts zur Europäischen Gemeinschaft als auch in der Frage der Devolution für Schottland und Wales zu überantworten. Neben diesen vorübergehenden Ursachen der "cross-voting explosion" (die damals anstehenden, beide Parteien spaltenden Fragen des Beitritts zur Europäischen Gemeinschaft oder der Änderung des Staatsbürgergesetzes zur Eindämmung der Einwanderung aus dem Commonwealth oder der Schaffung von Regionalparlamenten für Schottland und Wales) lassen sich aber zwei bleibende Ursachen identifizieren, die dazu beigetragen haben dürften, daß das Unterhaus eine "less tame and minor role" gegenüber der Exekutive spielt. Zum einen das Schwinden des Glaubens "that government knows best", der für die Akzeptanz des elitistischen "Westminster Modells" grundlegend ist. Zum anderen der wachsende Anteil von Vollzeit-Abgeordneten, die ihr Abgeordnetenmandat nicht mehr als Nebentätigkeit auffassen und nicht damit zufrieden sind, als "lobby fodder" im "besten Club Londons" zu dienen.

Diese Erklärung, die den Bestand der Regierung durch das neue "Drohpotential" der Backbenchers nicht gefährdet sieht, aber die legendäre Fähigkeit eines britischen Kabinetts als erschüttert bezeichnet, kraft eiserner Fraktionsdisziplin jeder von ihr gewünschten Maßnahme Gesetzeskraft verleihen zu können, steht voll im Einklang mit den funktionalen (normativen) Verhaltensregeln des Westminster Modells. Wenn nämlich das Parlament wirklich der "Resonanzboden des Zumutbaren" ist, wie Uwe THAYSEN die sinnstiftende Idee dieses Modells parlamentarischer Regierung übersetzt (1976, 37), dann gehört dazu auch die Fähigkeit der eigenen Fraktion, gelegentlich Nein zu sagen. MAX WEBERS (im Widerspruch zum Westminster Modell stehendes) geflügeltes Wort, die britischen Abgeordneten seien praktisch zu "gut diszipliniertem Stimmvieh" geworden (WEBER 1919, 524), trifft, wenn es jemals richtig gewesen sein sollte, für die Gegenwart noch weniger als für die Vergangenheit zu. Die Legislative ist nicht zu einer in blinder Gefolgschaft Beschlüsse der Exekutive ratifizierenden "Legitimative" geworden.

6.5 "Her Majesty's Opposition": Zur Kritik berufene Staatsinstanz ohne Vetomacht

Großbritannien zollt der parlamentarischen Opposition, deren Legitimität als eines der "erstaunlichsten und reifsten Erzeugnisse politischer Kultur" (OBERREUTER 1975, 8) hier schon früher als in anderen Systemen praktisch anerkannt wurde, im 20. Jahrhundert auch noch eine besondere staats-

Offizielle Anerkennung der Opposition

rechtliche Anerkennung in den *Ministers of the Crown Acts* durch Besoldung des Oppositionsführers (definiert als Führer der zweitstärksten Partei) und der beiden Fraktionsgeschäftsführer (*opposition chief whips*) im Unter- und Oberhaus mit einem Ministergehalt. Diese förmliche und verfassungsrechtliche Anerkennung einer alternativen, zur jederzeitigen Regierungsübernahme bereiten und die Regierung kritisierenden, aber dem System gegenüber loyalen Opposition findet sich in den meisten übrigen politischen Systemen nicht. Während die parlamentarische Opposition dort zumeist nur implizit in den Regeln der parlamentarischen Geschäftsordnung erwähnt wird, ist sie in Großbritannien als Staatsinstanz anerkannt worden (siehe die Tabelle der internationalen Verteilung dieses Strukturmerkmals in PARLIAMENTS OF THE WORLD 1986, Tabelle 19.5, 593 ff.).

Geringe Kontroll- und Mitwirkungsrechte

Diese Huldigung der Alternativregierung im Wartestand steht aber in einem markanten Gegensatz zu dem bewußt institutionalisierten Verzicht auf die in den meisten Demokratien üblichen Mitwirkungs- und Kontrollinstrumente im gewaltenfusionierenden Westminster Modell (DÖRING 1990b). Die Opposition mit dem "großen 'O'" (DENVER 1987) kann die Regierung im "Feuer der Kritik" von Fragestunden und Plenardebatten rhetorisch an den Pranger stellen. Sie besitzt aber kein Anrecht auf proportionale Beteiligung an dem für die Kontrolle von Regierung und Verwaltung so wichtigen Vorsitz in den Ständigen Ausschüssen. Auch gibt es keinen "Ältestenrat" bzw. kein Parlamentspräsidium, in dem die Opposition mit Sitz und Stimme vertreten wäre. Der "*Leader of the House*" ist ein Mitglied des Kabinetts. Gewiß spricht die Regierung schon im Interesse der Vermeidung von Friktionen den Verlauf der Parlamentsarbeit informal mit der Opposition "*behind the Speaker's chair*" ab. Aber solche interfraktionellen Absprachen besitzen nur informalen, keinen juristisch erzwingbaren Charakter.

Wie sehr sich das "Westminster Modell" auch in den Befugnissen der parlamentarischen Opposition wiederum als ein vom Muster anderer parlamentarischer Systeme abweichender Sonderfall erweist, wird deutlich, wenn man sich die Art der Verteilung der beiden Strukturmerkmale der Existenz eines förmlichen Parlamentspräsidiums sowie des parlamentsrechtlich garantierten proportionalen Anteils der Opposition am Vorsitz der Ausschüsse in Tafel 6.5 im Vergleich aller parlamentarischen liberaldemokratischen Systeme (unter Ausklammerung des Präsidialsystems der USA und der Direktorialregierung der Schweiz) vor Augen führt.

Die große Mehrheit der liberaldemokratischen parlamentarischen Systeme ermöglicht über den Ausschußvorsitz von Oppositionspolitikern eine Art "parlamentarischer Mitregierung" der Oppositionspartei(en). Auch ist die Opposition in den meisten Systemen proportional im Präsidium an der Lenkung des Parlaments beteiligt. Nur in den Ländern, deren Verfassungen von Westminster aus begründet wurden (und außerdem in der V. Republik in

VERHÄLTNIS VON REGIERUNG UND OPPOSITION

		AUFSTELLUNG DER TAGESORDNUNG DES PLENUMS DURCH	
		DIE REGIERUNG ALLEIN	*EINE PRÄSIDENTEN-KONFERENZ UNTER BETEILIGUNG DER OPPOSITION*
	NUR AD HOC, INFORMELL ODER GAR NICHT	**Frankreich V. *** **Großbritannien** **Irland**	**Italien**
VORSITZ DER OPPOSITION IN DEN AUSSCHÜSSEN	*PROPORTIONAL NACH STÄRKE DER PARTEIEN*		**Belgien** **Deutschland** **Dänemark** **Finnland** **Luxemburg** **Niederlande** **Norwegen** **Österreich **** **Portugal** **Schweden**

*) In der französischen V. Republik nimmt die Nationalversammlung sowohl die von der Regierung gesetzten Prioritäten als auch die von der Präsidentenkonferenz vorgeschlagenen Tagesordnungspunkte zur Kenntnis.

**) In Österreich gilt für die Auswahl der Ausschußvorsitzenden: Die meisten fallen an die Mehrheitspartei, aber ein beträchtlicher Anteil geht an die Opposition.

Quelle: PARLIAMENTS OF THE WORLD. A COMPARATIVE REFERENCE COMPENDIUM (INTER-PARLIAMENTARY UNION), 2. Auflage London 1986, Tabelle 11.3 (Order / priority of business, How settled and by whom) und Tabelle 21.2 (Distribution of Chairmen among parties).

Frankreich und in Griechenland) bleibt die kritisierende und zur alternativen Regierungsbildung bereite Opposition für die Dauer der Legislaturperiode von den in anderen Demokratien üblichen Mitwirkungs- und Kontroll-instrumenten ausgeschlossen. Auch Irland, das trotz seiner Sezession von Großbritannien manche Züge der britischen politischen Kultur beibehalten hat, folgt hierin dem Modell von Westminster. Eine "parlamentarische Mitregierung" wäre in Großbritannien nicht nur wegen des Fehlens von Gegengewichten und prinzipiell öffentlich tagenden Ausschüssen schwer möglich. Sie gilt auch als unerwünscht, weil klarer Verantwortlichkeit im Machtwechsel der Vorzug gegeben wird.

Wenn sich auch Frankreich in der gleichen Rubrik wie Großbritannien findet, so liegt dies darin begründet, daß Michel Debré, der im Auftrag General De Gaulles die Verfassung der V. Republik ausarbeitete, bewußt einige Instrumente der britischen Kabinettsdominanz der Exekutive über die Legislative übernahm (REIF 1982, Kapitel 4). Allerdings verlegte Debré die parlamentarische Fragestunde, die in Großbritannien täglich stattfindet, auf den Freitag Nachmittag, und er räumte der Opposition keine festen Debattiertage wie in Westminster ein. Daher hat man vom "British System Mistranslated" gesprochen (WILLIAMS 1971). In Tafel 6.5 bleiben die beiden Zellen links unten und rechts oben (mit Ausnahme von Italien) leer. Daß es für sie keine Beispiele gibt, heißt, daß Länder, die im Plenum die Gestaltung der Tagesordnung nicht primär der Regierung überlassen, sondern einem Parlamentspräsidium übertragen, auch in den Ausschüssen den Oppositionsparteien eine proportionale Mitwirkungchance eröffnen. Umgekehrt schließen die wenigen Länder, die die volle Kontrolle der Legislative durch die Exekutive ermöglichen, auch die parlamentarische Opposition vom gleichberechtigten Ausschußvorsitz aus (siehe zur Sonderstellung Italiens DÖRING 1990b, 72).

Die parlamentarische Opposition mit dem großen "O" darf den Gegenstand der parlamentarischen Debatten an insgesamt 19 von etwa 150-170 Sitzungstagen pro jährlicher Session, den sogenannten "Opposition Days", bestimmen. An zwei Freitagen pro Monat, den insgesamt 22 Private Member Days, an denen die Sitzungszeit aber früher als an den übrigen Tagen endet, können die Hinterbänkler aller Fraktionen von ihrem (nach Los zugeteilten) Antrags- und Petitionsrecht Gebrauch machen. Doch außer der täglichen Fragestunde und diesem einen Fünftel von Plenartagen genießen die Geschäfte der Regierung an etwa vier Fünfteln der pro Parlamentsjahr verfügbaren Plenartage unbedingte Priorität:

> "On all days, with the exception of certain Fridays and 19 'Opposition days', the government has control of the parliamentary timetable, deciding what will be debated (NORTON 1984, 263).

Seltenheit "Aktueller Stunden"

Es ist ein verbreiteter Irrtum, daß die Opposition über die verschiedenen Arten von Dringlichkeitsdebatten, die sogenannten *adjournment debates*, die Regierung jederzeit vor das "Feuer der Kritik" ziehen könne (vgl. die knappe, präzise und dennoch differenzierte Darstellung dieser Instrumente der Öffentlichkeitsfunktion des Unterhauses bei NORTON 1981, 120-124, 171 f.). Diese den bundesdeutschen "Aktuellen Stunden" vergleichbare Vertagung der normalen Geschäfte des Hauses, die auf Antrag von mindestens vierzig Abgeordneten vom Speaker genehmigt werden muß, wird nämlich wegen der ständigen Zeitnot, in der sich das Plenum trotz seiner weltweit bereits hohen Zahl von Plenar-Sitzungsstunden befindet, weil das souveräne Parlament nur wenig an Ausschüsse delegiert und sich auch mit regionalen Belangen befaßt,

die in anderen Systemen von Regionalkammern erörtert werden, nur äußerst
selten gewährt:

> "Während in den beiden ersten Jahrzehnten des 20. Jahrhunderts noch 102
> Dringlichkeitsdebatten abgehalten wurden, waren es in den zwanzig Jahren zwischen 1946
> und 1966 nicht mehr als 15. [...] Veränderungen der Geschäftsordnung führten zu keiner
> wirklichen Verbesserung der Situation. So bewilligte der Speaker im parlamentarischen Jahr
> 1972-73 nur einen von insgesamt 32 und in der Session 1974-75 nur einen von 30 Anträgen.
> [...] Wie schon 1972-73 und 1974-75 wurden auch im parlamentarischen Jahr 1980-81 nur
> wenig mehr als drei Stunden für Dringlichkeitsdebatten [...] verwendet" (SAALFELD 1988, 91
> und 99).

So kann die Opposition in der Praxis nicht bei jedem aktuellen Anlaß, "Question Time"
sondern nur an ihren 19 "Opposition Days", die allerdings im Kalender
festliegen und nicht flexibel eingesetzt werden können, den Gegenstand der
Plenardiskussion bestimmen. Auch die montags bis freitags stattfindenden
Fragestunden, die das hauptsächliche Forum der Opposition darstellen,
unterliegen einer Reihe von wenig beachteten Einschränkungen. Ein Minister
ist keineswegs verpflichtet, jede Frage zu beantworten. Wenn er bereit ist,
sich dem Odium auszusetzen, das Licht der Öffentlichkeit zu scheuen, kann
er die Beantwortung der (vorher einzureichenden) Frage wegen "dispro-
portionate cost" sogar ablehnen. Zudem "existieren etwa 100 Themenkreise,
zu denen Abgeordneten aufgrund einer Konventionalregel keinerlei Fragen
beantwortet werden, weil sich mehrere aufeinanderfolgende Regierungen
geweigert haben, über diese Themen Auskunft zu geben" (SAALFELD 1988,
95).

So verwundert es nicht, daß die Begeisterung über mündliche Anfragen,
die ein ganz besonderer Nimbus umgibt, in der Praxis stark nachgelassen hat.
In einer Umfrage der "All-Party Reform Group" unter 323 Abgeordneten aus
dem Jahre 1984 zeigten sich über 60% der befragten MPs unzufrieden oder
sehr unzufrieden mit dem Ablauf von Prime Minister's question time
(SAALFELD 1988, 96). Gleichwohl kann sich durchaus eine spannende
Minidebatte mit Überraschungseffekten entwickeln, wenn der Speaker
(vorher nicht angemeldete) Zusatzfragen erlaubt. Auch wird bei Minister-
ernennungen die rhetorische Schlagfertigkeit des Kandidaten bei der
Beantwortung solcher Zusatzfragen berücksichtigt. Gerade weil man sich der
geringen Wirksamkeit der Fragestunde und der anderen Instrumente von
"scrutiny and debate" bewußt war, entschieden viele sich 1979 für eine
Reform der Ausschüsse (siehe unten Kapitel 6.7).

Die Opposition kann rhetorisch Alternativen aufzeigen, aber eine zum
Handeln entschlossene Regierung nicht blockieren. Die Legislative wird für
die volle Dauer einer Legislaturperiode von einer allmächtigen Regierung
gegen eine auf machtlose verbale Kritik beschränkte Opposition beherrscht.
Die Konfrontation von Regierungschef und Oppositionsführer, Kabinett und
Schattenkabinett, Mehrheitsfraktion und Oppositionsfraktion gehört zum
vertrauten Bild parlamentarischen Geschehens in Westminster. Aufgrund des
"Nullsummenspiels" zwischen den "Ins" und den "Outs", zwischen der alle

Ämter besetzenden Regierung und der auf die Oppositionsbänke verwiesenen unterlegenen Partei, begünstigt der prozedurale Rahmen alternierender Parteiregierung in Großbritannien die Streitkultur eines "adversativen" (konfliktgegnerischen) Schlagabtauschs zwischen Regierung und Opposition.

Aber die Wirklichkeit zeichnet sich oft durch die Suche nach einvernehmlichen Kompromissen aus. So ist die Zahl der einvernehmlich mit den Stimmen der Opposition verabschiedeten Gesetze ungeachtet der Streitkultur, durch die das Vereinigte Königreich sich gegenüber der konfliktscheuen politischen Kultur der Bundesrepublik Deutschland auszeichnet, in Westminster faktisch nicht geringer als in Bonn (vgl. die differenzierten Tabellen für das Unterhaus bei ROSE 1980, 80-84; SAALFELD 1988, 83). Scharfsinnige Beobachter sprechen daher mit Recht von "Consensus in the nominal home of adversary politics" (ROSE 1980). Freilich ist dieses "stillschweigende Einverständnis" nicht wie in anderen Systemen zu einem institutionellen Konsenszwang (LEPSIUS 1990) "verrechtlicht" worden. Einer Regierung steht es jederzeit frei, zu den Normen und Verhaltensgewohnheiten der Mehrheitsherrschaft der Ein-Partei-Regierung zurückzukehren.

Hoher Anteil einvernehmlicher, mit den Stimmen der Opposition verabschiedeter Gesetze

6.6 Unterhaus und Medien - Legitimation durch Kommunikation

Das Halbdunkel des neugotischen Palastes von Westminster, in welchem Unter- und Oberhaus residieren, erinnert mit Marmorstatuen und ornamentaler Holzvertäfelung ähnlich wie eine Kirche an einen großen Schrein, ein nationales Heiligtum. So hat in der Tat der Labour Abgeordnete und Gewerkschaftsführer Aneurin Bevan seinen Einzug ins Unterhaus empfunden. Nach all den Anstrengungen des Wahlkampfs, der ihn mit der demokratischen Basis verbunden hatte, stellte er verblüfft fest, daß er als Volksvertreter nun eine Kirche, ein nationales Heiligtum, betrat, das der allerkonservativsten Religion, dem Ahnenkult (ancestor worshipping), gewidmet war (zitiert in LOEWENBERG/PATTERSON 1979, 20).

Relikte mittelalterlicher Öffentlichkeit

In der Tat haben sich in der traditional-modernen politischen Kultur Großbritanniens mit Tradition und Zermoniell auch Elemente des mittelalterlichen Verständnisses von Öffentlichkeit erhalten, das, wie oben in Kapitel 3.5 bereits erwähnt, an "Attribute der Person" geknüpft war: an "Insignien (Abzeichen, Waffen), Habitus (Kleidung, Haartracht), Gestus (Grußform, Gebärde) und Rhetorik" (HABERMAS 1965, 17 f.). So wird das Unterhaus täglich mit einem stehend gesprochenen Gebet nach der feierlichen Prozession des Speakers eröffnet, dem das Szepter als Symbol der "Krone-im-Parlament" vorangetragen wird.

Rituelles Gepränge der Institutionen

Der britische Stolz auf eine große historische Verfassungstradition wird bis heute sinnfällig und bewußt symbolisiert durch rituelle Beschwörung der Tradition. Der "Prunk und das Gepränge" der "ehrwürdigen" Institutionen (der "dignified parts" in der Terminologie Bagehots) bietet einen rituellen und institutionellen Deckmantel, unter dessen Schutz und Schirm die "wirksamen" Kräfte der Politik (Bagehots "efficient parts") ihre Arbeit unter Camouflage der wahren Machtverhältnisse verrichten können. Doch wie immer liegen in Großbritannien mittelalterliche und moderne Struktur- elemente in gelassener Toleranz ihrer Widersprüchlichkeit in unsyste- matischer Gemengelage nahe beieinander. Ist doch das britische Unterhaus auch der Ort, wo die moderne Leitidee von Öffentlichkeit und Parla- mentarismus (HABERMAS 1965) als rationaler "Legitimation durch Kommu- nikation" (OBERREUTER 1979) ihr prägendes historisches Beispiel hatte. In demokratischen Systemen bedürfen Herrschaftsentscheidungen "kommunika- tiver Vermittlung" (OBERREUTER 1977, 46 f.) wenn die politische Ordnung sich auf Konsens und nicht auf Gewalt gründen soll. Deshalb wurde die britische "Question Time", die parlamentarische Fragestunde, zum Vorbild für viele andere Systeme, die das britische Muster übernahmen, so unter anderem auch Deutschland.

Sogar ein "Redeparlament bleibt weitgehend stumm, wenn die Massenmedien ihre Vermittlungsfunktion zwischen Parlament und Öffent- lichkeit nicht hinreichend wahrnehmen" (STEFFANI 1979, 96). Im englischen System ist dieses Problem durch ein sehr eigentümliches, aus komplexen, ge- genläufigen Einflüssen bestehendes System des Parlamentsjournalismus ge- löst worden. Als "*lobby system*" bezeichnet, entspricht es der Kameraderie eines "Clubs". Auf der einen Seite verhängen die Gesetze gegen üble Nachrede, die sogenannten *libel laws*, besonders hohe Geldstrafen, so daß es für Journalisten ruinös sein kann, Kritik an Personen des öffentlichen Lebens zu äußern. Auf der anderen Seite stehen alle Äußerungen, die im Unterhaus gemacht werden, unter dem Schutz der parlamentarischen Indemnität und dürfen von Journalisten gefahrlos berichtet werden (aber bis 1989 nur im Zitat und nicht in Direktübertragung).

Offiziöse Informationen für die Presse

Auf der einen Seite steht die Weitergabe von Informationen durch Beamte an Journalisten und sogar an Parlamentarier selbst dann, wenn die Vorgänge nicht als "geheim" klassifiziert sind, nach dem *Official Secrets Act* von 1911 unter der Androhung strenger, von der Justiz auch verhängter Gefängnis- strafen. Auf der anderen Seite "spicken" Minister in der Lobby oder an der Bar des Unterhauses nach dem Motto: "always take a drink before you leak" Journalisten mit vertraulichen Informationen, die sie ohne Angabe der Quelle "from official sources" veröffentlichen dürfen. Einerseits soll das Unterhaus Regierung und Verwaltung vor das Feuer der öffentlichen Kritik ziehen. Andererseits nimmt das Kabinett dank des als Diener der Krone geleisteten Amtseids zur Verschwiegenheit eine über das Maß anderer Demokratien hinausgehende Sicherung von Amtswissen und Dienstgeheimnis in Anspruch (vgl. die Übersichten in GALNOOR 1977).

Strenge Strafen bei Preisgabe von Dienstgeheim- nissen

So können Minister auch dann, wenn sie das Unterhaus bewußt oder "subjektiv ehrlich" irreführen, sich auf das durch Gefängnisstrafe gesicherte Stillschweigen ihrer Beamten verlassen. Denn nach den Bestimmungen der aus Furcht vor Spionen verabschiedeten "Official Secrets Act" von 1911, die auch heute noch gilt und deren Reform seit langem gefordert wird, wird nicht etwa nur Landesverrat, sondern jede Weitergabe von Dienstwissen - ob als 'geheim' klassifiziert oder nicht - mit Gefängnis bestraft, sofern Beamte nicht ausdrücklich durch ihren Minister zur Weitergabe von Informationen "autorisiert" worden sind. Die möglichen Auswüchse dieses Systems erreichten durch die skandalumwitterte "Westland Affäre" 1985/86, "from which a score of Ph.D. theses are certain to bloom" (HENNESSY 1989, 302), einen Höhepunkt. (Zum Intrigenspiel von Ministern untereinander mit manipulativ gefilterten offiziösen Informationen durch autorisierte, später aber desavouierte Beamte siehe DUNLEAVY 1990, 29-60; HENNESSY 1989, 301-307; MARSHALL 1989, 80-91, 134-139.)

So sind die Beziehungen zwischen Unterhaus und Medien durch eine nicht risikolose sorgsame dramaturgische Inszenierung gekennzeichnet, die man, wenn man mit Begriffen von Habermas arbeiten will, als Erwerb einer besonderen "kommunkativen Kompetenz" durch den hoch angesehenen Stand der Parlamentsjournalisten bezeichnen kann. Sie pflegen das Unterhaus mit einer ausgesuchten, ehrfurchtsvollen Höflichkeit zu behandeln. Daneben gibt es, weil so viel würdevolles Zeremoniell schwer ohne komödiantische Einlage zu ertragen wäre, die satirische Berichterstattung über das Unterhaus durch die Kolumnen anerkannter Hofnarren in der Qualitätspresse (Sammlungen ihrer Artikel in HOGGART 1982; JOHNSON 1982). Natürlich ist es in Großbritannien so wie in anderen Systemen auch für Journalisten viel interessanter, die Minister in einer aktuellen Sendung im Studio ins Kreuzverhör nehmen zu können, anstatt über das Unterhaus zu berichten, in dem nur Abgeordnete Fragen stellen dürfen.

Fernsehen als Konkurrenz zum Parlament

Auch in England suchen Minister immer stärker die öffentliche Selbstdarstellung im Fernsehen. Aber dem Parlament muß doch als Stätte der Erstinformation besonderer Respekt gezollt werden. Freilich wurde die bisweilen glorifizierte "14-Tage-Regel", der zufolge in den Medien zwei Wochen vor einer anberaumten Unterhausdebatte nicht über den Gegenstand diskutiert werden darf, um dem Haus nicht vorzugreifen, bereits 1955 aufgegeben (SEYMOUR-URE 1977, 172). Doch noch immer gilt es als verpönt für einen Minister, nach einer Auslandsreise bereits am Flugplatz in die Fernsehkamera zu sprechen, noch ehe das Unterhaus zusammentreten konnte, so daß das Nötige schon zuvor auf der internationalen Konferenz in die britischen Kameras gesagt wird.

Späte Zulassung von Fernseh- übertragungen

Das Fernsehen blieb viel länger als in anderen Demokratien vom geheimnisvollen Halbdunkel dieses nationalen Heiligtums ausgeschlossen, und zwar in freien Abstimmungen ohne Fraktionszwang auf Wunsch der Mehrheit der Abgeordneten selbst. (Neben Großbritannien schlossen nur Irland und Neuseeland sowie Finnland noch zu Anfang der 1980er Jahre das Fernsehen aus, vgl. PARLIAMENTS OF THE WORLD 1986, Tabelle 27.6, 810 ff.) Viele befürchteten wohl, das helle Scheinwerferlicht der elektronischen Medien in die nach einem stark rituellen Zeremoniell arbeitende

Debattierkammer des Unterhauses einzulassen sei gleichbedeutend mit Bagehots Warnung vor "letting daylight in on mystery". So wurde selbst der Rundfunk erst spät zugelassen (siehe die Details bei BUTLER 1986, 177). Im Fernsehen erschienen lange Zeit nur kurze Rundfunkausschnitte aus Fragestunden und Debatten mit eingeblendetem Paßfoto des Abgeordneten. (Ironischerweise machte im Februar 1985 nicht die demokratisch gewählte Kammer, sondern das aus erblichen Aristokraten oder auf Lebenszeit ernannten Peers bestehende House of Lords mit direkten Fernsehübertragungen den Anfang.)

Nicht vor 1989 wurde erstmals die Fernsehübertragung auch von Unterhausdebatten zunächst nur auf experimenteller Basis erlaubt. Das Experiment fand bei der endgültigen Abstimmung 1990 eine überzeugende Mehrheit, nachdem die Probeübertragungen die Befürchtungen der Gegner von Fernsehaufnahmen zerstreut hatten. Diese Innovation glich das Geschehen im Palast von Westminster an die in vielen anderen Demokratien bereits übliche Praxis an. Allerdings darf der rhetorische Schlagabtausch der sich auf Bänken gegenübersitzenden Abgeordneten, die nicht von einem Rednerpult, sondern von ihrem Sitzplatz aus sprechen, nicht im raschen Wechsel der Kamera verfolgt werden. Auch beim Ausbruch gelegentlicher hitziger und rüpelhafter Wortgefechte, die für das bisweilen bis spät in die Nacht tagende "Haus" nicht untypisch sind, muß die Kamera auf den Abgeordneten gerichtet bleiben, der gerade das Wort erteilt erhalten hat, oder für die Zeit der Unruhe unbeweglich auf den Stuhl des unparteiischen Parlamentspräsidenten, des Speaker, einschwenken.

Abgesehen davon, daß mündliche Fragen einzelner Abgeordneter, die seit den 1950er Jahren einen starken Rückgang bei gleichzeitigem Anstieg der schriftlichen Beantwortung eingereichter Anfragen zu verzeichnen hatten (siehe die Statistik bei BUTLER 1986, 181-183), vorübergehend wieder verstärkt von einfachen Abgeordneten ohne Regierungsamt begehrt wurden, um sich über den Bildschirm im Wahlkreis zu profilieren, hat die Anwesenheit der Fernsehkameras in der Debattierkammer keine bleibende Veränderung im gewohnten Verhalten der Abgeordneten bewirkt. (Dies Ergebnis von drei wissenschaftlichen Begleitstudien wird berichtet durch RYLE 1991, 185-207.) Auswirkung der audiovisuellen Medien im Parlament

6.7 Partielle Stärkung von "scrutiny and debate": Das neue Ausschußsystem des Unterhauses seit 1979

Ausschüsse des Westminster-Modells sind nur schwer mit denen anderer Parlamente vergleichbar. In einer eigentümlichen Doppelstruktur dürfen nämlich die Ständigen Ausschüsse (Standing Committees), die die Gesetze beraten und die - ungeachtet ihres Namens - gleichwohl mit wechselnden Mitgliedern beschickt werden, keine Beamten hören und Zeugen befragen. Zweigleisiges britisches Ausschußsystems

Als verkleinerte Plenarversammlungen stimmen sie im Beisein der *whips* nach Fraktionsdisziplin ab. Umgekehrt besitzen die Aufsichts- und Sonderausschüsse (*Select Committees*) das der Kontrolle von Regierung und Verwaltung dienende Recht "to send for persons, papers and documents". Aber sie pflegen keine Gesetze zu beraten. Sie sind (oder waren bis zur Reform von 1979) auch nur in Ausnahmefällen als parlamentarische "watchdogs", als "Aufpasser", einem Ministerium zugeordnet. Vielmehr wurden sie von Fall zu Fall ad hoc eingesetzt, obwohl einige wenige von ihnen fast permanent jede Sessionsperiode erneut eingerichtet wurden.

Doch 1979 zwang eine breite Mehrheit der Hinterbänke aus beiden Parteien einer im Grunde widerstrebenden Regierung eine Reform des Ausschußsystems auf, ohne die Dominanz des Kabinetts über das Unterhaus beseitigen zu wollen (DREWRY 1985; SAALFELD 1988). Ohne die bisherige gespaltene Struktur von Gesetzgebungs- und Aufsichtsausschüssen aufzuheben, brach die Reform des Ausschußwesens in fünf Punkten mit der bisherigen Verfassungstradition:

Inhalt der Reform von 1979

- Während es früher nur einzelne direkt auf die Ministerien bezogene Sonderausschüsse gab, wurden nun erstmals in der Geschichte des Unterhauses den 14 wichtigsten Ministerien ressortspezifische Select Committees zugeordnet.

- Sie sind nicht nur durch einen Ad-hoc-Beschluß des Plenums vorübergehend eingesetzt, sondern fest und dauerhaft für eine gesamte Legislaturperiode in der Geschäftsordnung verankert.

- Ihr Recht zur Zeugenvernehmung und Akteneinsicht, von dem sie Gebrauch machen, erstreckt sich auch auf die den Ministerien nachgeordneten halbstaatlichen Körperschaften und verstaatlichten Unternehmen.

- Die Ausschußmitglieder werden nicht mehr nach Gutdünken des Fraktionsgeschäftsführers besetzt, sondern von einem unabhängigen Committee of Selection für die Dauer einer Legislaturperiode ernannt.

- Der vollzeitliche Mitarbeiterstab wurde vergrößert.

Obwohl mit diesen Änderungen das "Westminster Modell" den Ausschüssen in anderen liberaldemokratischen Systemen ähnlicher geworden ist, bleibt die grundsätzliche Zweigleisigkeit bestehen. Ihr zufolge dürfen die Select Committees zwar Zeugen laden, Akten anfordern und Beamte (mit Zustimmung ihrer Minister) befragen, aber keine Gesetzesvorlagen beraten. Dagegen dürfen die der Beschlußfassung über Gesetzesvorlagen dienenden Standing Committees kraft alter Verfassungstradition keine Experten hören oder Beamte vorladen. Eine Überbrückung hätte in den probeweise eingeführten "Special Standing Committees" bestanden. Hier erhielten die

Gesetzgebungsausschüsse das Recht, an drei Sitzungstagen jeweils eineinhalb Stunden lang im Stil eines Select Committee Anhörungen durchzuführen. Von dieser Möglichkeit wurde aber zwischen 1980 und 1984 nur insgesamt fünfmal Gebrauch gemacht.

Die nach wie vor erhaltene eigentümliche Zweigleisigkeit der parlamentarischen Ausschüsse, durch die das Westminster Modell sich von allen übrigen liberaldemokratischen Systemen unterscheidet, erleichtert nicht nur die rasche Ratifikation der von der Regierung vorgelegten Gesetzentwürfe im Ausschußstadium. Sie entsprach (und entspricht teilweise immer noch) auch der Berufsstruktur von Teilzeit-Abgeordneten, die morgens einem Hauptberuf nachgehen und sich nicht der zeitraubenden Spezialisierung in Ausschüssen widmen können und wollen. Doch als man 1968 erstmals in den Morgenstunden tagende neue Select Committees als Experiment einrichtete, waren sie sehr unpopulär bei den Abgeordneten, wogegen sich nach 1979 für einen freiwerdenden Platz in den neuen Sonderausschüssen viele Bewerber meldeten. Dies Indiz deutet darauf hin, daß die Reform des Ausschußwesens 1979 zu einem großen Teil damit zu erklären ist, daß ein wachsender Teil von Abgeordneten einer vollzeitlichen Abgeordnetenkarriere nachgeht. Vor 1979 bot sich ehrgeizigen MPs nur die Alternative, einen der annähernd 100 Posten im Dienste der Regierung anzunehmen oder Politik als Nebentätigkeit zu betreiben.

Ausschüsse und Vollzeitparlamentarier

Die zunehmende Professionalisierung der Abgeordneten ließ, so wird argumentiert, eine neue politische Generation von Volksvertretern heranwachsen. Ähnlich wie sich in der gesamten Bevölkerung infolge der Bildungsexpansion der fünfziger und sechziger Jahre politische Artikulations- und Kritikfähigkeit (unter Abschwächung emotionaler Bindungen an die Parteien) verstärkten, war es eine wachsende Zahl akademisch gebildeter Abgeordneter nicht mehr zufrieden, im "best club of London" Politik als einen vor allem im Plenum des Hauses auszuübenden Nebenberuf die frühen Nachmittags- und späten Abendstunden zu verbringen, die andere Tageshälfte aber für einen Hauptberuf freizuhalten, sondern sie begannen, ähnlich wie Abgeordnete in aller Welt, in fachlicher Spezialisierung ihre Hauptaufgabe zu sehen. Diese interessante These zur gewandelten Berufsstruktur und dem mit ihr einhergehenden neuen Rollenverständnis der Abgeordneten wird im Detail noch kontrovers diskutiert. Sie wird aber durch Kenner wie beispielsweise den langjährigen parlamentarischen Korrespondenten der Times, GEOFFREY SMITH, eindeutig bestätigt:

"What is beyond doubt is that a more assertive and independent breed of MP is entering the House these days. They are professionals in the sense of devoting their careers to politics, even if they retain another job on the side. They have gone into Parliament not because they believe it to be the best club in Europe but because they want to have a direct influence on public policy. That always was true of a number of members, of course; nowadays it applies to nearly all entrants" (zitiert bei ROSE 1983, 288).

Durch die Lockerung der Fraktionsdisziplin und den Machtzuwachs der neuen, den Ministerien zugeordneten Aufsichtsausschüsse (14 Departmental Select Committees seit 1979) ist nicht etwa eine stärker antagonistische Partnerschaft zwischen Parlament und Regierung entstanden. Vielmehr sind die Verhaltenserwartungen des Westminster-Modells verstärkt worden: sie sehen zwingend Raum für kritische Diskussion im Unterhaus vor, ohne die Policies des aus Parlamentariern bestehenden Kabinetts dauerhaft blockieren zu können. Die Einführung des Fernsehens im Unterhaus (experimentell seit 1989 und dauerhaft seit 1990) bestätigte diese Tendenzen: keine ausschließliche Fokussierung auf "Prime Minister's Question Time", aber interessierte Berichterstattung aus den prinzipiell öffentlich tagenden neuen Ausschüssen.

Reformen im Einklang mit dem Westminster-Modell

Als Indiz dafür, daß der Macht- und Bedeutungszuwachs der neuerdings den Ministerien zugeordneten Select Committees tatsächlich existiert, widmet das Fernsehen diesen neuen Ausschüssen (alle Ausschüsse tagen in Westminster prinzipiell öffentlich) einen weit größeren Anteil an der Berichterstattung als den alten Standing Committees (RYLE 1991, 200). Dieses Faktum ist um so aufschlußreicher, als die Medien nur zur Berichterstattung aus dem Plenum verpflichtet sind, und Fernsehaufnahmen in den Ausschüssen ihrem Belieben anheim gestellt sind. In der allgemeinen parlamentarismustheoretischen Alternative von "Gesetzesinitiator oder Zustimmungsautomat" (THAYSEN 1976, 48) hat das Unterhaus nicht die Rückgewinnung seiner Legislativ- und Initiativfunktion beansprucht, die es beim Strukturwandel des Parlamentarismus in der zweiten Hälfte des 19. Jahrhunderts an die parlamentsverschmolzene Exekutive delegierte, wohl aber energischer als in der Vergangenheit Chancen zur Realisation des Leitbilds von "scrutiny and debate" eingefordert.

6.8 Die Bedeutung des nicht gewählten Oberhauses in der Konkurrenzdemokratie

Das Oberhaus repräsentiert - anders als zweite Kammern in den meisten übrigen parlamentarischen Systemen der Gegenwart - keine Regionen und wird auch nicht gewählt. Es ist zusammengesetzt aus Erbaristokraten, Bischöfen der anglikanischen Staatskirche, den obersten Richtern des Landes und nicht zuletzt auch aus auf Lebenszeit geadelten Experten (Life Peers) aus allen Bereichen der Gesellschaft. So gab es Parlamentarier schwarzer Hautfarbe eher im Ober- als im Unterhaus. Die zweite Kammer besteht also nicht nur aus dem alten Hochadel des Landes.

Erbaristokraten und Lords auf Lebenszeit

Im Jahre 1958 wurde durch den *Life Peerages Act* die Möglichkeit geschaffen, auf Vorschlag des Premierministers Mitglieder auf Lebenszeit durch die Krone zu berufen, deren Adelstitel nicht erblich sind. Wenige Jahre später wurde den erblichen Aristokraten durch den *Peerage Act* von 1963 die Möglichkeit gegeben, durch Verzicht auf ihre Adelstitel auch im Unterhaus sitzen und damit - so wie Lord Home - auch Premierminister werden zu können. Einer der ersten, die davon Gebrauch machten, war der spätere Führer der marxistischen Linken in der Labour Party, Tony Benn, der Erbe von Lord Stansgate.

Im November 1988 betrug die Gesamtzahl der Mitglieder des Oberhauses 1.185 (darunter 65 Frauen). Wenn man diejenigen Aristokraten außer Betracht läßt, die für jeweils eine Legislaturperiode förmlich erklärt haben, daß sie an den Beratungen nicht teilnehmen wollen, reduziert sich die Gesamtzahl der Stärke der zweiten Kammer auf 932 Lords. Sie erhalten keine Abgeordnetendiäten, sondern nur ein Übernachtungsgeld von 64 Pfund sowie eine Kostenpauschale von 25 Pfund pro Tag für Sekretariatsaufgaben. Spötter sagen, daß die Berufung ins Oberhaus einen Parkplatz im besten Teil Londons sichere.

An einem durchschnittlichen Sitzungstag nehmen etwa 300 Oberhausmitglieder teil. Im Jahre 1988 gab es unter den Mitgliedern des Oberhauses 784 Erbaristokraten, 353 *life peers*, die den aktivsten Teil der zweiten Kammer stellen, 24 Bischöfe, 2 Erzbischöfe und die 22 *Law Lords*. Diese mit Hermelin bekleideten Richter, die aus den Oberrichtern des Landes ausgewählt werden, treten als oberstes Berufungsgericht des Landes formell im Namen des House of Lords, aber faktisch ohne Teilnahme der übrigen Oberhausmitglieder zusammen.

Die Macht des Oberhauses wurde in der Verfassungskrise zwischen 1909 und 1911 gebrochen: Als die konservativen Erbaristokraten die Sozialgesetzgebung der liberalen Regierung Asquith im Jahre 1909 blockierten, wurde die Regierung durch das Elektorat in zwei aufeinanderfolgenden Neuwahlen im Jahre 1910 mit dem gleichen Programm bestätigt. Der neue König Georg V. stellte sich hinter ihre Drohung, bei weiterer Blockade durch das Oberhaus so viele neue Peers zu ernennen, bis der Widerstand gebrochen wäre. Angesichts dieser Sanktionsdrohung, die durch die zweimalige Neuwahl des Unterhauses ähnlich dem schwedischen System der Verfassungsänderung (siehe oben Schaubild 1.2) die demokratische Legitimation eines elektoralen Mandats gewonnen hatte, stimmten die Lords in der von allen drei Verfassungsfaktoren der "Krone-im-Parlament" verabschiedeten Act of Parliament von 1911 ihrer eigenen Entmachtung zu.

Seitdem besitzen die Lords bei Finanzgesetzen, die heute etwa ein Viertel aller Gesetzgebung ausmachen (JONES/KAVANAGH 1991, 117), überhaupt kein Veto mehr. Den Streitfall, ob es sich um ein Finanzgesetz handelt oder nicht, schlichtet der Speaker mit dem Rat seiner Unterhausbeamten. Bei allen anderen Gesetzesvorlagen, insbesondere allen Änderungen der unkodifizierten Verfassung, verfügen sie nur über ein suspensives Veto von zwei Jahren, das 1949 auf zwölf Monate reduziert wurde. Inzwischen ist ihnen in der Prüfung der aus Brüssel kommenden Gesetze und Verordnungen der Europäischen Gemeinschaft eine Aufgabe von größerem Umfang als dem Unterhaus zugefallen (SHELL 1988).

Stark eingeschränktes Vetorecht des Oberhauses

Die letzte Chance zu einer Reform des Wahlsystems scheiterte 1931 am Veto des House of Lords. Als die Commons sich bereits mit 295:230 Stimmen für das hier nicht näher zu erläuternde Wahlsystem der "Alternative Vote" entschieden hatten, realisierte die konservative Mehrheit der Lords, daß ihr Vorteil in "plurality" (d. h. einfacher Mehrheit des "winner takes all") lag. Mit dem Sturz der Regierung im nächsten Jahr "the bill and proportional representation vanished from politics" (HAIN 1986, 5). Doch kann eine konservative Regierung heute nicht mehr auf eine "natürliche" Mehrheit in den Lords rechnen. Unter der Regierung Thatcher, die über eine große Mehrheit gegenüber der offiziellen Labour Opposition im Unterhaus verfügte, kam es zu einer "neuen Opposition" des Oberhauses. Durch ihr suspensives Veto zwang es die "Gesetzgebungsmehrheit" der Regierung Thatcher von 1979 bis zur Sitzungsperiode 1985/86 durch insgesamt 104 Niederlagen zu einem auch von Medien und interessierter Öffentlichkeit genutzten erneuten Nachdenken, ohne die Policies der Exekutive jedoch dauerhaft blockieren zu können.

Gegner einer nicht gewählten zweiten Kammer, die vor allem in Kreisen der Labour Party zu finden sind, argumentieren, daß die erbaristokratische Repräsentation nicht nur in einer Demokratie überholt sei, sondern auch die Konservative Partei im Krisenfall jederzeit eine Majorität mobilisieren könne, indem sie die selten an den Beratungen teilnehmenden Aristokraten (die sogenannten "*backwoodsmen*") zusammentrommle. Befürworter weisen darauf hin, daß das nur suspensive Veto nicht den Willen einer demokratisch gewählten Regierung blockiere, aber mit dem Recht von Abänderungsvorschlägen und dem Aufschub bei kontroversen Vorlagen eine nützliche Denkpause gegenüber eilig durchgepeitschten und schlecht durchdachten Gesetzesvorlagen besonders dann biete, wenn die Regierung ohne eine glaubwürdige Majorität gewählt worden sei (JONES/KAVANAGH 1991, 116).

Gesetzesvorlagen, die zwischen Regierung und Opposition nicht umstritten sind, werden oft im House of Lords eingebracht. Sie geben damit einem in ständiger Zeitnot sich befindenden Unterhaus Zeit für die Debatte wichtiger Streitfragen. Das House of Lords eröffnet dem Premierminister eine konstitutionelle Hintertür, um eine begrenzte Anzahl von Ministern ohne vorherige parlamentarische Erfahrung zu rekrutieren. Überdies bietet es ihm eine Möglichkeit, lästige Konkurrenten durch Beförderung in den "ehrwürdigen" Teil des Parlaments durch Erhebung in den Adelsstand auf Lebenszeit aus der aktiven Parteipolitik zu entfernen. Während Befürworter darauf verweisen, daß auf diese Weise professionelle Experten außerhalb der Ochsentour einer normalen Parteikarriere zu Ministern berufen werden können, befürchten Kritiker eine weitere unangemessene Machtsteigerung der Patronagemacht des Premierministers auf Kosten von Unterhaus und Kabinett.

7 Premierminister und Kabinett, Bürokratie und Verbände

In diesem Kapitel werden vier Bereiche zusammengefaßt. Obwohl es zu jedem eine umfangreiche Literatur gibt, muß auf eine getrennte Erörterung jedes einzelnen verzichtet werden. Denn alle vier gehören zu den von besonderer Geheimhaltung umgebenen Teilen des britischen politischen Systems. Ihre wissenschaftliche Erforschung erfordert besonderen detektivischen Spürsinn. Die ihnen gewidmeten Standardwerke interpretieren, wenn sie nicht auf Akten zurückgreifen, die erst nach einer Sperrfrist von 30 Jahren frei werden, einzelne Indiskretionen und Skandale oder in Memoiren und Gerichtsverhandlungen zutage gekommene Einzelheiten. Die Wiedergabe solcher "Fälle" würde zuviel Platz in Anspruch nehmen. (Wer sich ein genaueres Bild machen will, lese die Tagebücher des Kabinettsministers CROSSMAN 1975-77, deren Veröffentlichung in einem Prozeß nicht verhindert werden konnte. Besonders aufschlußreich ist auch das umfangreiche Werk des Journalisten und Zeithistorikers HENNESSY 1989. In satirischer Fiktion auch die Fernsehserie "Yes Minister", die auch als Buch von LYNN/JAY 1981 erschienen ist.)

Interessengruppen hat man in einem Buch als die anonyme Macht, das "Anonymous Empire" (FINER 1958) charakterisiert. Es leuchtet ein, daß Beamte sich auf Amtswissen und Dienstgeheimnis zu berufen pflegen. Doch mag es verwundern, daß auch über Premierminister und Kabinett, die demokratisch gewählte politische Leitung, so wenig generalisierbares Wissen offen vorliegen soll. Aber in Großbritannien sind auch die Minister, wenn sie nicht gerade Fragen der Abgeordneten im Unterhaus im Palast von Westminster beantworten, in ihren Dienstsitzen in Whitehall von jener Geheimhaltung umgeben, die jedenfalls in liberaldemokratischen Systemen weltweit selten ist (GALNOOR 1977). Während das Unterhaus in Westminster sogar seine Ausschüsse öffentlich tagen läßt, die in den meisten übrigen Demokratien hinter verschlossenen Türen beraten, zeichnen sich die Korridore der Macht in Whitehall durch eine äußerst penibel beachtete Geheimhaltung aus, wie sie wiederum in den meisten übrigen Systemen ganz ungewöhnlich ist. Selbst die Anzahl und Aufgabenverteilung der vom Kabinett eingesetzten interministeriellen Ausschüsse gilt als Dienstgeheimnis, dessen Weitergabe an die Presse ohne Autorisierung durch die Regierung strafbar wäre (vgl. unten Kapitel 7.3). Deshalb ist es auch

Betonung von Amtswissen und Dienstgeheimnis

159

besonders reizvoll, sie in einer Indiskretion von Zeit zu Zeit in den Medien exklusiv zu veröffentlichen.

Der Bereich von Premierminister und Kabinett, dem politischen Zentrum zwischen Westminster und Whitehall, gehört zu dem am wenigsten durch förmliche Gesetze schriftlich fixierten, sondern überwiegend durch juristisch nicht erzwingbare Konventionalregeln verfaßten Bereich der nur "teilweise aufgeschriebenen" Verfassung. Walter BAGEHOT, der es in seinem klassischen Text zur englischen Verfassung genoß, seine Leser mit geschliffenen Formulierungen zu verblüffen, zögerte nicht mit dem Urteil, eine so vortreffliche Verfassung wie die britische, auf die er überaus stolz war, wäre sicherlich nicht so bereitwillig akzeptiert worden, wenn die reale Machtfülle von Premierminister und Kabinett in klaren Verfassungsartikeln niedergelegt worden und für jedermann sichtbar gewesen wäre. Nur durch listige Verschleierung habe eine vortreffliche Einrichtung wie das aus dem Parlament hervorgegangene und diesem Rechenschaft schuldende, aber für die Dauer einer Legislaturperiode fast uneingeschränkte Handlungsvollmacht besitzende britische Kabinett aufsteigen können.

7.1 Die Position von Premier und Kabinett im Verfassungsgefüge

Volkswahl des Premiers
Der Premier wird (zusammen mit seiner Partei, deren anerkannter Führer er ist) als einziger Minister in einer Volkswahl, die, obwohl Parteien und nicht Personen gewählt werden, dennoch personal-plebiszitäre Züge trägt, ähnlich wie ein Präsident direkt durch das Volk gewählt. Alle übrigen Minister verdanken ihr Amt der freien Vergabe durch den Premier. (Freilich wird er dabei informal Rücksichten auf seine Fraktion nehmen, von deren Abstimmungsdisziplin im Unterhaus er abhängig ist.) Ohne daß das Unterhaus noch einmal zu einer Wahl und Investitur des Regierungschefs zusammenträte, wird der Sieger (oder die Siegerin) einer Neuwahl im Buckingham Palace vom Monarchen mit der Regierungsbildung beauftragt. Dann ernennt der Premier (genauer: die Krone auf seinen Vorschlag) alle übrigen Minister.

Auswahl des Premierkandidaten
Ganz anders als ein Präsident muß der Premierminister aber, ehe er (oder sie) als Führer einer Partei den Test durch die Volkswahl bestehen kann, als Kandidat für das höchste politische Amt (genauer: als Parteiführer) zuvor durch die Unterhausfraktion - und zwar die Unterhausfraktion allein - ausgewählt worden sein. Als förmliche Satzung gilt diese rein parlamentarische Führerwahl des künftigen Premierministers allerdings bei den Konservativen erst seit 1965; und bei Labour wurde das Monopol der Fraktion 1981 ersetzt durch ein Wahlkollegium, in welchem die Fraktion nur noch mit 30% vertreten ist (neben 40% Gewerkschaften und 30% außerparlamentarische Parteiorganisation).

160

Im Gegensatz zu einem Präsidenten darf ein Premierminister auch nicht von außerhalb des Unterhauses kommen. Nach einer Konventionalregel der Verfassung, die aus dem Jahre 1923 stammt, als Lord Curzon verwehrt wurde, Premier zu werden, muß der Inhaber des höchsten politischen Amtes in einer Unterhauswahl (oder doch zumindest in einer Nachwahl) einen Sitz errungen haben. Dies gilt auch für alle Minister mit Ausnahme der wenigen Ämter, die mit Mitgliedern des Oberhauses besetzt werden. In seiner Auswahl der Abgeordneten, die er zu Ministern macht, ist der Premier formal frei.

Faktisch wird er aber als Parteiführer, der zusammen mit seinem Kabinett dem Unterhaus kollektiv verantwortlich ist und theoretisch (anders als im präsidentiellen System) jederzeit durch ein Mißtrauensvotum gestürzt werden könnte, aus Gründen der politischen Opportunität, wie bereits gesagt, auf Strömungen in Partei und Fraktion Rücksicht nehmen, von deren Stimmen er bei der Ratifizierung der Gesetzesvorlagen des Kabinetts abhängt. Indessen gehört es zu den von der Öffentlichkeit jährlich mit Spannung und Vergnügen beobachteten Gepflogenheiten des Systems, daß der Premier seine Minister im sogenannten *reshuffle* auf andere Posten in und außerhalb des Kabinetts belohnend oder bestrafend versetzt oder entläßt.

Das auf Zeit berufene politische Koordinations- und Entscheidungszentrum, "Her Majesty's Government", besteht aus in der Regel etwa 100 Mitgliedern. Da es vor der Reform der Ausschüsse 1979 für ehrgeizige Parlamentarier in Westminster kaum Posten außerhalb der Regierung gab und da eine Regierungsfraktion aus etwas mehr als der Hälfte der jetzt 650 MPs besteht, verdankt fast ein Drittel der Fraktion regelmäßig Amt und Würden der Patronage des Premiers. Von diesen etwa 100 Mitgliedern der Regierung gehört allerdings nur etwa ein Fünftel (1988: 21 Minister) dem Kabinett im engeren Sinne an. Die politische Leitung ist in drei Rangstufen gegliedert: Umfang der Regierung

- *Members of the cabinet*, die den deutschen Ressortministern vergleichbar sind, heißen entweder *secretaries of state* oder *ministers* (siehe zur verwirrenden Titulatur dieser und anderer Ränge, die hier nicht näher erläutert wird, das prägnante und differenzierte neuere deutsche Nachschlagewerk von FISCHER/BURWELL 1988, 195);

- die den deutschen "Staatsministern" (etwa im Auswärtigen Amt oder im Kanzleramt) vergleichbaren *ministers of state*, die für einzelne Sachgebiete zuständig sind;

- die *junior ministers*, die, den deutschen Parlamentarischen Staatssekretären vergleichbar, einem höherrangigen Minister unterstehen. Daneben gibt es als Karrieresprungbrett die unbesoldeten *parliamentary private secretaries*, die als vom Minister ernannte MPs die Verbindung zwischen dem Minister und den *backbenchers* der Fraktion herstellen.

Formale und informale Machtposition des Premiers Alle Korridore der Macht münden beim Premierminister - ("All the power lines lead to No. 10" schreibt HENNESSY 1989, 383):

- Er (oder sie) allein ernennt, entläßt oder versetzt, nachdem der Sieger (oder die Siegerin) der Unterhauswahl im Buckingham Palast der Königin die Hand geküßt hat, alle übrigen Minister.

- Der Premier gibt den Ausschlag bei der Vergabe von Oberhaussitzen durch Verleihung des (nicht erblichen) Adelstitels eines Lords auf Lebenszeit, womit er die Mehrheitsverhältnisse der zweiten Kammer beeinflussen kann.

- Er kontrolliert nicht nur die Tagesordnung des Kabinetts, indem er entscheidet, was diskutiert wird und was nicht, sondern er ernennt auch die Vorsitzenden der dem Kabinett zuarbeitenden Ausschüsse und kontrolliert den Informationsfluß aus diesen.

- Es ist jederzeit ganz allein in seine Hand (ohne Beratung mit dem Kabinett) gelegt, wann das Unterhaus, das spätestens alle fünf Jahre neu gewählt werden muß, aufgelöst wird.

Die Macht des Premierministers, der (zusammen mit seinen Kollegen) im Gefüge der konstitutionellen Monarchie die politische Verantwortung für die niemals abgeschafften, aber politisch umgedeuteten Reservatrechte des Monarchen übernimmt, überragt das kollektiv mit ihm zusammen dem Unterhaus verantwortliche Kabinett. Eine Einschränkung seiner Macht besteht darin, daß sein persönlicher Mitarbeiterstab im Vergleich zu anderen westlichen Regierungschefs nur verschwindend klein ist und selbst Mrs Thatcher wegen des Protests ihrer Kollegen auf die Einrichtung eines "richtigen" Prime Minister's Department verzichtete (HENNESSY 1989, 645 f.). Ferner spielt es auf informale Weise eine Rolle, daß er, wie selten dies auch geschehen mag, gestürzt werden kann von der Fraktion durch Verweigerung der Wiederwahl als Parteiführer (so Thatcher 1990, siehe unten Kapitel 9.6) oder durch die Opposition mit einem Mißtrauensvotum (so die Regierung Callaghan im Jahre 1979).

Prinzip der kollektiven Verantwortlichkeit des Kabinetts Die Konvention der kollektiven Verantwortlichkeit, die zentral für das britische Regierungssystem ist, besagt, daß Minister einen ihnen widerstrebenden Beschluß des Kabinetts entweder nach außen mittragen oder aber zurücktreten und die eigene Regierung von den Hinterbänken aus kritisieren müssen. Das logische Äquivalent zum geschlossenen Auftreten des Kabinetts als kollektiver Akteur ist die Vertraulichkeit seiner Beratungen. Denn nur dann, wenn Meinungsverschiedenheiten nicht zu einem Intrigenspiel des "teile und herrsche" der rivalisierenden Ministerien gegeneinander in den

Medien ausgenutzt werden können, bleibt das Entscheidungszentrum eines "kollektiven Akteurs" sinnvoll. Gezielte Indiskretionen, die sogenannten *leaks*, haben in dem Maße zugenommen, wie Meinungsverschiedenheiten in den Parteien, deren Strömungen im Kabinett repräsentiert sind, gewachsen sind. Doch sie gelten nach wie vor als illegitim und müssen verhehlt werden.

Lange vor Thatcher gingen Premierminister dazu über, (Vor-) Entscheidungen in ein Netzwerk ad hoc von ihnen eingesetzter und ihnen allein zuarbeitender Unterausschüsse des Kabinetts zu verlagern. Solche in der Reformära Attlee nach 1945 erstmals im großen Stil eingesetzte Kabinettsausschüsse waren (und sind) ein Weg, um die Regierung beim Wachstum der Staatsaufgaben von "minor matters", also weniger dringlichen Sachangelegenheiten, zu entlasten (HENNESSY in dem Reader von BURCH/MORAN 1987, 280). Aber mit diesem Verfahren können auch vom Premierminister gewünschte Entscheidungen unter Umgehung und in Unkenntnis des Kabinetts getroffen und dann durch interministerielle Vereinbarungen der Bürokratie, von denen nur der Premier und eine Handvoll Gehilfen wissen, ausgeführt werden. So wurde sogar über den Bau der britischen Wasserstoffbombe ohne Kenntnis des gesamten Kabinetts entschieden. Auch über die Besetzung des Suez-Kanals durch britische Truppen 1956 erfuhr das Kabinett erst, als der Marschbefehl bereits gegeben war.

Der funktionale Sinn der kollektiven Verantwortlichkeit des Kabinetts und der Verschwiegenheit über seine Beratungen liegt darin, gegen die Vetomacht etablierter Interessen in Parlament und Verwaltung eine politisch durchsetzbare Mehrheitsentscheidung zu erreichen. Verteidiger des Westminster Modells halten es deshalb für funktional wünschbar und erforderlich, daß das Kabinett als im Innern frei diskutierender, aber nach außen Vertraulichkeit bewahrender und mit nur einer Stimme sprechender kollektiver Akteur auftrete. So könne die Regierung dem Parlament und den Wählern gegenüber verantwortlich gehalten werden. Kritiker verweisen darauf, daß die listige, ingeniöse Verfassungskonvention der kollektiven Verantwortlichkeit des Kabinetts als probates Mittel benutzt werden kann, (Vor-)Entscheidungen in vom Premier eingesetzten Arbeitsgruppen (*cabinet committees*) außerhalb der Diskussion im Kabinett zu treffen und dann die gesamte Regierung bis hinunter zum unbesoldeten Parliamentary Private Secretary (PPS) entweder zum Rücktritt oder in die kollektive Verantwortlichkeit zu zwingen.

Die Leitidee der kollektiven Verantwortlichkeit des Kabinetts, in welchem die Minister nicht als Gehilfen verstanden werden, sondern zusammen mit dem Premier als kollektiver Akteur auftreten sollen, ist allerdings fest in den verhaltensleitenden Erwartungen von Westminster und Whitehall verankert. Wie oft diese Doktrin (in Vergangenheit und Gegenwart) auch in skandalumwitterten Fällen umgangen worden sein mag, ihr Bruch wirkt skandalös und muß vertuscht werden. Überdies sind die einzelnen Minister natürlich dem Unterhaus durch Fragestunden und andere Kontrollinstrumente auch individuell verantwortlich, sofern die Parteidisziplin es nicht vorzieht, über Skandale den Mantel des Schweigens auszubreiten (siehe die Zusammenfassung der wichtigsten "Fälle" bei BIRCH 1990, 175-177).

7.2 Der souveräne Monarch - Eine "bequeme Hypothese für die praktische Politik"

Nominelle Funktionen des Monarchen

In der parlamentarischen Monarchie des United Kingdom wird alle zentralstaatliche Autorität - von der Aufenthaltserlaubnis für Ausländer bis zum Steuerbescheid für Inländer - im Namen der Krone ausgeübt. Die jährliche Sitzungsperiode des Parlaments wird nicht mit einer Regierungserklärung eröffnet, sondern mit einer (vom Premierminister geschriebenen) Thronrede des *sovereign*, Ihrer Majestät der Königin. Elizabeth II. ist nicht nur das Staatsoberhaupt des Vereinigten Königreichs, sondern auch jener Staaten des Commonwealth, die sich nicht zu Republiken erklärt haben. Ihr im Namen der Krone handelnder Statthalter, der Generalgouverneur von Australien, entließ in einem vielbeachteten Präzedenzfall eine Regierung, die ihre Mehrheit verloren hatte, ohne vom Parlament gestürzt worden zu sein.

Demokratische Kontrolle der "Prärogative"

Da das englische System es in souveräner Ironie liebt, alte Rechtsfiguren unter Umdeutung ihres Sinns zu erhalten, hat man die Machtfülle der königlichen Reservatrechte formell nicht in einer systematischen Verfassungskodifikation beseitigt. In der Ausübung ihrer alten, formal fortgeltenden legislativen, exekutiven und judikativen Funktionen genießt die Krone "Immunität" vor strafrechtlicher Verfolgung. Die Verantwortung für ihre sogenannten "Prärogativrechte" ist allerdings auf Premierminister und Kabinett übergegangen, die politisch dem Parlament und dem Volke gegenüber die durch Abwahl sanktionierbare Verantwortung übernehmen. Zu den königlichen "Prärogativrechten" (d.h. in buchstäblicher Bedeutung das, was die Krone als ihr Vorrecht "vor allen anderen erbitten" kann), gehören u. a. die Eröffnung und Vertagung des Parlaments, die förmliche Zustimmung zur Gesetzgebung, die Ernennung und Entlassung der Minister, die Kriegserklärung und der Friedensschluß, die Erhebung von Bürgern in den Adelsstand, die Ernennung der Richter und das Begnadigungsrecht (siehe das Schaubild der Funktionen des Monarchen von HARVEY, wieder abgedruckt bei KASTNING 1991, 380).

Kontinuierliche Information des Monarchen

Elizabeth II., die seit ihrer Thronfolge im Jahre 1952 neun Premierminister ernannt hat, sieht "ihren" Regierungschef jeden Dienstag in einer Privataudienz. Sie kennt die Kabinettsprotokolle all "ihrer" Regierungen. Die Krone, die, ungeachtet ihrer fortlaufenden Kenntnis der Regierungsgeschäfte, strikteste politische Neutralität bewahrt, unternimmt - bei Strafe der Beschneidung ihrer Rechte - nichts ohne ausdrücklichen Rat "ihrer" Regierung. In dieser strikten parteipolitischen Neutralität liegt, wie ein

Vergleich mit dem Sturz anderer Monarchien in aller Welt zeigt, eins der Geheimnisse der Dauerhaftigkeit und des heutigen Ansehens der Krone in Großbritannien (ROSE/KAVANAGH 1976). Ihre Dignität kann aber nicht als etwas zeitlos Gültiges vorausgesetzt und für unerschütterlich gehalten werden. Dagegen spricht, daß die Krone noch in der Mitte des 19. Jahrhunderts unpopulär war. Erst in der geschickten Dramaturgie einer *"invention of tradition"* durch das Haus Windsor wurde sie zu einem beliebten Symbol nationaler Größe und Einheit (CANNADINE 1983).

Das gekrönte Haupt der königlichen Familie, die sowohl durch ererbten Besitz als auch durch ihr Einkommen aus der Staatskasse für die Funktionen des Staatsoberhauptes selbst im Industriezeitalter über das größte private Vermögen des Landes verfügt (siehe die bei STURM 1991, 122 abgedruckte Liste aus der Financial Times über die "zehn größten britischen Vermögen") herrscht, aber regiert nicht. Sidney LOW hat den bis heute gültigen Kern der Stellung des souveränen Monarchen prägnant so umrissen:

> "Zum Entgelt für die Sicherung gegen die Unruhe des politischen Lebens hat der Souverän [...] das Wesen des Königtums: das Recht zu regieren, andern Händen abgetreten. Niemals aber haben englische Kritiker behauptet, wie dies einige ausländische Beobachter getan haben in Verzweiflung über das geheimnisvolle Halbdunkel und die verschwommenen Schatten, worin sich unser System bewegt, daß die Übertragung eine vollständige gewesen sei [...]" (Low 1908, 248 f.).

"Wenige Engländer würden willens sein", fährt er an der gleichen Stelle fort, die "Schlußfolgerung anzunehmen", daß "der Souverän eine bloße zeremonielle Repräsentationsfigur" sei. Allerdings haben die spöttischen Bemerkungen des klassischen Verfassungs-Essays von Walter BAGEHOT (1971) über das politisch geringe Gewicht von Queen Victoria dazu beigetragen, daß selbst Autoritäten der Regierungslehre im britischen Monarchen nur noch eine zeremonielle Gallionsfigur sehen, da "eine quantité négligeable kein realpolitisches Problem darstellt" (BRUNNER 1979, 180). Demgegenüber ist von guten Kennern des britischen Regierungssystems wie Sir Ivor JENNINGS (1969, Kapitel 12-14) mit Nachdruck auf die Reservefunktion der Krone hingewiesen worden.

In der Tat käme dem Monarchen in einer schweren Verfassungskrise, zu der als letzte Präzedenzfälle nur die Krisen von 1911 über die Abschaffung des Vetos des Oberhauses und von 1914 über die drohende Rebellion der britischen Truppen in Irland wegen Gewährung von "Home Rule" für die Nachbarinsel angeführt werden können, eine ausschlaggebende Rolle für die Legitimität und Kontinuität der unkodifizierten Verfassung zu. Auch die multinationalen Züge des britischen Staates lassen die aus einer vordemokratischen Zeit stammende Legitimität der Krone als ein Symbol der nationalen Einheit in einem Regierungssystem als notwendig erscheinen, das durch Personen und personal gedachte staatliche Symbole, aber nicht durch einen abstrakten Staatsbegriff integriert wird.

Der Monarch als Reserve der Legitimität

Solange nur zwei Parteien, von der Zahl der Mandate her gesehen, für die Bildung von Regierung und Opposition Gewicht besitzen, und solange eine klare Mehrheit aus einer Unterhauswahl hervorgeht, besitzt der Monarch keine Möglichkeit, abzuwägen, wen er mit der Regierungsbildung beauftragen will. Klare Mehrheitsverhältnisse, welche durch das nicht proportionale Wahlsystem in aller Regel erzeugt werden, können aber infolge wachsender Differenzierung der Sozialstruktur und einer partiellen Abwanderung vom Parteienduopol nicht für alle Zeit garantiert werden. In künftigen Pattsituationen, wie sie z. B. in der Februarwahl des Jahres 1974 erstmals seit 1924 wieder auftrat, könnte Elisabeth II. oder Karl III. ähnlich wie Beatrix der Niederlande eine Rolle bei der Auswahl des Kandidaten für die Regierungsbildung zuwachsen. Um auch in dieser Eventualität die strikteste politische Neutralität der Krone zu gewährleisten, diskutierte man die Möglichkeit, nach skandinavischem Vorbild durch eine Verfassungsänderung den Auftrag zur Regierungsbildung an den unparteiischen Präsidenten (Speaker) des Unterhauses fallen zu lassen (MARSHALL 1984, 35 f.).

"Party Government" als Bindeglied zwischen Monarchie und Volkssouveränität

BAGEHOT hatte von einer "zweifachen Verfassung" Großbritanniens gesprochen, als er auf die Neigung seiner Landsleute verwies, die königliche "Prärogative als etwas zu bezeichnen, das nicht vom Volke kommt und dem man daher mißtrauen muß" (BAGEHOT 1971, 245f.). Tatsächlich könnte das vom Volk gewählte und dem Unterhaus verantwortliche Kabinett als Berater und Lenker der königlichen Prärogative auswärtige Verträge ohne Ratifizierung durch das Parlament in Kraft setzen; auch die Ernennung von Beamten und der Einsatz von Armee und Flotte gilt ohne vorherige parlamentarische Zustimmung als rechtens (vgl. NORTON 1984, 62). Politisch ist diese legale Position freilich irrelevant, weil sich Kabinett und Unterhaus nicht als Gegenspieler betrachten, sondern die Regierung aus den führenden Parlamentariern der Mehrheitsfraktion besteht. Da in der politischen Praxis Kabinett, Fraktion und Partei durch einen alle drei Zentren verklammernden Führungsstab koordiniert werden, wurde die Parteiregierung, d.h. die mit den Vorderbänken des Unterhauses identische Parteiführung, zum "buckle that fastens" (ROSE 1983, 282), zum Bindeglied zwischen Monarchie und Volkssouveränität.

Die Monarchie - eine "bequeme Hypothese für die Politik"

Man wird mit LOW die Position des Monarchen am besten als eine "bequeme Hypothese für die praktische Politik" (LOW 1908, 254) auffassen können. Hoheitsakte können von einem Kabinett, das eiligen Handlungsbedarf verspürt, ohne die Prozedur parlamentarischer Ermächtigung in Gang zu setzen, die trotz der Kabinettsdominanz über das Unterhaus Zeit beansprucht, in Ausübung der königlichen Prärogative durch sogenannte "Orders-in-Council" in Kraft gesetzt werden. In diesem "Privy Council", dem "Staatsrat" der Königin, dem u. a. alle früheren Kabinettsminister auf Lebenszeit angehören, besteht das Quorum für Beschlüsse, von denen nur sehr selten Gebrauch gemacht wird, aus nur drei Personen (BRENNAN 1982, 183). Auf diese Weise pflegen Ministerien umgebildet und Kommissionen berufen zu werden. Als Außenminister George Brown 1968 erfuhr, daß die im Kabinett noch nicht entschiedene Pfundabwertung im Privy Council beschlossen worden war, trat er aus Protest gegen Wilson's "government by clique" zurück (ELLIS 1989, 51).

Anthony BIRCH (1990, 24) führt ein treffendes Beispiel an, um die Rolle zu verdeutlichen, die die "uses of the Queen" in der praktischen Politik nach wie vor spielen können. Kraft Verfassungskonvention muß das Unterhaus mindestens einmal im Jahr einberufen werden. Aber es kann nur dann tagen, wenn die Sitzungsperiode durch den Monarchen eröffnet wird. Politisch wurde dieses Recht der Krone, über das faktisch der Premier verfügt, im Jahre 1963 brisant, als der zum konservativen Parteiführer und damit zum künftigen Premierminister bestimmte Lord Home einer anderen strikt beachteten Verfassungskonvention zufolge nicht zum Regierungschef ernannt werden konnte, solange er noch Mitglied des Oberhauses war. So schlug er der Königin vor, die Parlamentseröffnung zu vertagen, bis er Zeit gefunden hatte, seine verschiedenen Adelstitel abzulegen und in einer Nachwahl ein Mandat zum Unterhaus zu gewinnen. Die Opposition war über diese Verschiebung der Parlamentseröffnung verärgert, konnte aber nichts dagegen unternehmen.

Die sich auf ein Mandat der Wähler stützende demokratische Partei-regierung gebietet in aller Regel über eine sichere Fraktionsdisziplin im Unterhaus. Aber sie handelt auch in dem nach wie vor eine gewisse "Magie" ausstrahlenden Institutionengefüge der konstitutionellen Monarchie. Premier und Kabinett, die demokratisch legitimiert sind, handeln nicht nur zere-moniell im Namen der vor-demokratischen Autorität der Krone. Sie können, wenn sie als Ratgeber der von allen Gerichtshöfen und den Beamten aner-kannten "Prärogative" der Krone handeln, durchaus als eine "Stellvertreter-Monarchie" (als eine "monarchy in commission") erscheinen.

7.3 Der "Civil Service": Aufbau, Rekrutierung und Aufgabenverständnis

Mit steigender Komplexität und der Ausdehnung der Staatsaufgaben im daseinsvorsorgenden Wohlfahrtsstaat ist auch in Großbritannien die Bürokratie in den letzten 100 Jahren stark angewachsen. Noch in den 80er Jahren des vorigen Jahrhunderts war Großbritannien, das wir oben in Kapitel 3.1 als eine Gesellschaft ohne bürokratische Staatstradition gekennzeichnet haben, ein Nachzügler unter den vergleichbaren Ländern Westeuropas. Damals lag der Anteil des Personals im öffentlichen Sektor (einschließlich Erziehung, Post und Eisenbahn) als Prozentsatz der Bevölkerung in England und Wales auf dem vorletzten Platz von 11 Ländern. Doch um 1950 nimmt Großbritannien, was den Personalbestand des öffentlichen Sektors betrifft, den westeuropäischen Spitzenplatz ein (vgl. FLORA U. A. 1983, Kapitel 5).

Wachstum des öffentlichen Sektors

Keineswegs alle im öffentlichen Sektor Beschäftigten genießen in Großbritannien Beamtenstatus. So erhalten bis heute u. a. Lehrer, Eisenbahn- und Postbedienstete sowie Mitarbeiter der Kommunalverwaltung nur Angestelltenverträge. Als *civil servants*, die den deutschen Beamten vergleichbar sind, gelten nur die Bediensteten in den dem Parlament verantwortlichen Ministerien. Obwohl längst nicht mehr alle in dem Londoner Bezirk von "Whitehall" liegen, steht dieser Begriff für den Nimbus einer professionellen Kaste von Beamten. Wenn abkürzend von der bestimmenden Kraft der Bürokratie in "Whitehall" für das politische System die Rede ist, so sind damit allerdings nicht alle der etwa 700 000 *civil servants* (unter Thatcher 1988 nur noch etwa 600 000) aller Rangstufen gemeint, sondern nur die etwa 800 Spitzenbeamten: die *permanent secretaries* (zusammen mit den *second permanent secretaries* den deutschen beamteten Staatssekretären vergleichbar), die *deputy secretaries* (als Abteilungsleiter den Ministerialdirektoren vergleichbar) und die *under secretaries*, die den Ministerialdirigenten als Unterabteilungsleiter vergleichbar sind (zum Aufbau von Ministerien im Ländervergleich siehe JANN 1988, Abbildungen 2 und 3, 42, 47).

Status der Civil Servants

Ihren spöttischen Ehrennamen als "Mandarine" verdankt diese Verwaltungselite ihrer Ausbildung, ihrer Rekrutierung und ihrem Aufgabenverständnis. Ähnlich wie jene Beamten des alten China, die ihre überlegene Intelligenz durch literarische Leistungen wie das Verfassen von Gedichten unter Beweis stellen mußten, besitzen britische Beamte eine im internationalen Vergleich ganz ungewöhnlich starke Ausbildung in geisteswissenschaftlichen "Orchideenfächern". Eine international vergleichende Umfrage der University of Michigan erbrachte das Ergebnis, daß, während in den meisten Ländern Beamte etwa gleichmäßig aus allen Studienfächern rekrutiert werden, in Deutschland die Juristen und um Vereinigten Königreich die *humanities* (Geisteswissenschaften) dominieren (ABERBACH/ PUTNAM/ROCKMAN 1981, Tabelle 3.2, 52).

Dieser "*Oxbridge classicist*", der aus den beiden karriereförderlichen Eliteuniversitäten Oxford und Cambridge und aus den ihnen vorgelagerten privaten *public schools* hervorgegangen ist, verkörpert das in der Kultur der Mittel- und Oberschicht verankerte englische Leitbild des Generalisten, der als "Amateur" Spezialist für das Allgemeine ist. Wenn das elitebewußte "Club Government" Großbritanniens ein exklusives Zentrum besitzt, dann liegt es in Whitehall. Politiker haben (mit Ausnahme des Premiers) keinen Einfluß auf die Karrieren ihrer Beamten oder die Besetzung von Stellen. "Diese Entscheidungen werden von einer Kommission höherer Beamten getroffen, die bei Spitzenpositionen allenfalls dem betreffenden Minister eine 'shortlist' zur Auswahl unterbreitet. Dennoch scheint auch in Großbritannien die Fiktion des neutralen und unsichtbaren Beamten als Diener aller Herren zunehmend problematischer zu werden" (JANN 1988, 48 f.). Die Einstellung von Beamten erfolgt nach einem Prädikatsexmen in jungem Alter (ähnlich wie im diplomatischen Dienst) aufgrund von schriftlichen Klausuren und mündlichen Auswahlgesprächen.

Geisteswissenschaftliche Bildung der Verwaltungselite

Die Trennung von demokratisch gewählten Politikern und von auf Lebenszeit ernannten Beamten, von Amtsprinzip und Demokratieprinzip, wird in Großbritannien bis heute ungewöhnlich strikt durchgeführt. Insbesondere zwei strukturprägende Bestimmungen verdienen besondere Beachtung: zum einen das Verbot der Kandidatur von Beamten zum Parlament und zum anderen die Unmöglichkeit, Beamte nach einem Regierungswechsel aus politischen Gründen in den "einstweiligen Ruhestand" zu versetzen. Wer als Beamter in die Politik geht, nimmt das Risiko einer neuen Karriere ohne Netz auf sich, weil er den Dienst ohne Garantie der Wiedereinstellung quittieren muß. Dies bringt es mit sich, daß nur wenige Minister, die in Großbritannien, wie bereits gesagt, ein Abgeordnetenmandat errungen haben müssen, als Leiter ihrer Behörde selbst über frühere Verwaltungserfahrung verfügen.

Strikte Trennung von Politik und Verwaltung

Fremd ist dem politischen System die deutsche Institution des "politischen Beamten", der von seinem Minister ohne Angabe von Gründen unter Zahlung von Zweidrittel der Bezüge jederzeit in den einstweiligen Ruhestand versetzt werden darf. Infolge der Autonomie des *civil service*, der Grundregel der strikten Trennung von Politik und Verwaltung und der Betonung des Dienstgeheimnisses werden bei einem Regierungswechsel die Akten des Vorgängers vor der neuen politischen Leitung verschlossen und mit *red tape* (dem sprichwörtlichen englischen Äquivalent zum deutschen Amtsschimmel) versiegelt ins Archiv getan. Aufgrund all dieser Eigentümlichkeiten besteht durchaus der "Verdacht, daß in britischen Ministerien Politiker eher von Bürokraten gesteuert werden als umgekehrt", wie er von der bekannten Fernsehserie "Yes Minister" popularisiert worden ist (JANN 1988, 49).

Nach Geist und Buchstaben aller Verfassungskonventionen sind die Beamten loyale Diener ihrer demokratisch legitimierten politischen Herren. Aber die Möglichkeit der effektiven Kontrolle der Ministerialbürokratie durch eine über nur begrenzte personelle Ressourcen verfügende Regierung aus Amateuren wird in der Forschung uneinheitlich beurteilt. Auf der einen Seite muß die Verwaltung die vom Parlament autorisierten Weisungen der Minister ausführen. Auf der anderen Seite aber hat die Regierung, weil sie keine Verwaltungsexperten als politische Beamte auf Zeit ernennen kann, nur eine beschränkte Möglichkeit, die Ausführung ihrer Anordnungen detailliert zu überwachen. Daraus erklärt sich auch eine von manchen Beobachtern registrierte Doppelgesichtigkeit des britischen Typus eines "Party Government" (DÖRING 1987c).

Kontrolle der Verwaltung durch die politische Leitung

In bezug auf die Ernennung des Kabinetts und sein legislatives Initiativ und Entscheidungsmonopol erscheint die britische Regierung als "'perfected' party government" (LOW 1911, 114). Doch dieses Musterbeispiel eines "perfektionierten Party Government" erfüllt auf dem international vergleichenden Kriterienkatalog eines "Party Government" von RICHARD ROSE nur ein einziges Merkmal zweifelsfrei: es handelt sich um die Bildung einer ausschließlich aus Parlamentariern nur einer Partei bestehenden Regierung. Aber sowohl in bezug auf Policy-Formulierung als auch auf die

Implementierung von politischen Programmen und die Verwaltungskontrolle bestehen erhebliche Zweifel an der Duchsetzungsfähigkeit der nach außen so starken Parteiregierung (ROSE 1976, 417-469).

Geringe Kontakte
zwischen Beamten
und Abgeordneten

Die Abschirmung der Beamten von einer Kontrolle durch Parlament und Presse wird mit der Doktrin der alleinigen ministeriellen Verantwortlichkeit gegenüber dem Parlament gerechtfertigt. Es ist der Minister und allein der Minister, der die Verantwortlichkeit für die Handlungen seiner Untergebenen übernimmt. Daher sollte er in der Theorie zurücktreten, wenn in seinem Hause Unstimmigkeiten geschehen. Es ist verpönt, den Namen von Beamten, die im Verdacht eines Pflichtversäumnisses stehen, in der Öffentlichkeit zu zitieren. Beamte dürfen auch vor dem Unterhaus und seinen Ausschüssen nur nach vorheriger Genehmigung des Ministers erscheinen und dort aussagen. Von allen Ländern der Michigan-Studie über "Bureaucrats and Politicians" waren die Kontakte zwischen Beamten und Parlamentariern in Großbritannien am geringsten (ABERBACH/PUTNAM/ROCKMAN 1981, 230).

Die Bürokratie steht unter strengen, juristisch durchgesetzten Strafandrohungen bei der Preisgabe von Amtswissen. Die Weitergabe auch nicht als geheim klassifizierter dienstlicher Informationen durch Beamte an Abgeordnete oder die Presse steht, sofern sie nicht ausdrücklich durch den Minister autorisiert worden ist, unter Strafandrohung durch den Official Secrets Act. Von dieser Bestimmung, die aus Furcht vor deutschen Spionen vor dem Ersten Weltkrieg eingeführt wurde, seitdem aber in Kraft geblieben ist, wird bis heute konsequent Gebrauch gemacht. Gleichwohl ist die gezielte Indiskretion natürlich auch in Whitehall nicht unbekannt. Nur geht sie bei in sich zerstrittenen Parteien zunehmend eher von den Ministern selbst aus, die dafür nicht unter Strafe gestellt werden können, aber bei Ruchbarwerden zurücktreten, und nicht von ihren mit Gefängnis bedrohten Beamten.

7.4 Beschleunigung von Reformen der Zentralbürokratie in der Ära Thatcher

Fulton Report
1968

Drei Strukturmerkmale - die humanistische Bildung, das Leitbild des am *common sense* orientierten Generalisten und die überproportionale Herkunft aus dem elitären "Oxbridge" (alle drei hängen eng zusammen) - haben "Whitehall" seit den 60er Jahren, seit Schuldige für die "englische Krankheit" geringer wirtschaftlicher Produktivität gesucht wurden, wiederholt zur Zielscheibe der Kritik werden lassen. Ein von der Regierung eingesetzter überparteilicher Untersuchungsausschuß, eine sogenannte Royal Commission unter Lord Fulton, bemängelte im FULTON REPORT von 1968 das von den Spitzenbeamten gepflegte Amateurideal (vgl. die ausgewogene Darstellung und Kritik dieses FULTON REPORTS durch den Politikwissenschaftler BIRCH 1990, 137-145, der selbst ein paar Jahre im *Civil Service* verbrachte).

Seitdem wurden verstärkt Karriereleitern - sogenannte *fast streamers* - für Ingenieure und Sozialwissenschaftler im höheren öffentlichen Dienst geschaffen. Doch noch im Jahre 1985 waren von den 66 Neueinstellungen eines Jahrgangs 56% Geisteswissenschaftler, 27% Sozialwissenschaftler und nur 17% Naturwissenschaftler (STURM 1991, 198). In Reaktion auf den zweiten Kritikpunkt von Fulton, die soziale Exklusivität der zu 75-85% aus "Oxbridge"-Absolventen bestehenden Spitzenbeamten, wurde in den 70er Jahren das Aufnahmeverfahren geändert. Dies führte im Zusammenhang mit der vorausgegangenen kräftigen Expansion der übrigen Universitäten, deren Graduierte jetzt auf den Markt kamen, zu einem allerdings nur kurzfristigen Absinken des Oxbridge-Anteils auf "nur" 50%.

Mrs Thatcher war durch ihre soziale Herkunft (als Tochter eines streng religiösen Gemüsehändlers außerhalb des staatskirchlichen Establishment), durch ihren "meritokratischen" Aufstieg durch Bildung (zwei Universitätsabschlüsse in Chemie und in Jura) vor ihrer Heirat mit einem Unternehmer, der seine Fabrik verkaufte, um sich dem Golfspiel zu widmen, und nicht zuletzt durch ihre radikalen Werte ein "outsider" außerhalb des patrizischen Establishment. Im Einklang mit der seit Fulton verbreiteten Kritik am Amateurideal beschuldigte sie eben diesen selbstgefälligen Clubgeist des britischen Establishment, mit am wirtschaftlichen Niedergang Großbritanniens schuld zu sein. Über sie geht das geflügelte Wort des Abgeordneten Julian Critchley um, daß sie immer dann, wenn sie einer etablierten Institution ansichtig wurde, nicht der Versuchung widerstehen konnte, ihr einen Schlag mit ihrer Handtasche auszuwischen ("she cannot see an institution without hitting it with her handbag", zitiert nach NORTON 1987, 21).

Als eine der Ursachen für die notorischen Spannungen zwischen der Premierministerin und der etablierten Bürokratie gilt (ob berechtigt oder nicht) ihre Überzeugung, daß der Civil Service ein Teil jenes stagnationsbrütenden, für den wirtschaftlichen Niedergang Großbritanniens verantwortlich gemachten "direktionslosen Konsens" parteiübergreifender Absprachen einer an Keynes orientierten Wirtschaftssteuerung gewesen sei. Thatchers Versuch, dieses "other government" parteiübergreifender sektoraler Netzwerke zu zerbrechen, setzte bei der Reform des Civil Service an. Ein intimer Kenner der durch exorbitante Geheimhaltung geschützten Gewohnheiten von Whitehall, der Journalist und Zeithistoriker Peter HENNESSY, urteilt, es sei keine Übertreibung, daß Margaret Thatcher die Struktur des Civil Service stärker als jeder andere Premierminister in Friedenszeiten vor ihr seit Gladstone verändert habe (HENNESSY in KAVANAGH/SELDON 1989, 114). Nicht nur wurde die Zahl des Personals und die Anzahl der Formulare verringert, sondern auch ein betriebswirtschaftliches Planungssystem - wie die "Financial Management Initiative" (FMI) - zur Stärkung der Aufsicht der gewählten Politiker über die Karrierebeamten eingeführt.

Diese Reformen wurden unter der Leitung eines vorübergehend in den Staatsdienst eintretenden Beraters der Premierministerin, Sir (heute Lord)

Abneigung Thatchers gegen das Establishment

Thatchers Eingriffe in den Civil Service

Derek Rayner, eingeführt und später von einem (ebenfalls nur vorübergehend freigestellten) Direktor des Industriekonzerns ICI fortgeführt. Rayner, ein Direktor der Kaufhauskette Marks and Spencer, der früher selbst in Whitehall gearbeitet hatte, arbeitete nach dem Urteil HENNESSYS allerdings nicht gegen den Civil Service, sondern kooperierte mit ihm, indem er Verbündete auf allen Stufen der Bürokratie suchte. Unter Bruch des scheinbar so ehernen Gesetzes der Budgetmaximierung durch eine Bürokratie, die primär an der Ausweitung ihrer Abteilungen interessiert sei, verringerte sich der Umfang des Staatsdienstes um etwa 20% auf den niedrigsten Personalstand der Nachkriegszeit. Kritiker machen indessen geltend, daß die Personaleinsparungen überwiegend bei den industriell Beschäftigten stattfanden und es der Regierung nicht gelang, im gleichen Ausmaß auch die öffentlichen Ausgaben zu kürzen (ABROMEIT 1990, 299).

1981 wurde das "Civil Service Department" aufgelöst. Indem seine Aufgaben zwischen dem Schatzamt und dem im Rahmen des "Cabinet Office" neu eingerichteten "Office of Management and Personnel" aufgeteilt wurden, verlor der Civil Service sein seit 135 Jahren bestehendes Monopol der alleinigen Rekrutierung der Ministerialbeamten. So verwundert es nicht, daß Mrs Thatcher vorgeworfen wurde, sie habe unter Aufhebung der Reformen Gladstones die höheren Ränge des Civil Service politisiert. Aber die Tatsache, daß sie "certainly took a keener interest in the work of the Cabinet Secretary's Senior Appointments Selection Committee than any Premier in memory" (HENNESSY in KAVANAGH/SELDON 1989, 114), bedeutet doch bei genauem Hinsehen nur einen bescheidenen Schritt in Richtung auf das international eher übliche Maß der Mitsprache der politischen Leiter bei der Auswahl ihrer beratenden Spitzen-Beamten.

In Großbritannien sind politische Stäbe mit externen Beratern nicht Teil des Ministeriums und besitzen gegenüber der Bürokratie keine Befugnisse. Außenseiter wurden von ihr nur in Ausnahmefällen zu hohen Beamten ernannt und dann bald durch Karrierebeamte ersetzt. Auch Kritiker der der britischen Verwaltungskultur fremden Tendenz, daß Politiker an der Auswahl ihrer Spitzen-Beamten mitwirken, "räumen ein, daß die Auswahl weniger nach politischen Einstellungen getroffen wird, als nach persönlichen und Management-Qualitäten. Während früher eher abwartende, analytische Persönlichkeiten gefragt waren, bevorzugt die konservative Regierung eher hemdsärmelige Macher mit einem 'can-do-approach'" (JANN 1988, 55, Anmerkung 31).

7.5 Artikulation und Aggregation von Interessen: "Corporate Bias" ohne Korporatismus

Der Funktionslogik der Konkurrenzdemokratie des Westminster Modells zufolge werden die vielfältigen Interessen einer Gesellschaft durch Verbände und Vereine, Bürgerinitiativen und andere sogenannte Intermediär-organisationen artikuliert. Zu politischen Handlungsalternativen aggregiert werden aber sollen sie nach diesem allein durch die politischen Parteien. Denn nur durch die im Parlament agierenden Parteien, die die Regierung bilden und vom Wähler abberufbar bleiben, kann der majoritären Theorie der Demokratie zufolge Verantwortlichkeit und Kontrolle organisierter Interessen gewährleistet werden. Auch die Bürokratie und die zahlreichen Beiräte der Ministerien, die Politik in einem großen Ausmaß vorentscheiden, sind der Theorie nach in diese Kette demokratischer Verantwortlichkeit eingebunden. Denn es ist das Unterhaus, das die letzte Entscheidung über ausgehandelte Kompromisse trifft.

Interessen werden - so unterstellt das Modell ohne weitere empirische Analyse - im vorpolitischen Raum artikuliert und dann durch Parteien und Parlament aggregiert. Hier liegt der große blinde Fleck des normativen "Westminster Modells". Wer es auf die Spitze treibt, kann daher annehmen, daß Interessengruppen in einem durch Parteidisziplin im Parlament dominierten parlamentarischen System eine geringere Rolle spielen als in einem präsidentiellen Regierungssystem oder in einem fragmentierten Vielparteiensystem. So wurde auch in der wissenschaftlichen Literatur von einem amerikanischen Autor allen Ernstes die These vertreten, im parlamentarischen System Großbritanniens spielten Interessengruppen eine dem Parlament untergeordnete Rolle (vgl. die Kritik durch MCKENZIE 1958, 5-16). So behauptete sogar John P. MACKINTOSH (1977), dem hierin sofort von L. Jim SHARPE (1977, 114) empirieferne Legendenbildung vorgeworfen wurde, daß es unter dem "Westminster Modell" in Großbritannien keinen Platz für das Wirken von Interessengruppen außerhalb des Parlaments gegeben habe.

Theorie und Praxis der Interessenaggregation

In Großbritannien suchen und finden natürlich Interessengruppen, so wie in den übrigen liberaldemokratischen Systemen auch, Zugang zu den Ministerien ohne Kenntnis des Parlaments. Minister und Beamte bemühen sich umgekehrt um die Zuarbeit von Verbänden, um die möglichen Auswirkungen legislativer Maßnahmen im voraus beurteilen zu können. Es sind sogar Fälle bekannt, in denen ein Ministerium dann, wenn kein Verband in seinem Bereich existierte, die Gründung einer solchen gesellschaftlichen Gruppe mit Staatsgeldern subventionierte, um einen gesellschaftlichen Ansprechpartner zu besitzen (siehe das bei BIRCH 1990, 157 gegebene Beispiel). In Großbritannien werden ähnlich wie in anderen hochindustrialisierten Demokratien Politikfelder durch sogenannte "klientelistische Netzwerke" aus Bürokraten und Spitzenvertretern von Interessengruppen unter Beteiligung von oder Duldung durch gewählte Politiker ganz oder teilweise aus dem Parteienwettbewerb ausgeklammert und unter Umgehung von Parteien und Parlament, denen bisweilen nur noch die Ratifizierung vorab ausgehandelter Kompromisse verbleibt, durch sogenannte "pluralistisch-bürokratische Interaktionssysteme" (LEHNER 1979, Kapitel 7) reguliert.

Klientelistische Netzwerke

Eine solche Ausklammerung von Politikfeldern aus dem Parteienwettbewerb verstößt natürlich gegen die verhaltensleitende Grundnorm alternierender Parteiregierung. In ihr sollen Mehrheiten in einem offenen Wahlkampf entscheiden und nicht Spitzenvertreter von Korporationen, ohne ihre Basis zu fragen, Kompromisse hinter verschlossenen Türen aushandeln. Daher wird eine solche Praxis sehr verschwiegen gehandhabt. Doch besitzt eine theoretische Interpretation, die darin keine Aushöhlung, sondern eine Entlastung der Konkurrenzdemokratie sieht, immerhin den Vorteil, sich auf den Stammvater des Konkurrenzmodells der Demokratie, Joseph A. SCHUMPETER berufen zu können. Als zweite seiner fünf Bedingungen für einen Erfolg der "demokratischen Methode" des Parteienwettbewerbs nannte er ausdrücklich die Bedingung, daß der "wirksame Bereich" politischer Entscheidungen nicht allzu weit ausgedehnt werden dürfe.

So könnten und dürften öffentliche Funktionen vom Parlament an Körperschaften delegiert werden, die - juristisch gesehen - private Gesellschaften seien und eine große Unabhängigkeit vom politischen Sektor besäßen, um eine eigene Politik zu treiben (SCHUMPETER 1950, 464 f.). Eine solche Übertragung öffentlicher Funktionen an private Körperschaften pflegt man in der neueren Diskussion als "Neo-Korporatismus" zu bezeichnen (vgl. ALEMANN/HEINZE 1981 und BÖHRET/JANN/KRONENWETT 1988, 178-189). Allerdings ist der Begriff des "Neo-Korporatismus", der aus lateinamerikanischen und kontinentaleuropäischen Regierungssystemen entlehnt worden ist, inadäquat zum Verständnis des Regierungssystems Großbritanniens. Denn hier fehlt eine zentral koordinierte Verflechtung von Regierung, Bürokratie und Interessengruppen. Es handelt sich eher um einen freien, spontan gebildeten Wildwuchs zahlloser ad hoc gebildeter Komitees. Als "quasi-autonomous non-governmental institutions" werden sie mit einer griffigen Abkürzung als "Quangos" belegt.

Keith MIDDLEMAS (1979) hat in einer zeithistorischen Studie aufgewiesen, wie seit der Jahrhundertwende wechselnde Regierungen jedweder parteipolitischen Couleur zentrale Politikfelder auf der Suche nach Konfliktvermeidung aus dem Parteienwettbewerb ausklammerten. Sie überließen deren Regelung der Vereinbarung zwischen Regierung, Interessengruppen und dem unparteiischen Civil Service unter Ausklammerung des Parlaments, dem de jure die Aufgabe der nachträglichen Legitimierung anderweitig bereits getroffener Vorentscheidungen verblieb. MIDDLEMAS sprach aber treffend nur von einem *"corporate bias"*, einem quasi "korporatistischen Klima", und nicht von einem "Korporatismus" wie in Japan, Schweden oder Österreich. Denn diese Konzertierung von Interessen in dreiseitigen Absprachen zwischen Unternehmerverbänden, Gewerkschaften und Bürokratie (daher auch: "Tripartismus" genannt) ist in Großbritannien nicht koordiniert und nicht "verrechtlicht". Selbst den Arbeitgeberverbänden, und erst recht den zersplitterten Gewerkschaften, fehlt im eigenen Lager die unbestrittene Anerkennung, um in Spitzengesprächen getroffene Kompromisse durchsetzen zu können (STURM 1991, 158).

Marginalien:
Begrenzung des Parteienwettbewerbs als Entlastung der Konkurrenzdemokratie

Keine zentrale Koordination des "Corporate bias"

Man hat bisweilen im britischen System sogar von der "Mit-Regierung" der Interessengruppen in klientelistischen Netzwerken von Politikbereichen außerhalb von Parlament und Regierung als einer "Regierung auf Vereinbarung der neuen Stände" (NUSCHELER 1979) gesprochen. Die amorphe Symbiose von legislativ uneingeschränkter Mehrheitsdemokratie und informalen Elementen parteiübergreifender "Verhandlungsdemokratie", die allerdings nicht so wie in Österreich oder Schweden als "korporatistisch" eingestuft werden darf, führt zu einer von vielen Beobachtern registrierten Doppelgesichtigkeit des britischen Regierungssystems. Neben der eigentlichen Regierung, die sichtbar im Zentrum von Westminster und Whitehall steht, taucht ein im Verborgenen wirkendes "other government" auf. Beide scheinen auf nur fragile Weise verbunden zu sein durch die "contradictory expectations we have hitherto harboured of strong, single-party government and pluralistic conciliation" (PULZER 1975, 2).

Nur scheinbar ist es ein Paradox, daß das politische System Großbritanniens ein formal schrankenloses System der Parteienkonkurrenz, das dem Wahlsieger freie Hand für eine Legislaturperiode erteilt, mit einem informellen überparteilichen Netzwerk diffuser Beratungsgremien aus zahlreichen ad hoc gebildeten gesellschaftlichen Gruppen kombiniert. Wenn nämlich die Verfassung in der politischen Kultur Großbritanniens nicht (oder nicht nur) als ein vom Gesetzgeber erlassener Rahmen, sondern als ein Teil des *common law* des Landes verstanden wird, dann ist es in dieser Denkweise, die auf der Annahme beruht, daß das Recht nicht so sehr durch Parlament und Regierung "gesetzt" als vielmehr durch gemeinsame Beratung der betroffenen Parteien "gefunden" oder "aufgewiesen" wird, eine als selbstverständlich erachtete Pflicht, Konsultationen im Vorfeld des parlamentarischen Gesetzgebungsverfahrens zu führen.

Allerdings darf diese "pluralistische Konzertierung" jederzeit durch das schrankenlose Legislativmonopol der "Souveränität des Parlaments" suspendiert werden, über die die Ein-Partei-Regierung mit einfacher Mehrheit verfügt. In der unsystematischen Gemengelage widersprüchlicher Strukturelemente aus unterschiedlichen Epochen hat man einerseits vom britischen Politikstil der einvernehmlichen Kompromisse am runden Tisch gesprochen. Andererseits steht es einer entschlossenen Exekutive frei, so wie die Regierungen Thatcher zahlreiche Policies als "non-negotiable" zu deklarieren (DÖHLER 1990, 207) und die Interessengruppen von der Konsultation auszuschließen, ohne daß dies in der politischen Kultur des "winner takes all"-Prinzips als anstößig empfunden würde.

Die umfassende Konsultation und Konzertierung von Interessen besitzt in Großbritannien - anders als etwa in Österreich oder in Schweden (und anders auch als die Gemeinsame Geschäftsordnung der Bundesministerien, die Konsultation aller von einem Gesetzentwurf betroffenen Gruppen vorschreibt) - keine gesetzlich bindende Kraft. Sie kann ohne jeden Rechtfertigungs- und Begründungszwang durch die Parteiregierung suspendiert werden. Thatcher machte den "schleichenden Korporatismus" der Jahrzehnte vor ihr, der überdies voll mit den Verhaltensgewohnheiten eines "Clubs" übereinstimmt, für die "englische Krankheit" verantwortlich. Gemischt wird allerdings die Erfolgsbilanz der Regierung beim Abbau dieser in Großbritannien weit verzweigten halbstaatlichen Körperschaften außerhalb der Staatsbürokratie beurteilt. Bis Mitte der achtziger Jahre löste die Regierung 441 dieser Gremien auf, von denen es, je nach Definition und Abgrenzung, bis zu 2000 gibt. Abgeschafft wurden aber nur die unbedeutenderen "advisory bodies", während gleichzeitig in anderen Bereichen mit beträchtlichen Kompetenzen neu ausgestattete entstanden (ABROMEIT 1990, 301).

8 Stärkung des staatlichen Gewaltmonopols: Gerichte und Polizei

Wie sehr Großbritannien historisch eine Gesellschaft ohne zentrale bürokratische Staatstradition ist, zeigt sich unter anderem am Aufbau des Gerichtswesens. In einer politischen Kultur, die durch das Leitbild des "Amateurs" geprägt ist, der seinem common sense, seinem "gesunden Menschenverstand" folgt, hat sich die Rechtsprechung durch juristische Laien für leichtere Straftaten in einem außerordentlichen Ausmaß erhalten, das in Westeuropa unbekannt ist und sonst nur noch in den USA vorkommt, die mit dem alten Mutterland durch "special relationship" verbunden sind. Doch stand mit dem Anwachsen der Kriminalität, die in allen industrialisierten Demokratien auftrat, und mit Krawallen und Unruhen, die mit der Verarmung der *inner cities* in der Wirtschaftskrise einhergingen, auch Großbritannien vor der Frage, wie das staatliche Gewaltmonopol stärker professionalisiert und zentralisiert werden könne. **Anwachsen der Kriminalität**

Durch stärkere juristische Überprüfung der Entscheidungen von Ministerien, die das Leben individueller Bürger betreffen, ist auch ohne eine förmliche Verfassungsgerichtsbarkeit der Einfluß der Berufsrichter an den obersten Gerichtshöfen gewachsen. Das touristenwirksame Bild des freundlichen "Bobby" um die Ecke, der als Schutzmann in seinem schmucken Papphelm patroulliert und mit den Nachbarkindern Fußball spielt, ist wie in anderen Industriegesellschaften auch stärker durch Polizei in Streifenwagen ersetzt worden. (Allerdings ist man nach den Krawallen von 1981 wieder verstärkt zum "community policing" persönlicher Gespräche zwischen Polizei und Bürgern zurückgekehrt.) Eine stärkere Zentralisation des Polizeiapparates in überregionalen Verbänden durchbricht die traditionelle Fragmentierung des staatlichen Gewaltmonopols. Denn die Polizei war in der Vergangenheit ausschließlich (und ist es auch heute bis auf stärker ausgebaute Spezialbrigaden) Angelegenheit der Kommunen, deren Befugnisse allerdings ebenfalls durch die Gesetzgebung in der Ära Thatcher beschnitten worden sind.

8.1 Der Aufbau der Gerichtsbarkeit: Ehrenamtliche juristische Laien und Berufsrichter

Juristische Laien in
der Rechtspflege

Wie sehr England tatsächlich auch heute noch das "Paradies der Amateure" (WOCKER 1971, 29-41) ist, wird besonders deutlich in einem Bereich sichtbar, in dem man es am wenigsten erwartet, nämlich dem Gerichtswesen. In Deutschland wurden die alten Schwurgerichte mit drei Berufsrichtern und zwölf Geschworenen, die, wie in Großbritannien, allein über die Schuldfrage entschieden, in der Strafrechtsreform der Weimarer Republik abgeschafft (HÄNDEL 1979, 271, Anm. 293). Während bei uns Schöffen heute nur noch als Beisitzer der Berufsrichter arbeiten, spielen sie als juristische Laien in Großbritannien eine weitaus größere Rolle. In der einfachen Strafgerichtsbarkeit und in den als eine Art Verwaltungsgerichte auftretenden Schiedsgerichten oder sogenannten "Tribunals" dominiert das Laienelement sogar. Juristische Laien arbeiten in drei Bereichen:

-   als Friedensrichter (es gibt 1991 etwa 28 000 Justices of the Peace) in den sogenannten "Magistrates Courts" der englischen und walisischen Städte;

-   als Mitglieder einer Jury, die in Kriminalprozessen (und in wenigen Zivilsachen) allein (ohne Teilnahme des den Vorsitz führenden Berufsrichters) über Schuld oder Nichtschuld eines Angeklagten entscheiden, worauf der Berufsrichter ihn auf freien Fuß setzen muß oder bei einem Verdikt die Höhe der Strafe bestimmt;

-   als Beisitzer in zahllosen Verwaltungstribunalen, die über Beschwerden von Bürgern zu Gericht sitzen.

Alle drei Bereiche sollen nun nacheinander kurz skizziert werden. Allerdings gelten alle Aussagen nur für England und Wales. Denn Schottland besitzt - wiederum typisch für eine Gesellschaft ohne zentrale bürokratische Staatstradition - nicht nur eine eigene Gerichtsverfassung, sondern auch ein von England und Wales unterschiedenes Bildungssystem und eine unabhängige Staatskirche. (Zu diesen schottischen Besonderheiten, die hier nicht im einzelnen dargestellt werden können, siehe das Lehrbuch von KELLAS über das "Scottish Political System".)

Friedensrichter

Die etwa 28.000 englischen Friedensrichter (BRITAIN 1991. AN OFFICIAL HANDBOOK, 126) urteilen über leichtere Straftaten (summary offences) bis 6 Monate Haft oder 2000 Pfund Geldstrafe. Sie besitzen keine juristische Ausbildung, sondern können sich während der Verhandlung des Rats eines nicht richterlich tätigen Justizbeamten bedienen. Lediglich in London und einigen anderen Großstädten bestehen die Magistrates' Courts aus Berufsrichtern. Die Laienrichter beziehen für ihre als sehr ehrenvoll

178

angesehene Tätigkeit, die sie nebenberuflich ausüben, kein Gehalt, sondern nur eine Aufwandsentschädigung.

Im überwiegenden Teil der Strafgerichsbarkeit in leichteren Fällen - Schätzungen zufolge in 98% aller Fälle - verlassen die Engländer sich auf den gesunden Menschenverstand angesehener Bürger. Die Neigung der überwiegenden Mehrheit der Engländer, dem Urteil ortskundiger Laien mehr als dem Sachverstand von Beamten zu vertrauen, die nach abstrakten Regeln arbeiten, nimmt auch den Nachteil der ehrenamtlichen Rechtssprechung in kleinen Delikten in Kauf. Er besteht darin, daß die gleichen Vergehen von Ort zu Ort, ja von Stadtteil zu Stadtteil mit einem unterschiedlichen Strafmaß bedacht werden können (BUDGE U. A. 1983, 157). Alle über 6 Monate Haft hinausgehenden Delikte gehen an den Crown Court, der mit juristisch ausgebildeten Berufsrichtern besetzt ist. Sie tagen zusammen mit einer Jury aus Laien, die, wie bereits gesagt, allein über die Schuld des Angeklagten befindet.

Das Recht auf "Trial by Jury" gehört als Grundrecht englischer Bürger zur "libertären" Tradition, stammt aber nicht aus dem Mittelalter, sondern wurde erst in den beiden Revolutionen des 17. Jahrhunderts durchgesetzt. In Großbritannien hat jeder Angeklagte das Recht, seine Schuld durch ein Jury von "seinesgleichen", d.h. aus unbescholtenen Bürgern, prüfen zu lassen. Auch bei den einfachen Delikten kann er wählen, ob sein Fall von den Friedensrichtern in den erwähnten Magistrate's Courts oder vor einem Geschworenengericht verhandelt werden soll. Da Berufsrichter zur Verhängung höherer Strafen neigen, ziehen die meisten aber das Laiengericht vor. Doch in beiden - im Magistrates' Court und im Trial by Jury - wird am bestimmenden Einfluß der sozialen und moralischen Gesichtspunkte einer bürgerlichen lokalen Lebensgemeinschaft gegenüber den abstrakten Rechtsansprüchen einer staatlichen Hoheitsgewalt festgehalten.

Trial by Jury

Die im englischen Strafverfahren übliche Verhandlungsmaxime, die dieses von der deutschen Beweisaufnahme unterscheidet, ist das sogenannte "adversary system" oder "non-inquisitorial system". Es überläßt den vor Richter und Jury agierenden Prozeßparteien - d.h. Staatsanwalt und Verteidigung - die Auswahl der allein zu berücksichtigenden Streitpunkte und Beweismittel. Der Angeklagte wird also nicht vom hohen Gericht einem peinlichen Verhör unterzogen, sondern kämpft mit Hilfe seines Anwalts gegen den gleichberechtigten Staatsanwalt um das Votum der Jury. Durch dieses "adversative" Prozeßverfahren hat sich in Großbritannien weitgehend die Vorstellung eines "courtroom game" bzw. eine "'sporting' theory of justice" (DYSON 1980a, 110) ausgebildet. Kritische Stimmen weisen darauf hin, daß es zweifelhaft sei, ob die Geschworenen stets die Kraft zur vorurteilsfreien Einschätzung besäßen; sozialmoralischer Konsens der Geschworenen kann sich negativ gegenüber Außenseitern und Minderheiten auswirken.

"Adversative" Beweiserhebung

Der dritte Bereich, in dem Laien in der Justiz eine Rolle spielen, sind Rechtsstreitigkeiten zwischen Bürgern und Verwaltung. Anstelle einer zentralen Verwaltungsgerichtsbarkeit gibt es in England ein fragmentiertes System von *administrative tribunals*. Ihr freier Wuchs, der sich nicht an einem systematischen Prinzip orientiert, sondern auf spontane Abhilfe aufgetretener Auswüchse bestehender Verwaltungspraxis gerichtet ist, kommt darin zum Ausdruck, daß man um 1980 nicht weniger als 45 unterschiedliche Typen von Verwaltungstribunalen in sechs übergeordneten Kategorien zählte (BRENNAN 1982, 402 f.; PADFIELD/BYRNE 1981, 272 f.). Sie reichen z. B. von *rent tribunals* zur Klärung von Mietstreitigkeiten über *national insurance tribunals* zur Klärung von Sozialversicherungsfragen bis hin zu *mental health review tribunals*, wenn jemand seine Entlassung aus eine geschlossenen Anstalt einklagen möchte. In einer langen Serie stets neu errichteter Verwaltungstribunale wurde mit dem Education Act Eltern das Recht eingeräumt, die Einweisung der Schüler in bestimmte Schulbezirke durch die örtliche Schulbehörde gerichtlich anzufechten.

Verwaltungs-tribunale Diese Rechtspflege, die pragmatisch auf jeweils neu entstehende Aufgaben mit der Schaffung eines neuen Tribunals reagiert, erscheint typisch für die Staatsintervention wider Willen in einer "nicht-staatlich verfaßten" (DYSON 1980b) Gesellschaft. Nicht nur für diese ad hoc geschaffenen Spezialgerichte, sondern für alle Bereiche des öffentlichen Lebens gilt: Staatsintervention in Großbritannien besteht in der Regel aus unkoordinierten ad hoc-Aktionen, die durch ein gravierendes Problem oder ein aktuelles politisches Programm ausgelöst werden. Gesellschaftliche Steuerungstätigkeit durch die Regierung ist in der Regel nicht zentral koordiniert. Westminster und Whitehall neigen dazu, solche Aufgaben an stets neu geschaffene, unabhängig von der Regierung arbeitende Körperschaften zu delegieren (siehe zu diesem Grundzug der britischen Politik BUDGE U.A. 1983, 214). Für diesen fragmentierten Charakter der Ausübung öffentlicher Herrschaft ist es bezeichnend, daß die englische Sprache keinen einheitlichen Begriff für die etwa 45 Arten von Spezialgerichten kennt:

> "Die britischen 'Verwaltungsgerichte' (sie werden 'special tribunals', 'courts', 'boards', 'committees' usw. genannt) haben unterschiedliche Rechtsbefugnis (manche, wie der Criminal Injuries Compensation Board, der mit Geldern, die das Parlament bereitstellt, Opfern krimineller Gewalttätigkeiten eine Entschädigung zahlt, haben nicht einmal eine gesetzliche Basis) und sind von unterschiedlich großer Bedeutung für die Gesamtöffentlichkeit (das Spezialgericht für Windhundrennen, die 'Greyhound Racing Association', offensichtlich eine geringere als die zahlreichen Mietgerichte, die 'rent tribunals')" (HÄNDEL 1979, 213).

Die Hochschätzung des Laienelements ist tief in der anglo-amerikanischen politischen Kultur verankert. Selbst ein trockenes Lehrbuch für Studierende gerät ins Schwärmen, wenn es den Anteil von Laien im Gerichtswesen beschreibt:

> "The making of law, the administration of law, and the administration of justice in the courts and tribunals are matters of supreme importance to civilised men everywhere. [...] Laymen in Anglo-Saxon and Norman times participated closely in making and administering the law. [...] They petitioned successive Monarchs to change the laws and to grant remedies or relief when the laws pressed heavily upon themselves. Ultimateley they achieved a great

constitutional reform of Parliament in 1689, which ensured that the will of the people (laymen) should prevail against the supreme might and power of a despotic King" (PADFIELD/BYRNE 1981, 227).

8.2 Einfluß der Obergerichte auch ohne formale Verfassungsgerichtsbarkeit

Während die meisten Straftaten und Zivilprozesse vor den "Untergerichten" verhandelt werden, in denen Laien eine große Rolle spielen, gelangen schwere Straftaten und beträchtlichere Zivilstreitigkeiten von vornherein an die mit einer Elite von Berufsrichtern besetzten Obergerichte (siehe zum Aufbau der Obergerichte knapp und prägnant das deutsche Lexikon von FISCHER/BURWELL 1988, 127 f.). Die sogenannte *Queen's Bench Division* am *High Court (of Justice)*, die vor allem für das *common law* zuständig ist, besitzt das Recht, alle Entscheidungen der im vorigen Kapitel 8.1 charakterisierten Verwaltungstribunale zur Revision an sich zu ziehen. Diese Revision wird *judicial review* genannt, darf aber nicht mit der in anderen Ländern üblichen Bedeutung dieses Begriffs verwechselt werden, der normalerweise "konkrete Normenkontrolle" meint, d. h. richterliche Prüfung, ob ein anzuwendender Paragraph eines Gesetzes oder ein ganzes Gesetz mit der Verfassung vereinbar ist oder nicht.

Als neuer Trend der letzten Jahrzehnte ist ein starker Zuwachs von "*Judicial Review*" auch ohne die Existenz einer förmlichen Verfassungsgerichtsbarkeit zu verzeichnen. Während es in den fünfziger und sechziger Jahren nur ein Dutzend von Klagen pro Jahr gab mit dem Ziel der Überprüfung der Entscheidungen von Ministern, öffentlichen Körperschaften (Quangos), Tribunalen oder Untergerichten, sind heute etwa 15 der 51 Oberrichter der sogenannten *Queen's Bench* überwiegend mit solchen Fällen beschäftigt (CONTEMPORARY RECORD 1988, 39). Dabei stehen den Oberrichtern am *High Court* - es gibt zur Zeit nur 77 - und den ihnen übergeordneten 15 Richtern am *Court of Appeal* und den 22 *Law Lords* im Oberhaus zwei Instrumente zur Verfügung.

Zum einen prüfen sie, wenn ein Gesetz den Minister ermächtigt, bestimmte Handlungen in bezug auf ein allgemein im Gesetz formuliertes Ziel vorzunehmen, ob er sich im Einzelfall noch im Rahmen des Gesetzes bewegt hat oder *ultra vires* (d.h. außerhalb gesetzlicher Ermächtigung) gehandelt hat. Zum anderen können sie zwar nicht das Gesetz, aber alle Verwaltungsakte, ob sie sich nun direkt auf ein Gesetz beziehen oder nicht, dann für nichtig erklären, wenn sie nach ihrer Meinung dem Prinzip der natürlichen Gerechtigkeit (*natural justice*) widersprechen. Es läßt sich ermesssen, daß ein solches Prinzip einen ganz erheblichen Spielraum zur Korrektur der Regierung durch die Judikatur eröffnet.

In dem Maße, wie die absoluten Mehrheiten der Ein-Partei-Regierung in den siebziger und achtziger Jahren auf immer weniger Wählerstimmen beruhten, wuchs die Skepsis der Judikatur gegen die Legitimität der formal korrekt "gesetzten" Legalität der einfachen Mehrheit. Darauf hat ein Richter in einem 1988 erschienenen Zeitschriftenbeitrag sehr pointiert hingewiesen:

> "I don't think there's been a government for many, many years, which has been elected by the majority of the population. Add to that an extremely sophisticated whipping system [Management des Fraktionszwangs], and the answer is that the government in power, whatever its colour, is actually capable of carrying the Commons for anything it thinks is an important point. The result is that accountability for abuse or misuse of powers in Parliament is first of all not very easy to get, and if it's widespread, there just isn't parliamentary time to raise it at all" (CONTEMPORARY RECORD 1988, 40).

Legalität und Legitimität

Dieses repräsentative Zitat, das auf die oben erwähnte ständige Zeitnot des Unterhauses anspielt, ohne allerdings den gewachsenen Bruch der Fraktionsdisziplin zu berücksichtigen, legt die Schlußfolgerung nahe, daß die Judikatur um so mehr von den ihr zustehenden Rechten der Beschneidung des Handlungsspielraumes der Regierung Gebrauch machen wird, je stärker früher für gültig gehaltene "stillschweigende Einverständnisse" zwischen den politischen Parteien brüchig werden sollten und Ein-Partei-Regierungen kontroverse Gesetze mit ihrer Mandatsmehrheit "durchpeitschen".

Gewiß darf die Verfassung - einzigartig unter allen liberaldemokratischen Systemen mit Ausnahme von Israel und Neuseeland - mit der einfachen Mehrheit der Stimmen geändert werden (vgl. oben Kapitel 1.2). Gewiß darf kein Gesetz des britischen Parlamentes von irgendeinem britischen Richter wegen Verfassungswidrigkeit für nichtig erklärt werden. So will es die Verfassungskonvention der "Souveränität des Parlaments". Sie ist selbst nur eine Konventionalregel der Verfassung, wird aber dank einer seit drei Jahrhunderten praktizierten Gewohnheit von allen Gerichtshöfen des Landes als bindend anerkannt. Aber in der Anwendung des Gesetzes durch die Regierung im konkreten Einzelfall besitzt die Judikatur bei Klagen einzelner Bürger im ordentlichen Gerichtsverfahren einen erheblichen Spielraum.

Hermeneutische Rekonstruktion des "Sinns" eines Gesetzes

Zwar kann ein britischer Richter nicht sagen, daß ein vom Parlament (faktisch zumeist: von der Parteimehrheit des Unterhauses) mit oft nur einfacher Mehrheit kontrovers verabschiedetes Gesetz mit dem *"law of the land"* in Widerspruch stehe. Aber die Richter, die aufgrund der hermeneutischen Auslegungskunst des Common Law in dieser Fertigkeit besonders geschult sind, können sehr wohl fragen, was der Act of Parliament eigentlich bedeutet. Sehr prägnant hat ein Autor, der über das "New British Political System" einen Beitrag verfaßt hat, diesen feinen Unterschied zwischen der interpretativen richterlichen Prüfung in Großbritannien und der offiziell anerkannten Verfassungsgerichtbarkeit in den USA auf die folgende knappe und treffende Formulierung gebracht:

> "No one asks a judge to say a law is not a law at all in Britain, as they sometimes do in America. What they ask is what the law actually means. This process is called interpretation or 'construction'; it is in interpreting the meaning of the Act, often a matter of dealing with very vague or general phrases, that judges have most of their power" (BUDGE U. A. 1983, 164).

Derselbe Autor fährt fort, es gebe Fälle, in denen die den *Act of Parliament* anwendenden Richter eine hermeneutische Rekonstruktion des Gesetzes nicht nur deshalb für erforderlich hielten, weil sie aufgrund vager Klauseln nur schwer erkennen konnten, was das Parlament eigentlich genau gemeint habe, sondern weil sie ganz einfach nicht glauben konnten, daß das Parlament im Ernst das gemeint haben könnte, was der Wortlaut des Paragraphen besage:

> "... the law reports are full of cases where a statute that is the very model of linguistic clarity is deemed to require interpretation not because it is hard to see what Parliament said it intended but a judge was unable to believe that it could have intended that thing" (BUDGE U. A. 1983, 172).

So findet, auch wenn ein richterliches Prüfungsrecht kontinental-europäischen Zuschnitts, das sich auf die Feststellung der Verfassungs-widrigkeit von Gesetzen erstreckt, im britischen System völlig unbekannt ist, doch über die Interpretation des "Sinns" von Gesetzen und über die Kritik ihrer konkreten Anwendung ein "judicial review" in die britische Verfassung Eingang. Der skizzierte abstrakte Sachverhalt läßt sich am besten durch ein Beispiel verdeutlichen. Einer Stadtverwaltung wurde rechtgegeben, einem Manne die Zuweisung einer Sozialwohnung zu verweigern, weil er Pole war. Dabei spielte keine Rolle, daß er alle Voraussetzungen für seinen Anspruch erfüllte, das Recht zum ständigen Aufenthalt in Großbritannien besaß und dort seit zwanzig Jahren gelebt hatte. Die Richter fanden, daß der Begriff *"race"* in der *Race Relations Act von 1971* nur unterschiedliche Hautfarbe, nicht aber unterschiedliche Nationalität meinte (BUDGE U. A. 1983, 164f.).

So besitzt die kleine und hoch angesehene Elite der Oberrichter an den Common-Law-Gerichtshöfen in der "Rekonstruktion" von Parlaments-gesetzen ein subtiles Instrument, als "Hüter der Gewohnheit" gegen kontroverse Gesetze der Ein-Partei-Regierung aufzutreten. Ob sie es tut oder nicht, hängt nicht von der formellen Einführung einer Verfassungs-gerichtsbarkeit und der Beseitigung der Doktrin der Souveränität des Parlaments ab, sondern von ihrer eigenen professionell-ethischen Einstel-lung, die wiederum durch Zeit und Generationserfahrungen geprägt wird (NORTON 1982, Kapitel 13).

8.3 Externe Judikatur durch den Beitritt zur Europäischen Gemeinschaft

Die Briten besitzen nicht wie die Amerikaner in ihrer "Virginia Bill of Rights" oder wie die Franzosen in der "Déclaration des droits de l'homme et du citoyen" oder wie die Bundesbürger in den Artikeln 1 bis 19 GG einen festen Grundrechtskatalog. Aber sie besitzen etwas, was die meisten von ihnen - so ein liberaler Kritiker der britischen Verfassung wie Samuel FINER

(FINER 1980, 182) - für besser als eine geschriebene Verfassungsurkunde halten, nämlich eine historische Tradition der erfolgreichen Erkämpfung individueller Freiheitsrechte, die bis auf die Magna Carta von 1215 zurückgeht.

Britische
Grundrechte
keine
Menschenrechte

Die Rechte der frei geborenen Engländer existieren als vor- und außerstaatlicher ererbter Rechtsbesitz des Gewohnheitsrechts auch ohne förmliche Anerkennung durch Parlament und Regierung. Sie werden allerdings nicht als unveräußerliche Menschenrechte vor und über dem Staat verstanden. Nur eine Minderheit der Briten begreift und begriff die Grundrechte als allgemeine, in einem vorstaatlichen Naturrecht wurzelnde Menschenrechte (LOTTES 1981, 96 f.). Deshalb können im Extremfall Ausländer, wie zuletzt die Internierung in Großbritannien lebender Iraker anläßlich des Golfkriegs von 1990 zeigte, ohne den Schutz der britischen rechtsstaatlichen Garantien in Haft genommen werden. Zwar hat Großbritannien die Europäische Konvention zum Schutz der Menschenrechte bereits 1951 unterzeichnet, aber als einziges Land der 21 Unterzeichner-staaten nicht durch einen Act of Parliament als unmittelbar geltendes Landesrecht ratifiziert.

Kein Parlament ist an die Beschlüsse früherer Parlamente gebunden. Deshalb braucht (mit Ausnahme einer juristisch allerdings nicht erzwing-baren moralischen Verpflichtung) auch keine Rücksicht auf einen besonders verbürgten Grundrechtskatalog genommen zu werden. Gegen ein vom Par-lament (faktisch: der Regierungsmehrheit des Unterhauses) verabschiedetes Gesetz, das Bürgern oder Oppositionsparteien als verfassungswidrig er-scheint, ist keine Klage auf Annullierung vor irgendeinem Gericht zulässig. Keine Verfassungsregel ist dem Zugriff der einfachen Mehrheit entzogen. Doch mit dem Beitritt zur Europäischen Gemeinschaft bricht Gemeinschafts-recht nationales Recht.

Mit dem Beitritt Großbritanniens wurden zum Stichtag des 1. Januar 1973 die damals 42 Bände umfassende gesamte Gesetzgebung der EG vom Londoner Parlament durch den "European Communities Act" als unmittelbar geltendes Recht auch in Großbritannien anerkannt (NORTON 1984, 241). Die Regierung in Westminster wird (wie andere Regierungen auch) bei Streitigkeiten über die Erfüllung von EG-Richtlinien durch die Kommission der EG vor dem Europäischen Gerichtshof in Luxemburg verklagt.

Europäischer
Gerichtshof für
Menschenrechte

Überdies können, auch wenn Großbritannien die europäische Konvention zum Schutz der Menschenrechte nicht förmlich ratifiziert hat, britische Bürger ihre Beschwerden, für die sie im Lande in Ermangelung des Instrumentes der Verfassungsbeschwerde keinen Richter finden, zum Straßburger Gerichtshof für Menschenrechte tragen. Dessen Entscheidungen setzen die britische Regierung, weil das Land eine Demokratie und ein Rechtsstaat ist, unter den Zwang, von dort beanstandete Praktiken ab-zustellen.

Es ist offenkundig, daß die Geltung europäischen Rechts und die Anrufung europäischer Gerichtshöfe durch britische Bürger und die Anullierung britischer Verordnungen durch ein außerbritisches Verfassungsgericht einen in seinen Konsequenzen noch kaum abschätzbaren Wandel der "unkodifizierten" Verfassung bewirkt:

"A result of entry to the EEC is that substantial elements of a written constitution are ... grafted on to the system" (KAVANAGH 1978, 19).

Seitdem die Entscheidung des Luxemburger Gerichtshofs der Europäischen Gemeinschaft britischem Verfassungsrecht vorgeht, ist die Doktrin der Souveränität des Parlaments in einem wichtigen Punkte mit freiwilliger Zustimmung des Londoner Parlaments (bei der Ratifikation des Beitrittsvertrags) durchbrochen worden. In dem Maße wie Großbritannien nach seiner Annäherung an Europa mit der Rechtspraxis von Straßburg und Luxemburg in Berührung gekommen ist, hat man sich auch zu Hause stärker an die Instrumente eines judicial review gewöhnt.

Eine Möglichkeit, Grundrechte der Bürger dem Zugriff der einfachen Mehrheit zu entziehen, würde in der förmlichen Inkorporation der europäischen Deklaration zum Schutz der Menschenrechte als unmittelbar geltendes britisches Recht durch einen Act of Parliament bestehen. Großbritannien ratifizierte diese Konvention zwar im Jahre 1951, übernahm sie aber nicht als Gesetz ins eigene Recht. Wäre dies der Fall gewesen, dann wäre auch nach britischem Recht die Inhaftierung verdächtiger Terroristen in Nordirland ohne Gerichtsverfahren nicht möglich gewesen. So ließ die britische Regierung erst nach einer Klage in Straßburg die umstrittenen Bestimmungen aus Opportunitätsgründen fallen.

"Das Fehlen einer verfassungsrechtlichen Garantie wichtiger Grundrechte ist den Menschen in England dadurch bewußt geworden, daß britische Gewohnheiten und Rechtsinstitute in einer peinlich großen Zahl von Fällen vor die europäischen Institutionen zum Schutze der Menschenrechte gezerrt wurden" (RUDOLPH 1984, 1).

8.4 Keine vor Verfassungsänderung geschützten Grundrechte in einer neuen "Bill of Rights"

Parlament und Regierung stehen unter der Herrschaft des Rechts, der "Rule of Law". Aber wenn das Parlament alles mit einfacher Mehrheit ohne Verfassungsgerichtsbarkeit ändern darf, dann ist die "Achillesferse" der "Rule of Law" ihre "rechtslogische Unvereinbarkeit" mit der Souveränität des Parlaments (LOEWENSTEIN 1967, Bd. I, 81). Wegen der Unwichtigkeit, die Fragen doktrinärer Klarheit beigemessen wird (vgl. oben Kapitel 3), nahm man an dem latenten Widerspruch so lange keinen Anstoß, als aus ihm nicht unmittelbar negative Konsequenzen zu befürchten waren.

Doch was geschieht, so fragten sich seit der zweiten Hälfte der 60er Jahre, als der Konsens unter dem Einfluß der Wirtschaftskrise brüchig zu werden begann, besorgte Juristen des Landes, wenn es einer Parteimehrheit des

Forderung nach einer neuen "Bill of Rights"

Unterhauses gefallen sollte, Grundrechte durch einen Act of Parliament außer Kraft zu setzen? Man plädierte deshalb für eine Einschränkung des Grundsatzes der Souveränität des Parlaments. So sollen die Grundrechte in einer eigenen Verfassungsurkunde, die eine neue "Bill of Rights" heißen würde, positiv verbürgt und in Zukunft als sogenannte *"entrenched clauses"* dem Zugriff der einfachen parlamentarischen Mehrheit entzogen bleiben.

Allerdings würde eine solche positivrechtliche Verbürgung von Grundrechten die Judikatur offen in die politische Arena ziehen. Wenn sie aufgerufen wäre zu entscheiden, ob ein Gesetz mit schriftlich fixierten Grundrechten kollidiert oder nicht, würde sie offen zum Schiedsrichter über die durch Gesetzgebung angestrebten Policies von Regierung und Opposition. Diese Rolle nehmen die Oberrichter heute nur indirekt oder "apokryph" wahr. Unter vielen Argumenten, die für oder gegen einen schriftlich gesetzten Grundrechtsteil der Verfassung sprechen (siehe die prägnante Übersicht bei NORTON 1982, Kapitel 13), ragt ein rechtssoziologisches heraus.

Soziale Herkunft der Berufsrichter Die Berufsrichter sind überwiegend aus den gehobenen Gesellschaftsschichten mit privater Schulerziehung hervorgegangen. Eine Studie aus dem Jahre 1970 erbrachte das Ergebnis, daß von 359 Richtern 81% eine *public school* besucht hatten und 76% entweder in Cambridge oder Oxford studiert hatten (New Society, 14. Mai 1970, zitiert bei BRENNAN 1982, 375). So argwöhnen viele (und untermauern dies mit Beispielen - siehe BUDGE U. A. 1983, 175 f.), daß die Oberrichter dank Herkunft und Erziehung subjektiv unparteiisch sein mögen, doch faktisch konservative Wertmaßstäbe in der Auslegung des Rechts zur Geltung bringen.

Die Zweiteilung des Berufsstandes der Anwälte in den vor den Schranken des Gerichtes, der *bar*, agierenden "Verhandlungsanwalt", den angesehenen und gut bezahlten *barrister*, der keinen direkten Kontakt mit dem Klienten gehalten hat, und den die Klage vorbereitenden "Schreibtischjuristen", den *solicitor*, entspricht einer sozialen Klassenschichtung des Anwaltsberufs. Die Oberrichter müssen *barrister* mit zehn Jahren Berufserfahrung gewesen sein oder das Amt eines *recorder* fünf Jahre lang ausgeübt haben, zu dem auch *solicitors* zugelassen werden.

Da Richter im Alter von 50 bis 60 Jahren berufen und nicht bereits in jungen Jahren ernannt werden, besteht über die politische Gesinnung einer Persönlichkeit hinreichende Klarheit, so daß über die Selektion von Richtern durch die "Innung" eines sich persönlich kennenden "Clubs" alte Gewohnheiten tradiert werden. Der Versuch der Regierung Thatcher, das professionelle Monopol der "Inns of Court", der Ausbildungsstätten für *barrister*, aufzubrechen, wurde angesichts des Widerstands der etablierten Interessen aufgegeben (KAVANAGH/SELDON 1989, Kapitel 21).

Ein Buch aus neuerer Zeit attackiert die politische Neutralität der Oberrichter als einen "Mythos" (GRIFFITH 1985, 213). Solche Argumente verweisen nicht nur auf die durch soziale Herkunft geprägten Werte der Richter. Sie betonen auch den großen Auslegungsspielraum, den die

Interpretation von Parlamentsgesetzen und Common Law besitzt. Ein kodifizierter Grundrechtskatalog würde die Common-Law-Gerichtshöfe noch stärker und mächtiger als bisher werden lassen. Außerdem besitzen kodifizierte Grundrechte angesichts der Grundtendenz des *common law*, *"life, liberty, and property"* zu schützen, eine Spitze gegen gesellschafts-verändernde Maßnahmen einer Labour Regierung (NORTON 1982, 149). Die Idee einer neuen "Bill of Rights" wurde daher von der Konservativen Partei propagiert, solange Labour an der Regierung war, nach dem Machtwechsel aber nicht weiterverfolgt.

Konsequente Befürworter eines Schutzes von Grundrechten gegen den verfassungsändernden Zugriff der einfachen Mehrheit riefen die Massen-petition "Charter 88" ins Leben, so genannt in Erinnerung an den dreihundersten Jahrestag der "Glorreichen Revolution" von 1688. Doch die Konvention der Souveränität des Parlaments gab Labour unter Attlee den erwünschten Spielraum zur Umgestaltung der Gesellschaft auf dem Wege der Gesetzgebung und ließ den Konservativen unter Thatcher freie Hand zur Reform der britischen Gewerkschaften (siehe unten Kapitel 9.4). Immer noch gilt wohl mehrheitlich die verhaltensleitende Regel der politischen Kultur, daß in Großbritannien politische Streitigkeiten nicht durch Anrufung der Gerichte, sondern durch politische Debatten und die Wahl und Abwahl von Regierungen gelöst werden:

"Charter 88"

> "Britons have come to regard constitutional disputes as matters for resolution by political debate and not litigation" (NORTON 1984, 318).

Der amerikanische Politologe Donald SEARING, der 1972 und 1973, in einer Zeit starker Polarisierung aus Anlaß der konservativen Industrial Relations Act, eine methodisch mustergültige Befragung unter etwas über 400 britischen Parlamentariern durchführte, war zwar regelrecht schockiert über das Ausmaß des Dissens, der zwischen ideologischen Richtungsgruppen auf der Rechten und Linken des politischen Spektrums im Hinblick auf das Verhältnis von Wähler, Parlament und Regierung existierte. Doch in einigen wenigen Punkten - so der Akzeptanz der Doktrin der Souveränität des Parlaments, der Notwendigkeit einer starken parlamentarischen Opposition und dem Schutz der Meinungsfreiheit - herrschte Konsens (SEARING 1982).

Mehrheitsregel und politische Kultur

Die Souveränität des Parlaments wurde in dieser Befragung von MPs 1972/73 kurz, aber sehr treffend mit der Fragevorgabe erfaßt: "There should be no limitations on Parliament's power to make or unmake any law whatsoever". Diese Maxime schließt nach allgemeinem Verständnis aus, daß ein Parlament durch feste Fixierung des Inhalts von Grundrechten nachfolgende Parlamente binden kann. Sie schließt auch aus, daß ein Gericht das Legislativmonopol des Parlaments (faktisch: des durch die Ein-Partei-Regierung kontrollierten Unterhauses) in Zweifel ziehen darf. Ob dies auch heute noch unter den Abgeordneten aller Parteirichtungen so eine überwältigende Zustimmung findet, könnte nur eine neue Umfrage klären, ist aber zweifelhaft geworden. Denn:

> "Since 1979 [...] civil liberties issues - freedom of information, rights to freedom of speech and expression, the rights of unpopular minorities such as suspected terrorists and homosexuals - have played a much more prominent part in constitutional debate than in any other period since the end of the war. Indeed, one proposition on which the opposition parties - whether Labour, SLD or SDP - are broadly agreed is that Mrs Thatcher constitutes a threat to civil liberties. This agreement was the basis of the Charter 1988 movement, a critique of what its authors saw as creeping authoritarianism, but also a possible agenda for party realignment" (BOGDANOR in KAVANAGH/SELDON 1989, 136).

Diesen Erwartungen eines führenden Spezialisten der Regierungslehre, der politisch der sozialdemokratisch-liberalen Allianz bzw. den Liberal Democrats nahesteht, widerspricht allerdings der oben in Kapitel 5.7 dokumentierte Befund, daß die Mehrheit der Wähler sich in der klaren Entscheidungssituation von 1987 für die *"winner-takes-all"*-Regel der Ein-Partei-Regierung entschied. Das uneingeschränkte Legislativmonopol, das das britische Kabinett - allerdings nur im befristeten Ämterturnus besitzt, entspricht auch jener Logik des *responsible party government,* mit der dissentierende amerikanische Richter dem Supreme Court der USA (vergeblich) das Recht bestritten, sich zum "Hüter der Verfassung" gegen den Kongreß aufzuschwingen. Sie argumentierten, es müsse den einzelnen Zweigen der Exekutive selbst überlassen bleiben, ihre Auftragsautorität im Rahmen der Verfassung zu interpretieren. Jeder Mißbrauch könne dann durch das souveräne Elektorat abgestellt werden (zitiert bei NORTON 1982, 144 f.).

8.5 *"Policing the Crisis": Der Ausbau des Polizeiapparates*

Traditionelle Beliebtheit der Polizei

Britische Polizisten, die traditionell keine Feuerwaffen tragen, sondern nur einen Schlagstock und eine zweistimmige Trillerpfeife, sind nicht nur für Touristen eine Sehenswürdigkeit. Sie genießen auch bei der eigenen Bevölkerung und sogar bei Teenagern Respekt und Beliebtheit (siehe die seriösen Resultate einer Meinungsumfrage aus der Krisenperiode um 1975 bei BIRCH 1990, Tab. 17.1, 245). Daß die Polizei - ungeachtet einiger Korruptionsskandale in der Großstadt London und ungeachtet auch ihrer Verwicklung in Krawalle mit der rechtsradikalen National Front und linken Gegendemonstranten - sich eines außerordentlichen Ansehens und Vertrauens erfreut, beruht vor allem auf ihrer traditionell großen Zurückhaltung beim Eingreifen in private und politische Auseinandersetzungen (BIRCH 1990, 244).

Während angesichts einer stark steigenden Kriminalität der Verfolgung von Erpressung, Körperverletzung, Diebstahl und Drogenhandel hohe Priorität eingeräumt wird, hält die reguläre Polizei sich bei anderen Vergehen zurück oder übergibt die Aufgabe an weniger beliebte Spezialeinheiten. In der Tat plädierten hohe Polizeioffiziere, als die Regierung Thatcher bei ihrem Amtsantritt im Jahre 1979 daran ging, fliegende Streikposten durch eine neue Gesetzgebung für illegal zu erklären, mit Entschiedenheit, wenn auch vergeblich, dafür, die Strafgesetzgebung nicht einzusetzen, weil sie befürchteten, die Polizeibeamten könnten in heftige Auseinandersetzungen mit Streikposten verwickelt werden und als "parteiisch" erscheinen (BUDGE U. A. 1983, 186).

In der "libertären Tradition" staatsabwehrender Freiheitsrechte folgt der Aufbau der britischen Polizei dem Organisationsprinzip, der Zentralregierung in Westminster so wenig Kontrolle wie nur möglich auf die den Kommunen unterstehende Polizei einzuräumen. Die Chefs der 51 lokalen Polizeibehörden, die eine beträchtliche Autonomie genießen, sind daher lokalen *police authorities* (zusammengesetzt zu zwei Dritteln aus Gemeinderäten der Kommunalverwaltung und zu einem Drittel aus ehrenamtlichen Friedensrichtern) verantwortlich. Es gibt 43 *police forces* in England und Wales, acht in Schottland und eine in Nordirland. Jeder Polizeibezirk wird von einem *chief constable* geleitet, der in London *metropolitan commissioner* heißt (BRITAIN 1991, 119 ff.). Während die *metropolitan police* dem Innenministerium direkt unterstellt ist, ernennen die ehrenamtlich tätigen *police authorities* die *chief constables* und ihre Stellvertreter. Ihre Ernennung muß aber vom Innenminister bestätigt werden, der auch Berichte von jedem *chief constable* anfordern kann (BUDGE U. A. 1983, 180 f.). Der chief constable selbst ist für die Einstellung aller anderen Dienstgrade zuständig.

Dezentrale Organisation des Polizeiwesens

Wiederum typisch für ein politisches System, das eine hohe Zentralisierung in Westminster mit einer Fragmentierung der Ausübung staatlicher Autorität im gesellschaftlichen Bereich verknüpft, war es, daß es vor der Kodifizierung des Polizeirechts im Jahre 1964 in naturwüchsiger historischer Entwicklung über 150 unabhängige und nicht miteinander koordinierte Polizeibehörden in England und Wales gegeben hatte (BUDGE U. A. 1983, 182). Aber selbst nach der teilweisen Kodifizierung der Aufgaben der Polizei durch ein Parlamentsgesetz gibt es kein einheitliches Polizeirecht. Zahllose Regeln sind zu berücksichtigen: neben dem Gesetz auch Präzedenzfälle von Gerichtsentscheidungen und Satzungen der Kommunen, denen die Polizei verantwortlich ist.

Sogar die längst verfallen geglaubten königlichen Prärogativrechte wurden in Anspruch genommen, um die Praxis der Polizei zu legitimieren. Das Recht der Polizei, Briefe zu öffnen und Telefongespräche abzuhören, wurde nämlich lange Zeit mit der Rechtsfiktion gerechtfertigt, daß die Post als "Royal Mail" ja von Beauftragten der Krone geleitet werde. Deshalb bedürften die Diener der Krone für das Anzapfen von Telefonen nur der Zustimmung des dem Parlament verantwortlichen Innenministers, der als Lenker und Ratgeber der Prärogative auch ohne besondere parlamentarische Ermächtigung und Kontrolle dafür die politische Verantwortung trage (BUDGE U. A. 1983, 189). Als das Bekanntwerden dieses Vorgehens hohe

Telefonüberwachung und königliche "Prärogative"

Wellen schlug, wurde die Materie typisch für die fortschreitende ad hoc-Kodifizierung einer nur "teilweise aufgeschriebenen" Verfassung durch ein förmliches Parlamentsgesetz, den Interception of Communications Act von 1985, auf eine gesetzliche Grundlage gestellt (BRITAIN. OFFICIAL HANDBOOK 1991, 119).

In der Ausübung ihres Dienstes - insbesondere in der Setzung von Prioritäten, welche Vergehen bei einer stark steigenden Zahl von Delikten bevorzugt aufgeklärt werden sollen - genießt die örtliche Polizei eine beträchtliche Autonomie. Denn für "operational matters" schuldet der *chief constable* zwar den ehrenamtlichen *police authorities* einen jährlichen Rechenschaftsbericht. Aber diese Aufsichtsgremien machen wenig Gebrauch von den ihnen zustehenden Rechten. Allerdings wurde 1976 ein aus unabhängigen Laien bestehender Ausschuß zur Untersuchung von Beschwerden gegen die Polizei eingerichtet. Dieses Komitee und nicht wie früher der *chief constable* allein entscheidet nunmehr darüber, ob ein Disziplinarverfahren gegen Polizeibeamte eingeleitet werden soll (BUDGE U. A. 1983, 187 f.).

Staatsanwaltliche Funktionen der Polizei Ein anderer Bereich, in welchem - eine ziemliche Besonderheit in der westlichen Welt - die britische Polizei einen erheblichen Ermessensspielraum besitzt, ist die Entscheidung darüber, ob Anklage erhoben werden soll oder nicht. Während in anderen Ländern ein beamteter Staatsanwalt (so in Europa) oder ein von der Bevölkerung gewählter Politiker (wie in den USA) über die Anklage entscheidet, befindet darüber in England und Wales (Schottland macht auch hier wieder eine Ausnahme) in den meisten Fällen die Polizeibehörde selbst. Nur gewissen Delikten wie Mord - und im übrigen auch bei Vergehen gegen die Official Secrets Act oder wenn Prominente beim Ansprechen von Frauen zum Zweck der Prostitution (seit 1985 ein durch die Justiz geahndetes Vergehen) ertappt werden - muß die Entscheidung über die Anklageerhebung bei einem Justizbeamten liegen.

Einsatz bei Streiks Angesichts der nicht nur in Großbritannien generell ansteigenden Zahl unaufgeklärter Delikte, angesichts der Zunahme von Gewalt in politischen Auseinandersetzungen und angesichts der Polarisierung zwischen den politischen Parteien konnte es nicht ausbleiben, daß auch die Frage der Organisation der Polizei in die politische Kontroverse zwischen Labour und Konservativen einbezogen wurde. Das Politikum, an dem dieses Problem sich zuspitzte, war der Einsatz der Polizei bei Streiks. Konflikte mit der Polizei drohten immer dann, wenn "fliegende Streikposten", die sogenannten *flying pickets*, in nicht direkt vom Streik betroffenen Gebieten arbeitswillige Kollegen nicht nur mit Überredung, sondern auch mit Gewalt am Betreten des Arbeitsgeländes hindern wollten.

Unter der konservativen Regierung Heath fuhr die Bergarbeitergewerkschaft unter ihrem marxistischen Führer Arthur Scargill 1972 und 1974 fliegende Streikposten über Land, um den Zugang zu den Häfen, den Kraftwerken und Kohlevorratslagern zu blockieren. In der Zuspitzung dieser Auseinandersetzung kam es am Kohlelager von Saltley in der Nähe von

Birmingham drei Tage lang zu Kämpfen zwischen den ihre Schlagstöcke einsetzenden, ansonsten aber traditionell unbewaffneten Polizisten und etwa 2.000 Streikposten. Als die Bergarbeitergewerkschaft am vierten Tag 15.000 Streikposten an den Toren des Depots aufbot und in dem Handgemenge 30 Personen verletzt wurden, zog sich die Polizei (entsprechend der damaligen Maxime) zurück, anstatt eine weitere Eskalation der Gewalt zuzulassen (BIRCH 1990, 249). Als die Regierung Heath das Parlament vorzeitig auflöste und an das Elektorat mit der Frage "Who governs?" ("Wer regiert eigentlich Großbritannien - die Regierung oder die Gewerkschaften?") appellierte, verlor sie die Unterhauswahlen.

Eingedenk dieser Erfahrungen des "Großen Bergarbeiterstreiks" versuchte Arthur Scargill mit seiner National Union of Mine Workers (NUM) zehn Jahre später, im Bergarbeiterstreik von 1984/85, die Regierung Thatcher in die Knie zu zwingen. Indessen hatte auch die neue konservative Regierung seit ihrem Amtsantritt 1979 Vorkehrungen getroffen, um eine bevorstehende neue Machtprobe zu gewinnen. Durch eines der ersten Gesetze der Regierung Thatcher, die eine Reform von Gewerkschaften und Arbeitsbeziehungen (und eine - fehlgeschlagene - Delegitimierung der Gewerkschaften in den Augen der Bevölkerung) zum Ziel hatten, wurden fliegende Streikposten vor nicht vom Streik direkt betroffenen Unternehmen ähnlich wie in anderen Ländern für ungesetzlich erklärt.

Für den Bergarbeiterstreik, der von 1984/85 über die Schließung unrentabler (und nicht - wie in Deutschland - vom Staat subventionierter) Gruben zwölf Monate dauerte, hatte die Regierung durch Horten von Kohlevorräten vorgesorgt. Als alle Regionen der Gewerkschaft bis auf eine dem Streik zugestimmt hatten, spitzte sich die Kraftprobe auf den Schutz jener 35.000 arbeitswilligen Bergarbeiter in der Region Nottinghamshire zu. Es bedeutete einen Bruch mit den bisherigen Regeln der Polizeiorganisation, daß eine überregionale Eingreifbrigade der Polizei unter zentraler Kontrolle gebildet wurde:

"Several thousand London policemen, as well as contingents from other areas, were sent to Nottinghamshire to deal with the pickets, living for months on end in army barracks. The police set up road blocks round the Nottinghamshire coalfield and turned away miners from other areas. Spot checks were instituted on roads in other parts of the country, including some over 150 miles away, with police turning back motorists who seemed to be prospective pickets. [...] Inevitably, this drew protests from defenders of civil liberties, but the courts upheld the tactic as legal" (BIRCH 1990, 250 f.).

Der Streik, in dem tägliche Auseinandersetzungen zwischen Polizei und Bergarbeitern mit Stöcken, Steinen, Ziegeln und anderen Wurfgeschossen an der Tagesordnung waren, wurde zu einer zentralen nationalen Kraftprobe. Die Arbeitgeber kündigten an, daß alle wegen tätlicher Angriffe verurteilten Bergarbeiter niemals mehr in der Kohleindustrie beschäftigt werden würden. Die Bergarbeitergewerkschaft fand wenig Unterstützung von anderen Gewerkschaften. Nach einer Beschlagnahmung ihres Vermögens durch den High Court wegen Verstoßes gegen das Gesetz gab sie den Kampf auf. Da die Polizei über den Kopf der lokalen *police authority* in Nottinghamshire hinweg eingesetzt worden war, wurde die Frage der künftigen Organisation der Polizeikräfte zum Streitpunkt zwischen den beiden politischen Parteien.

9 "Thatcherismus" - ein Bruch überlieferter Strukturen?

Kenntnisreiche Beobachter der britischen Politik sprachen in den 60er und 70er Jahren von einem richtungslosen Konsensus "pluralistischer Stagnation". Die aufgrund des institutionellen Gerüsts nach außen so machtvolle Ein-Partei-Regierung schien aufgrund der in der britischen politischen Kultur angelegten Züge zum "Club Government" (vgl. Kapitel 3.1) auf Dauer in ein stagnationsbrütendes "administrative government" und eine Logik des Aushandelns auf der Suche nach Konfliktvermeidung eingemündet zu sein. In einer langen Periode liberaler Demokratie schienen zahlreiche innovationshemmende Privilegien an gesellschaftliche Gruppen, insbesondere die Gewerkschaften, gegeben worden zu sein (so die prominente Theorie von OLSON 1982). Eine tolerante politische Kultur der Logik des Aushandelns scheute, so schien es, einen den sozialen Frieden gefährdenden Konflikt, den die Zurücknahme solcher Privilegien mit sich gebracht hätte. So wurde das erste konservative Gewerkschaftsgesetz unter der Regierung Heath selbst von den Unternehmern nicht oder nur zögernd in Anspruch genommen (WEEKES U. A. 1975).

Der neue, etwas schrille Stil der Premierministerin Thatcher, der von vielen trotz ihres erworbenen sprachlichen Oberklassenakzents als durchaus unenglisch (bzw. als anti-Establishment) empfunden wurde, hat diese Erwartungen vieler Beobachter, einschließlich des Autors dieses Buches, über den Haufen geworfen. Die sozialdemokratisch-liberale Allianz schien ihrem Anspruch, "to break the mould of British politics", das verkrustete Gefüge des britischen Parteienduopols aufzubrechen, aufgrund ihres Erfolgs in den Meinungsumfragen zum Greifen nahe. Doch es war nicht sie, sondern Margaret Thatcher, die - als einziger Premier im zwanzigsten Jahrhundert zweimal wiedergewählt - den "mould" der britischen Politik verändert hat. Aber obwohl sie selbst diesen Eindruck pflegte und als "conviction politician", als Gesinnungspolitikerin, die Struktur des britischen Regierungssystems modernisieren wollte, mehrten sich doch bereits vor ihrem (durch Verweigerung der Wiederwahl von der eigenen Fraktion erzwungenen) Rücktritt unter wissenschaftlichen Beobachtern kritische Stimmen, die eine Rhetorik der Veränderung bei stillschweigendem Festhalten an überlieferten Praktiken konstatierten.

Gegen "pluralistische Stagnation"

9.1 Wirtschaftspolitische Erfolge und Widersprüche der neoklassischen Wende

Die Attraktivität der Wirtschaftspolitik der Regierungen Thatcher für einen Teil der Wähler lag in ihrer Behauptung, keine solchen "*u-turns*" (d. h. Kehrtwendungen um 180 Grad) der Wirtschaftspolitik wie in der Vergangenheit mehr zuzulassen. Die wenigen Kehrtwendungen, die dennoch erforderlich schienen, um Massenzusammenbrüche von Firmen zu verhindern, wurden geschickt anders deklariert. Ihre nahezu missionarisch verkündete Botschaft lautete, Veränderungen der Wechselkursparität des Pfundes und auch der Arbeitslosigkeit als "Selbstheilungskräften" des Marktes freien Lauf zu lassen, selbst wenn dies nur um den Preis sozialer Härten und einer Schädigung der heimischen Industrie möglich schien.

Schrumpfung der Industrie — Ihre in einem radikalen Ton moralischer Appelle an die viktorianischen Tugenden von Fleiß, Sparsamkeit, Disziplin und "freier Bahn für Tüchtige" verfolgte Wirtschaftspolitik verursachte in einem Prozeß, den man mit SCHUMPETER als "schöpferische Zerstörung" bezeichnen kann, anfangs zahlreiche Firmenzusammenbrüche, einen absoluten Rückgang der industriellen Produktion, einen scharfen Anstieg der Arbeitslosigkeit und zunächst auch einen erneuten steilen Anstieg der Inflation. Im Frühjahr 1982 war Margaret Thatcher der unpopulärste britische Premierminister seit Beginn dieser Art von Meinungsumfragen. Kaum zwanzig Prozent der Wähler gaben an, in der nächsten Unterhauswahl die Konservative Partei wählen zu wollen.

Falklands und Wirtschaftsaufschwung — Infolge der Besetzung der Falklandinseln im Südatlantik durch den argentinischen Diktator Galtieri und die militärische Befreiung der Inseln durch eine britische Flottenexpedition, die allabendlich von mitreisenden Reportern live über die Bildschirme gesendet wurde, kam es zu einem Meinungsumschwung. Dazu trug einerseits bei der Appell an jenen oben in Kapitel 3.4 charakterisierten nostalgischen Nationalismus der militärischen Verteidigung individueller Freiheit britischer Bürger (auf den Falklands) gegen äußere Aggression durch ein tyrannisches Regime. Andererseits war es nicht nur dieser Malvinenkrieg, der die Premierministerin zu einer Kriegsheldin von der Statur Churchills stilisierte, sondern vor allem die bereits vorher einsetzende wirtschaftliche Erholung, die zu einer wieder anwachsenden Parteipräferenz für die Konservativen führte.

Das Realeinkommen der britischen Haushalte, das im Jahrzehnt vor Thatcher nicht mehr gewachsen war, wuchs in allen Einkommensgruppen wieder an. Gewiß stiegen die Zuwächse der Reichen, getreu der thatcheristischen Maxime, den Privatkapitalismus zu fördern, überproportional stark an. Aber auch die unteren Einkommensbezieher, sofern sie nicht das Unglück hatten, arbeitslos zu werden, verbuchten einen Zuwachs. Was im Urteil der Wähler zählt, sind nicht relative Differenzen zwischen den Klassen, sondern absolute Steigerungen im eigenen "take home pay". Allen Briten - bis auf jene Unglücklichen, die arbeitslos wurden - ging es ökonomisch in der Ära des Thatcherismus besser als zuvor (vgl. die Graphiken und Statistiken in SOCIAL TRENDS 1988, 83). Diese Erholung setzte kurz vor den Falklands ein.

Eine abschließende Beurteilung der Erfolge und Widersprüche der wirtschaftspolitischen Roßkur des Thatcherismus ist wegen der oben in Kapitel 4.4 angedeuteten "kognitiven Konflikte" zwischen unterschiedlichen volkswirtschaftlichen Theorien für den Politikwissenschaftler schwierig (siehe ausführlich BRITTAN 1989; BUSCH 1989). Die knappste und informativste Zusammenstellung der Pros und Contras der britischen Wirtschaftspolitik unter den drei Regierungen von Thatcher findet sich in der 4.Auflage von JONES/KAVANAGH 1991, 176-181. Als Pluspunkte können angeführt werden:

Bilanz der Wirtschaftspolitik im Widerstreit der Meinungen

- Die Inflation, die bei ihrem Regierungsantritt bei 10% lag, konnte bis 1987 auf 3% gedrückt werden.

- Über eine Million neuer Arbeitsplätze, viele davon in neuen, wachstumsträchtigen Industrien, konnten geschaffen werden. Zwar stieg die Arbeitslosigkeit in den frühen achtziger Jahren auf 3,5 Millionen. Aber sie fiel bis zum Sommer 1990 auf 1,6 Millionen. (Kritiker verweisen allerdings darauf, daß ein Teil dieses Rückgangs einer neu eingeführten statistischen Berechnung zu verdanken ist.)

- Infolge der neuen Gewerkschaftsgesetzgebung, die die Ausrufung von Streiks "verrechtlichte", ging die Streikhäufigkeit zwischen 1985 und 1988 drastisch zurück.

- Industrielle Investitionen, deren Fehlen als eine Ursache der "englischen Krankheit" angesehen werden, stiegen von 32% im Jahre 1977 auf etwas über 40% im Jahre 1988.

- Die Arbeitsproduktivität (der industrielle Output pro Beschäftigten), deren Schwäche das Kardinalübel der "englischen Krankheit" war, wuchs in der Periode zwischen 1980 und 1988 um 2,5%. Damit lag sie erstmals weit über dem Durchschnitt von 1,8% für die sieben führenden Staaten der OECD. Insbesondere in der verarbeitenden Industrie, dem traditionellen Sorgenkind der britischen Volkswirtschaft, lag das Wachstum der Arbeitsproduktivität mit 5.2% deutlich über dem OECD-Durchschnitt von 3.6%.

- Das Volumen der öffentlichen Ausgaben, das die Regierung Thatcher begrenzen wollte, konnte auf das niedrigste Niveau seit 1966 gedrückt werden.

Dieser Erfolgsbilanz halten eine Reihe von Ökonomen wie auch Oppositionspolitiker eine Reihe von Kritikpunkten entgegen. Sie verweisen auf Widersprüche und bezeichnen einen Teil der Erfolge als kosmetische Schönung statistischer Fakten:

- Die gestiegene Arbeitsproduktivität reflektiere definitionsgemäß zu einem Teil nur den Abbau der Arbeitskräfte, so daß sich hohe Arbeitslosigkeit beim Schrumpfen der industriellen Basis Großbritanniens in stärkerem Output pro Beschäftigten niederschlagen müsse.

- In fataler Wiederkehr älterer Spiralen stieg die Inflation bis zum Juni 1990 wieder auf 9,7% an. Das Bemühen der Regierung, diesen Prozeß durch Erhöhung der Zinssätze auf 15% zu dämpfen, führte über die Steigerung der Kosten für ein Eigenheim zu neuen Lohnforderungen und setzte eine Lohn-Preis-Spirale in Gang.

- Das alte Übel einer defizitären Zahlungsbilanz begann sich seit 1987 wieder aus den gleichen Gründen wie in den 1960er und 1970er Jahren zu zeigen, daß nämlich britische Käufer ausländische Industriewaren den einheimischen vorzogen. Die Deregulierung des Postmonopols, die Liberalisierung des Anbietermarktes für Endgeräte in der Telekommunikation, kam beispielsweise nicht der einheimischen Industrie, sondern ausländischen Herstellern zugute (GRANDE 1990, 191).

- Hohe Lohnabschlüsse nach geregelten Streiks, die dieses Mal dem gesetzlich verordneten Verfahren der Gewerkschaftsreform folgen (vgl. unten Kapitel 9.4) und damit nicht mehr für illegitim angesehen werden können, belasten die britische Industrie.

- Die Steuerung der Wirtschaft durch die Geldmenge, das Herzstück des Monetarismus, erwies sich als völlig illusorisch - unter anderem, weil die Regierung durch gesetzlich vorgeschriebene Ausgaben wie die Arbeitslosenunterstützung bei sinkenden Steuereinnahmen zur Schaffung neuer Gelder durch die von ihren Weisungen abhängige Notenbank gezwungen wurde.

- Gegen das erklärte Ziel, Privatinitiative, Privatunternehmer und Konkurrenz zwischen Eigentümern zu fördern, sind bei der großangelegten Privatisierung öffentlicher Unternehmungen neue Monopole gestattet worden.

- Gewiß sind die öffentlichen Ausgaben als Prozentsatz des Bruttoinlandsprodukts gesunken, aber als reale Größe effektiv angestiegen.

- Das Bruttoinlandsprodukt Großbritanniens, welches den Wohlstand und Lebensstandard signalisiert, ist immer noch das niedrigste der sieben großen OECD-Staaten. In den achtziger Jahren ist es sogar hinter das Niveau von Italien zurückgefallen.

Für den Beobachter der britischen Politik kann es also ein spannendes Unternehmen sein, in den folgenden Jahren zu prüfen, ob die alten Symptome der "englischen Krankheit", wie sie oben in Kapitel 4.2 charakterisiert worden sind, auch in Zukunft wiederkehren oder nicht.

9.2 Aktien- und Hausbesitz - ein neuer Trend zur "Enterprise Culture"?

Insbesondere mit zwei politischen Programmen - der Privatisierung staatlicher Unternehmen durch Ausgabe von Aktien und dem privaten Verkauf von Sozialwohnungen (in England sind dies Reihenhäuser, sogenannte *council houses*) an ihre langjährigen Mieter mit einem Zuschuß des Staates - haben die konservativen Regierungen versucht, die Struktur der Gesellschaft bleibend zu verändern. Mit diesen beiden Policies, die die Zahl der Aktionäre und der Hausbesitzer in Großbritannien stark ansteigen ließ, sollte eine Gesellschaft von Eigentümern geschaffen werden. Mit der Freisetzung und Förderung von Privatinitiative sollte eine *"enterprise culture"* entstehen. Anstelle von Gießkannensubventionen an "lame ducks" (unproduktive Staatsunternehmen) versprach die Regierung, Privatinitiative, privaten Wohlstand und Besitzindividualismus zu fördern. Das konservative Wahlmanifest von 1987 pries diese Politik mit den Worten:

"It gives people a stake in society - something to conserve. It is the foundation stone of a capital-owning-democracy".

Als Folge ihrer Politik konnte Margaret Thatcher sich rühmen, daß es in Großbritannien mehr Aktionäre als Gewerkschaftsmitglieder gab. Die Tatsache, daß ein Fünftel der Briten Aktienbesitzer und zwei Drittel Hausbesitzer geworden sind, verlieh der konservativen Wahlpropaganda eine gewisse unterschwellige Attraktivität. Doch zeigte die Panelbefragung der British Election Study in einer Wiederholungsbefragung der stets gleichen Personen, daß der Kauf von Sozialwohnungen durch ihre Mieter nicht etwa einen Bewußtseinswandel zu stärker konservativer Denkweise auslöste, sondern sich nur diejenigen überproportional zum Kauf entschlossen, die

Kauf von Eigenheimen kein konservativer Bewußtseinswandel

Karte 9.1
Verstärkung regionaler Disparität

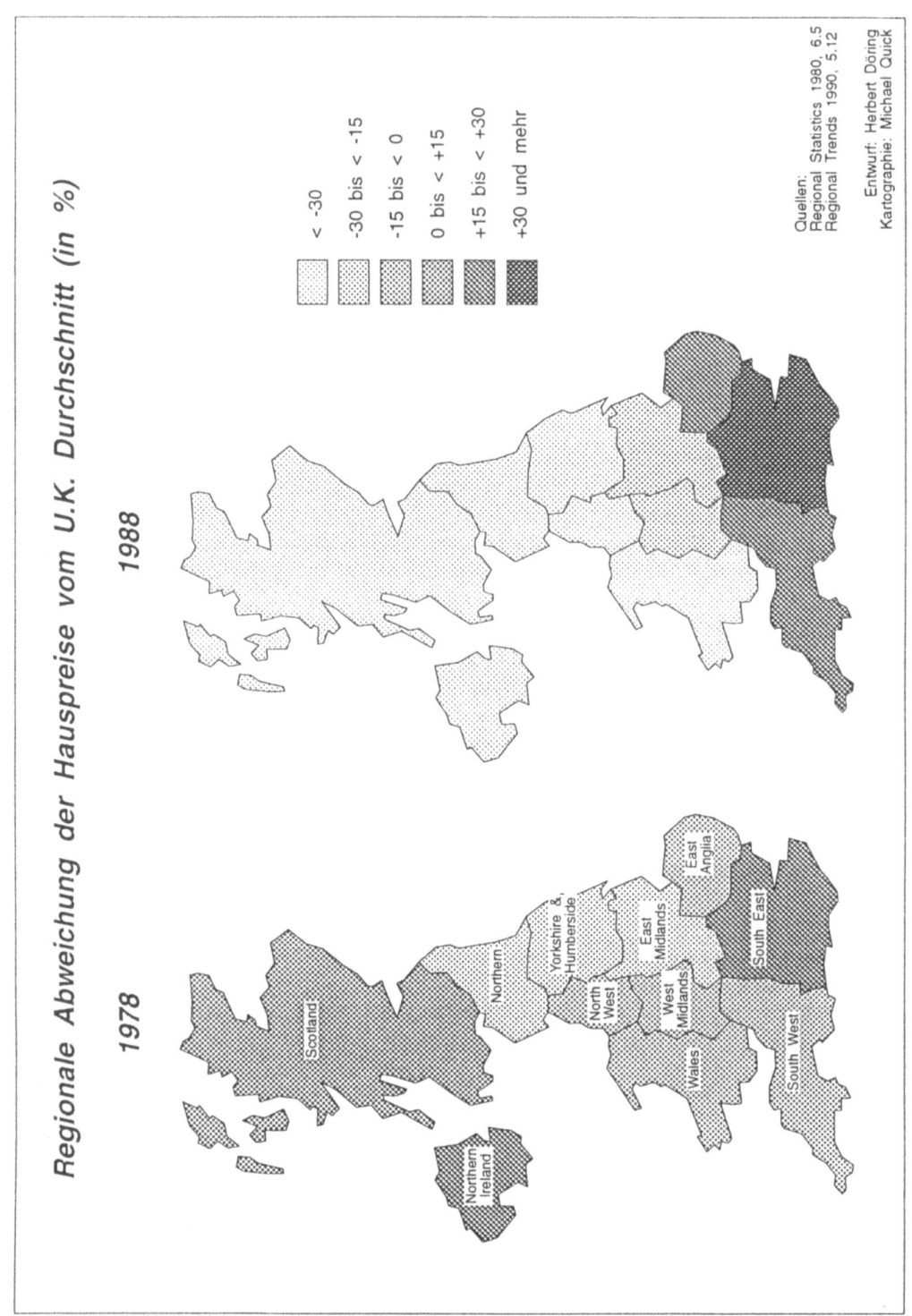

Regionale Abweichung der Hauspreise vom U.K. Durchschnitt (in %)

1978   1988

< -30

-30 bis < -15

-15 bis < 0

0 bis < +15

+15 bis < +30

+30 und mehr

Scotland

Northern

Yorkshire & Humberside

North West

East Midlands

West Midlands

East Anglia

South East

Wales

South West

Northern Ireland

Quellen:
Regional Statistics 1980, 6.5
Regional Trends 1990, 5.12

Entwurf: Herbert Döring
Kartographie: Michael Quick

vorher schon eine konservative Präferenz besessen hatten (HEATH U. A. 1991, Kapitel 8).

In der Wohnungspolitik wurden weniger neue Sozialwohnungen gebaut und alte an ihre Mieter mit einem Staatszuschuß weit unter Marktpreis verkauft (Graphik über den Zeitraum zwischen 1977 und 1988 bei MURIE in KAVANAGH/SELDON 1989, 218). Auf dem Häusermarkt, dessen Preise stark anzogen, haben sich die regionalen Disparitäten verschärft. In Großbritannien reagieren Hauspreise besonders sensibel auf Einkommensveränderungen und Inflationserwartungen. Eine Familie wendet in der Regel das Dreifache ihres Jahreseinkommens für den Kauf eines Hauses auf; und sie hofft, die Rückzahlung der Hypothek aus der Preissteigerung der Immobilie zu decken.

Im Jahre 1978, ein Jahr vor dem Regierungsantritt Margaret Thatchers, lag das Durchschnittseinkommen im Vereinigten Königreich bei 5.747 Pfund (Zahlen aus REGIONAL STATISTICS 1980, Tabelle 6.5). Nach 10 Jahren Thatcher hatte es sich auf 15.700 Pfund verdreifacht. Aber in diesem Zeitraum hatte sich die Relation zwischen Hauspreis und Jahreseinkommen nur marginal von 2.7 auf 3.1 erhöht (Berechnet aus REGIONAL TRENDS 1990, Tabelle 5.14). Was sich dramatisch verschoben hatte, waren die regionalen Disparitäten. Unsere Karte veranschaulicht dies mit einer einfachen Darstellungstechnik, indem sie die Abweichung des regionalen Durchschnittspreises eines Eigenheims in den 11 "*standard regions*" vom Gesamtdurchschnitt des U.K. für zwei Zeitpunkte, 1978 und 1988, abbildet.

Regionale Kluft in der Entwicklung der Hauspreise

Dabei zeigt sich: 1978 lagen Schottland und Nordirland mit dem prosperierenden South East noch gleichauf. In den meisten übrigen Regionen (siehe ihre Namen in der Karte oben in Kapitel 2.4) ging die Diskrepanz zum nationalen Gesamtmittel damals nicht über 15% und in keiner Region über 30% hinaus. (Dies zeigt die in der Legende erläuterte Schraffierung.) Im folgenden Jahrzehnt hat sich das Bild dramatisch verändert. 1988 war das Land, auch was die Hauspreise betrifft, in Nord und Süd (Südwest) gespalten. In London und im Südosten waren die Häuser weit über ein Drittel teurer als im Landesdurchschnitt; in sechs der 11 Regionen dagegen über ein Drittel billiger. Praktisch heißt dies auch, daß die regionale Mobilität, die aus beruflichen Gründen erforderlich ist, stark eingeschränkt wurde. Denn in einer Nation von Eigenheimbesitzern konnten die Bewohner des von Arbeitslosigkeit betroffenen Nordens schwerlich noch ihr Haus verkaufen, um im bessere Arbeitsmöglichkeiten bietenden Süden sofort ein neues zu erwerben.

9.3 Keine Bekehrung der Wähler zum "Thatcherismus": Die steckengebliebene "Große Rechtswende Show"

In einem schon früh - in "Marxism Today" im Januar 1979 kurz vor dem ersten Wahlsieg Margaret Thatchers - veröffentlichten, einflußreichen und

Gramsci und Stuart Hall

oft zitierten Artikel über die "große Rechtswende-Show" ("The Great Moving Right Show") suchte Stuart HALL (HALL/JACQUES 1983, 9-39), einer der brillantesten Köpfe unter der britischen Linken, das Wesen des Thatcherismus mit dem auf sinnverstehende "Totalität" zielenden Begriff des "autoritären Populismus" zu erfassen. Ausgehend von der Lektüre der Schriften von Gramsci und Poulantzas, bei der es ihm wie Schuppen von den Augen gefallen war, beschrieb er in einer sozialphilosophischen Diktion, die zugleich anregend und vage ist, das Experiment Margaret Thatchers und ihres intellektuellen Beraters Sir Keith Joseph als grandioses Szenario.

Nach dem gleichmäßigen Scheitern der von den Konservativen wie auch von Labour verfolgten wohlfahrtsstaatlichen Politik hätten sie beabsichtigt, den britischen Staat unter Beibehaltung seiner meisten (wenn auch nicht aller) repräsentativen Institutionen unter Betonung autoritärer Züge neu zu strukturieren und auf der Basis einer neuen Allianz von sozialen Gruppen mit einer neuen Symbolik des ideologischen Diskurses zu legitimieren. Durch das Aufgreifen einer Reihe von populären Forderungen habe Mrs Thatcher es vermocht, sich Massenunterstützung zu verschaffen - Wiedereinführung der Todesstrafe, Beschränkung der Immigration von Farbigen aus dem Commonwealth, Betonung von Leistungsstandards und Autorität in Schule und Familie sowie die (später, 1982, durch den Falklandskrieg aktualisierte) Beschwörung des Patriotismus.

Empirische Evidenz spricht gegen "autoritären Populismus"

Die Denkfigur des "autoritären Populismus" unterstellt, daß Margaret Thatcher auf dem besten Wege ist (oder gewesen ist), quer durch alle Schichten der Bevölkerung - und selbst im Kernland der natürlichen Wählerklientel der Labour Party - neue Wertmaßstäbe zu setzen und damit dem parteipolitischen Gegner eine neue kulturelle Hegemonie aufzuzwingen. Doch die nüchterne empirische Evidenz deutet in die entgegengesetzte Richtung. Anstatt nämlich seit ihrem Amtsantritt eine breite populäre Bewegung zugunsten des thatcheristischen Credos auszulösen, wurden, wenn man den in Meinungsumfragen sichtbaren Grad der Zustimmung betrachtet, verblüffenderweise alle Kernpunkte der thatcheristischen Programmatik bis auf einen (die Ablehnung weiterer Verstaatlichungen) zunehmend weniger populär - und zwar nicht nur in der britischen Bevölkerung insgesamt, sondern selbst unter Anhängern der Konservativen Partei (vgl. auch die zusammenfassende Tabelle "Support of Thatcherite Policy Positions, 1970-1987" in CREWE/SEARING 1988b, 376 und die Kurzfassung in CREWES Artikel "The Crusade that Failed" in KAVANAGH/SELDON 1989).

CREWE/SEARING erklären die von ihnen aufgewiesenen Befunde mit einem alternativen theoretischen Szenario, das sie die Erweckung der "Thatcherites in Marble" nennen. Margaret Thatcher, so nehmen sie an, appellierte an Stimmungen, die, wenn auch nur latent und von den Führern beider Parteien nicht betont, längst vor der konservativen Wende von 1979 vorhanden waren. Mrs Thatcher und ihr kleiner Kreis von Beratern, die selbst innerhalb der Konservativen Partei eine Minorität blieben, appellierten, nachdem Mrs Thatcher 1975 in der konservativen Unterhausfraktion als zweite Wahl an die

Macht gelangt war, um als kleineres Übel den unpopulären Parteiführer Edward Heath zu stürzen, an längst vor Thatcher in einem Großteil des britischen Elektorats schlummernde Instinkte.

Doch die Umsetzung dieser latent autoritären Einstellungen, in welcher Großbritannien sich in international vergleichenden Meinungsumfragen auffällig von anderen Ländern unterscheidet (vgl. die Tabellen in DÖRING 1990d), in die offizielle Politik des "Thatcherismus" führte nicht etwa zu einer breiten populistischen Welle, sondern zum anhaltenden Abbröckeln der Zustimmung zu eben diesen Prinzipien von Margaret Thatcher:

> "The entire electorate shifted to a slightly less authoritarian position, while remaining firmly right of center. Unlike the government, it did not react to the rash of urban riots in 1981, or to the alleged growth of violent crime, by calling for even tougher sentencing policies. This facet of Thatcherism has always had majority opinion on its side, but the majority was slimmer after four years of office than before" (CREWE/SEARING 1988a, 293).

Auch in der Frage des Abbaus wohlfahrtstaatlicher Dienstleistungen gab es so etwas wie einen "Thatcherismus" nicht. Als Mrs Thatcher die Regierung 1979 antrat, hielten sich die Befürworter und Gegner der weiteren Ausdehnung sozialer Dienstleistungen (auch auf Kosten von Steuererhöhungen) die Waage. 1987 stellte sich das Verhältnis auf 6:1 zugunsten weiteren Ausbaus des Wohlfahrtsstaates. Der National Health Service erfreut sich trotz Wartezeiten bei Operationen einer ungebrochenen Beliebtheit. Nicht etwa die Popularität von Margaret Thatcher, sondern die noch größere Unpopularität der britischen Gewerkschaften und der politischen Ziele der mit ihnen eng verflochtenen Labour Party kann als Ursache für die Wahlerfolge der "eisernen Lady" gelten.

Popularität des Wohlfahrtsstaates

Angesichts gespaltener Opposition(en) und der Radikalisierung der Labour Party, die in der Opposition nach 1979 vorübergehend zur Gefangenen ihrer linken Parteiaktivisten geworden war, erzielte "Mrs T." mit einem geringeren Anteil der gültigen Stimmen infolge der Hebelwirkung des englischen Wahlrechts, das eine relative Mehrheit der Stimmen in eine absolute Mehrheit der Sitze im Parlament verwandeln kann, einen erdrutschartigen Zugewinn der Mandate. Ungeachtet ihrer Verachtung der Gewerkschaften ist es ihr aber nicht gelungen, die Gewerkschaften als solche - trotz ihrer damaligen Unbeliebtheit - in den Augen der Bevölkerung als illegitim erscheinen zu lassen.

Die These des "autoritären Populismus", die die Schuld des Debakels der Labour Party in einer listigen Strategie des Gegners sucht, übersieht die große Verdrossenheit eines Teils der Labourwähler über die von radikalen Aktivisten formulierten sozialistischen Politikziele (siehe zur Diskrepanz zwischen den politischen Zielen der Wähler der Labour Party und der Aktivisten der Partei oben Kapitel 4.5). Eine Würdigung der Erfolge Thatchers darf die "unpopularity of much of Labour's electoral programme, and the party's lack of credibility during successive election campaigns" (MARSHALL U. A. 1989, 260 f.) nicht übersehen. Doch nach vernichtenden

Wahlniederlagen pflegen selbst ideologisch orientierte Parteien ihr politisches Profil zu überdenken. Nachdem die Labour Party bei den Unterhauswahlen von 1983 ihr schlechtestes Ergebnis seit der katastrophalen Niederlage von 1931 erzielt hatte (siehe dazu das Schaubild oben in Kapitel 5.3), akzeptierte die Partei unter dem neu gewählten Parteiführer Neil Kinnock den Verkauf von Sozialwohnungen an ihre Mieter, die geheime Urabstimmung vor Streiks und die Wahl von Gewerkschaftsführern durch ihre Mitglieder.

9.4 Gewerkschaften und Arbeitsbeziehungen - das Politikum der siebziger und achtziger Jahre

Zersplitterung der Gewerkschaften

In einer Gesellschaft ohne bürokratische Staatstradition zeichnen sich auch die britischen Gewerkschaften durch einige von "Verrechtlichung" unberührte Besonderheiten aus. Typisch für den staatlich-gesetzlich nicht regulierten, in historischen Zufällen und Kompromissen entstandenen Wuchs der Arbeitsbeziehungen ist zunächst die stark fragmentierte Organisation der britischen Gewerkschaften. In Großbritannien gab es 1984/85 nicht weniger als 393 Einzelgewerkschaften. Nur 98 dieser zersplitterten 393 Organisationen (oft sind mehrere in einem Betrieb vertreten) gehören dem gewerkschaftlichen Dachverband TUC (Trades Union Congress) an. Da der TUC ein mit nur wenigen Kompetenzen ausgestatteter, loser Zusammenschluß ist, wäre es irreführend, das System wegen der Existenz eines solchen Dachverbandes als zentralisiert zu bezeichnen. Nur in 10 Einzelgewerkschaften übersteigt die Mitgliederzahl 500 000 (siehe die neueren Zahlen eines international vergleichenden Verbundprojektes bei VISSER 1989, Tabelle 17).

"Shop Stewards"

Auch gab es vor den jüngsten Gesetzesänderungen unter Thatcher keine gesetzlichen Vorschriften über Urabstimmung oder Schlichtungsmodalitäten vor einem Streik. Aufgrund der auf betrieblicher Ebene stattfindenden Verhandlungen (*plant bargaining*) existierte eine hochgradig fragmentierte Verhandlungsstruktur, in der die Gewerkschaftsspitze nur eine moralische, aber keine faktische Führungskompetenz besaß. Tarifabschlüsse werden von Betrieb zu Betrieb unterschiedlich und nicht für ganze Industriezweige ausgehandelt. Überdies treten als Verhandlungspartner der Unternehmer nicht die Gewerkschaften, sondern die ihnen nahestehenden, aber formell unabhängigen Betriebsobleute, die sogannten *shop stewards* auf. Ohne daß ihre Befugnisse in einem Gesetz geregelt wären, werden sie in einem oft tumultuarischen Verfahren von der Belegschaft vielfach per Akklamation gewählt. Ohne besondere Vergütung oder Freistellung von der Arbeit handeln sie ehrenamtlich "alle betrieblichen Belange einschließlich der Löhne, Arbeits- und Urlaubszeiten mit dem jeweiligen Arbeitgeber" aus (FISCHER/BURWELL 1988, 102). Oft genug resultierten Streiks nicht aus

Lohnfragen, sondern aus Streitigkeiten über Details von Arbeitspausen und Arbeitsbedingungen in einem Betrieb.

In großen Betrieben sind in der Regel mehrere Gewerkschaften und nicht nur eine Industriegewerkschaft vertreten. Die historisch gewachsene Zersplitterung führt zu häufigen Spannungen zwischen den einzelnen Organisationen. Als eine gewisse Abhilfe gegen die Zersplitterung der Gewerkschaften in einem Betrieb dient die Vereinbarung eines sogenannten *closed shop* zwischen dem Unternehmer und einer Gewerkschaft. Danach dürfen aufgrund einer freien Vereinbarung zwischen Unternehmer und Gewerkschaft, deren Bruch mit Streik sanktioniert wird, nur Mitglieder der betreffenden Gewerkschaft eingestellt werden. Austritt aus der Gewerkschaft oder Ausschluß aus ihr führt auch zum Verlust des Arbeitsplatzes. Der *closed shop* warf aber neue Probleme auf. Bei Arbeitskämpfen kann er als Druckmittel gegen Streikunwillige eingesetzt werden, denen bei Ausschluß aus der Gewerkschaft infolge der *closed shop*-Vereinbarung der Verlust ihres Arbeitsplatzes droht.

Als eine weitere Besonderheit besaßen die Gewerkschaften durch ein Parlamentsgesetz, den *Trade Disputes Act 1906*, uneingeschränkte (und nach Thatcher nur noch teilweise) juristische "Immunität" - d. h. Straffreiheit gegen Schadenersatzansprüche von Unternehmern aus Streikfolgen. Diese historische Weichenstellung von 1906 hatte Tarifauseinandersetzungen und Regelungen der Arbeitsbedingungen unter bewußtem Verzicht auf Regierungsintervention und gesetzliche Normierung - d. h. in einer prinzipiellen *"abstention of law and state"* - der freien Auseinandersetzung zwischen Unternehmern und den vor Verurteilung durch die Common-Law-Gerichte geschützten Gewerkschaften überantwortet. Dieses Parlamentsgesetz von 1906 ist ein exemplarisches Beispiel dafür, wie im englischen System *statute law* den älteren Rechtsbrauch des *Common Law*, der durch die Gerichte interpretiert wird, bedingungslos ändern kann.

Als die Common-Law-Gerichtshöfe um die Jahrhundertwende auf Klagen der Unternehmer in einer Reihe von Gerichtsurteilen die bereits in den 1860er Jahren gewährten Rechte zum Streik aushöhlten, um das Eigentum der Produzenten zu schützen, wirkten die Gewerkschaften maßgeblich an der (vergleichsweise späten) Gründung der Labour Party mit zu dem Zweck, auf parlamentarischem Wege eine Annullierung dieser am Schutz des privaten Eigentums orientierten Rechtsprechung zu erreichen. Die organisatorische Bindung der Labour Party an die Gewerkschaften entspringt dieser Tatsache, daß die Partei erst nach den Gewerkschaften unter maßgeblicher Beteiligung derselben gegründet wurde.

Zwar war diese juristische "Immunität", die eine ungewöhnliche Privilegierung einer zuvor benachteiligten Interessengruppe durch eine von dieser Gruppe mitgegründete politische Partei bedeutete, anfangs stark umstritten. Aber nachdem diese Regelung durch eine Koalition aus Liberalen, Labour Party und Iren ins *statute book* gelangt war, wurde sie auch von den Konservativen nach Regierungswechseln über sechs Jahrzehnte hinweg - bis zum umstrittenen (und gescheiterten) Industrial Relations Act von 1971 unter der Regierung Heath - nicht widerrufen (siehe die Darstellung der Einzelheiten dieses arbeitsrechtlichen englischen Sonderwegs bei BIRKE 1982). Die Konservativen verabschiedeten in diesem Zeitraum lediglich ein gesetzliches Verbot der automatischen Abführung eines "Parteipfennigs" (*political levy*) vom Gewerkschaftsbeitrag an die Labour Party, das mit dem Machtwechsel von 1945 wieder rückgängig gemacht wurde.

In dem allgemeinen Dilemma, vor dem alle westlichen Demokratien stehen, nämlich "entweder Konfliktaustrag mit der Folge schwerer wirtschaftlicher Verluste oder Einschränkung der Organisations- und Handlungsfreiheit von Interessengruppen" (RUDZIO 1987, 96), entschied Großbritannien sich für die Einhegung von Konflikten durch Gewährung von "Immunitäten" und Privilegien. Das Parlamentsgesetz von 1906, das eine der Gerichtsbarkeit entzogene Enklave der freiwilligen Vereinbarung von Arbeitsbedingungen und Tarifverträgen zwischen Unternehmern und basisnahen gewerkschaftlichen Vertrauensleuten, den "Shop Stewards", schuf, klammerte einen Grundkonflikt der modernen Gesellschaft, Arbeitskämpfe und Arbeitsbeziehungen, aus der Steuerungstätigkeit von Parteien und Regierung aus. "Immunität", ein aus dem mittelalterlichen Verfassungsrecht bekannter Begriff, besagt, daß ein juristischer Freiraum geschaffen wird, in dem der öffentlich-rechtlichen Autorität der Zugang und Zugriff verwehrt ist.

Vom alten System konnten sich beide Tarifparteien Vorteile versprechen. Den Gewerkschaften wurde eine wirksame Durchsetzung klassenkämpferischer Forderungen unabhängig von gesetzlich vorgeschriebenen Regeln eröffnet (siehe die Argumente in SCHMIDT 1984). Die Unternehmer konnten in Zeiten wirtschaftlicher Prosperität darauf setzen, die "Shop Stewards" in ihrem Betrieb durch Sondervereinbarungen gegen die Gewerkschaftsführung auszuspielen. Diese doppelte List der nur schwer überblickbaren britischen Gewerkschaftsorganisation versagte mit dem Einsetzen der chronischen Wirtschaftskrise (siehe oben Kapitel 4.4). Die volkswirtschaftlichen Nachteile, die dieser über ein halbes Jahrhundert gültige Herrschaftskompromiß mit sich brachte, wurden erst seit den 1960er Jahren voll sichtbar, als das schwache Wachstum der britischen Industrie bei beiden Parteien nach verstärkter staatlicher Intervention zur Heilung der "englischen Krankheit" verlangte.

Reformversuche schon unter Labour — Es war eine Labour Regierung und nicht etwa ein konservatives Kabinett, die im Jahre 1969 den Entwurf eines Gewerkschaftsgesetzes vorlegte, das, orientiert an amerikanischen, deutschen und kanadischen Regulierungen der Arbeitsbeziehungen mit der traditionellen Vorstellung einer *abstention of law and state*, eines Verzichts auf jede gesetzliche Normierung, brach. Doch unter der Drohung einer Rebellion der Unterhausfraktion ließ die Regierung Wilson das Reformprojekt 1969 fallen. Die sie 1970 ablösende konservative Regierung Heath peitschte ein ähnliches Gewerkschaftsgesetz mit den legislativen Kompetenzen des Westminster Modells (u. a. der "Guillotine", siehe oben Kapitel 6.1) durch. Doch das Gesetz scheiterte am zivilen

Ungehorsam sich auflehnender Gewerkschaftsmitglieder, ferner an dem Zögern der Unternehmer, seine Bestimmungen in Anspruch zu nehmen, und schließlich nach dem sogenannten "Großen Bergarbeiterstreik" (siehe oben Kapitel 8.5) an der Weigerung der Wählerschaft, Heath auf die Frage "Who governs?" ein Mandat zum Weiterregieren zu geben.

Die 1974 ins Amt gelangte Labour Regierung widerrief das konservative Gewerkschaftsgesetz. Sie übernahm aber viele seiner Bestimmungen, die Gewerkschaften und Arbeitnehmern die Möglichkeit einer Klage vor Gericht oder *industrial tribunals* einräumten. So begann der Widerruf des konservativen Industrial Relations Act 1971 durch den von der Labour Regierung verabschiedeten Trade Union and Labour Relations Act mit einer Auflistung der Artikel des aufgehobenen Gesetzes, die in Zukunft trotzdem Bestand haben sollten. So gewöhnten sich die Gewerkschaften in einem Lernprozeß an den Gedanken, daß eine dem britischen System bisher fremde "Verrechtlichung" der Arbeitsbeziehungen ihnen Vorteile bringen könnte (PRIGGE 1987).

Im berüchtigten Streikwinter von 1978/79 breiteten sich Streiks wie ein Lauffeuer aus, als die Labour Regierung, die einen "Sozialkontrakt" mit der Gewerkschaftsführung geschlossen hatte, weiterhin auf Begrenzung der Lohnerhöhungen unter der Inflationsrate bestand. Sie setzte eine Leitlinie von nur 5% Lohnerhöhung durch, obwohl die Inflationsrate, die im Vorjahr bei 15,8% gelegen hatte, immer noch bei 8,2% stand. Der Zusammenbruch der öffentlichen Versorgung in diesem "winter of discontent" diskreditierte das alte System und trug maßgeblich zur Wahl der einen "eisernen Besen" verheißenden Regierung Thatcher bei. In vier Etappen (1980, 1982, 1984 und 1988) leitete sie eine umfassende Reform von Gewerkschaften und Arbeitsbeziehungen ein. Dabei vermied sie in einer "Salamitaktik" eine systematische Kodifizierung in einem einzigen Gesetz, an der in offener Konfrontation mit den Gewerkschaften der konservative Premier Heath gescheitert war.

Streikwinter 1978/79

Die neuen gesetzlichen Bestimmungen (siehe im einzelnen die Aufzählung bei STURM 1991, 169-173) korrigierten die Auswüchse des alten Systems, ohne es auf eine völlig neue Basis zu stellen. So wurden u. a. fliegende Streikposten (siehe oben Kapitel 8.5) nur noch unter genau aufgezählten Bedingungen erlaubt. Der "closed shop" wurde nicht aufgehoben, aber der Zwang zur Entlassung eines Arbeitnehmers verboten. Später schrieb ein weiteres Gesetz vor, daß eine solche closed shop-Vereinbarung nur dann gültig sei, wenn in einer geheimen Abstimmung 80% der Betroffenen oder 85% der Abstimmenden ihr zugestimmt hatten. Die "Immunität" wurde nicht gänzlich aufgehoben, aber gesetzlich für verwirkt erklärt, wenn die Gewerkschaften nicht vor der Ausrufung eines Streiks eine geheime Abstimmung durchgeführt hatten. In der Praxis änderte diese gesetzliche Fixierung aber wenig an tradierten Gewohnheiten. Beispielsweise gab es bei 94 solcher geheimer Abstimmungen im Jahre 1985 in 72% der Fälle ein positives Streikvotum (JONES/KAVANAGH 1991, 194).

Gesetzgebung der Regierungen Thatcher

Neu war die rigoros von den Gerichten durchgesetzte Bestimmung, daß bei Verstößen gegen die neuen Gesetze erstmals seit 1906 das Vermögen von Gewerkschaften beschlagnahmt werden konnte. Dadurch wurden militante Gesetzesverstöße, nicht aber das Koalitionsrecht und die (im internationalen Vergleich ohnehin hinter Italien, Kanada und den USA liegende) Streikbereitschaft britischer Arbeitnehmer gebrochen. Die Gewerkschaften buchen es als großen Erfolg für sich, daß sich in den seit 1986 mindestens einmal in zehn Jahren vorgeschriebenen Abstimmungen ihrer Mitglieder über die *political levy* große Mehrheiten für die Beibehaltung des automatischen Einzugsverfahrens zugunsten der Labour Party fanden. "Nach dem Überwinden einer gewissen Hemmschwelle" fanden sich auch immer mehr Gewerkschaften bereit, zur Finanzierung der gesetzlich vorgeschriebenen neuen Abstimmungen Regierungsgelder anzunehmen (STURM 1991, 173).

Da auch die nach wie vor von den Gewerkschaften abhängige Labour Party die geheime Urabstimmung vor Streiks und die Wahl von Gewerkschaftsführern durch ihre Mitglieder akzeptierte, hat die Politik des "Thatcherismus" zumindest einige verfestigte Strukturen verändert. Dagegen ist es dem ideologischen "Kreuzzug" (CREWE) der neokonservativen Wende - ungeachtet der großen Verdrossenheit eines Großteils der britischen Bevölkerung über die früheren Auswüchse rechtlich unregulierter Streiks - nicht gelungen, die Gewerkschaften insgesamt, wie es ihre Absicht war, als illegitim zu verfemen (siehe die Umfrageergebnisse bei CREWE/SEARING 1988a).

9.5 Die kommunale Selbstverwaltung: Zurückdrängung lokaler Gegengewichte

Gebiets-
körperschaften

Obwohl das britische Regierungssystem ein zentralisierter Einheitsstaat ist, erscheint es unmöglich, in einem Land von 57 Millionen Einwohnern Versorgungsleistungen und Sozialdienste ohne regionale und lokale Dezentralisation anzubieten. Auch ohne einen Föderalismus gibt es daher regionale und kommunale Gebietskörperschaften (siehe z. B. die Karten der "Regional Health Authorities" oder der "Electricity Board Regions" in REGIONAL TRENDS 1990, 193 oder der "Economic Planning Regions, Enterprise Zones und Urban Development Corporations in FISCHER/ BURWELL 1988, 257). Was eine solche Dezentralisation vom Föderalismus unterscheidet, ist nicht nur das Fehlen gewählter regionaler parlamentarischer Vertretungen. Alle Kommunen und Gebietskörperschaften stehen auch unter dem uneingeschränkten Vorbehalt ihrer Legitimation durch das Parlament in Westminster. Was die souveräne "Krone-im-Parlament" gewährt hat, darf sie mit einfacher Stimmenmehrheit auch widerrufen, ohne daß es ein autonomes (und einklagbares) Eigenrecht der dezentralen Einheiten gäbe.

"British local government [...] has the appearance and trappings of a system of local self-go-vernment but not much of the reality. The Corporation of the City of Hull, for instance, [...] is an independent corporation which was established in the fifteenth century, which owns a great deal of property, and which appoints its own Sheriff and Lord Mayor [...]. On the other hand, the Hull Corporation cannot change its own constitution, which is regulated by Act of Parliament; it cannot exercise any powers other than those delegated to it by Parliament; and it is subject to constant regulation and inspection by government departments. A city council which cannot impose a speed limit or create a one-way system without the consent of the De-partment of the Environment cannot be said to have much genuine autonomy in dealing with its traffic problems, even though the Department would say that these are under local rather than national control" (BIRCH 1980, 223).

Die dezentralisierten Körperschaften besitzen keine Satzungsautonomie. Sie dürfen nichts tun, wozu sie nicht vom Parlament in Westminster ermächtigt worden sind, genießen dann aber Handlungsfreiheit bis auf Widerruf. Die ständige zeitliche Überlastung des Unterhauses rührt auch aus seinem Souveränitätsvorbehalt her, aus der Pflicht, sich mit Angelegenheiten zu befassen, die in anderen Systemen durch gewählte regionale Repräsen-tativversammlungen legitimiert werden. Ein Regionalparlament wie das von Nordirland konnte durch Beschluß des Parlaments in Westminster 1972 wieder abgeschafft und die Region unter direkte Verwaltung durch die Zentrale gestellt werden, die freilich einen speziellen "Nordirlandminister" mit Residenz in Belfast, aber Sitz im Kabinett in London ernannte. *[Randnotiz: Kommunen ohne Satzungs-autonomie]*

Demokratisch gewählte Kommunalbehörden, die *local authorities*, wurden erst parallel mit der Demokratisierung des Wahlrechts zum Unterhaus gegen Ende des 19. Jahrhunderts geschaffen. Typisch für die spontane, ungeplante Differenzierung des politischen Systems in einer Gesellschaft ohne bürokra-tische Staatstradition ist wiederum der freie, naturwüchsige Charakter der historischen Entwicklung der Kommunalverfassung:

"Ihre lokalen Befugnisse wurden der Kommunalverwaltung nicht durch allgemein verbindliche Gesetzesregelungen zugewiesen. Örtliche Aufgaben und Entscheidungs-strukturen waren nur in geringem Maße vergleichbar. Häufig waren sie das Ergebnis lokaler Initiativen ("Private Local Bills"), die zur Verabschiedung von auf die jeweiligen Gebietskörperschaften zugeschnittenen und nur diese betreffenden Parlamentsgesetzen führten" (STURM 1991, 213).

Eine Verwaltungsvereinfachung wurde erst durch die Kommunalreformen von 1974 (in England) und 1975 (in Schottland) verwirklicht. Sie reduzierte die Zahl der Kommunalbehörden um etwa zwei Drittel (siehe zur Gliederung der britischen Kommunalverwaltung FISCHER/BURWELL 1988, 136 f. und STURM 1991, 215 f.). Die *local authorities* erhalten ihre Vollmachten, die sie nach eigenem Ermessen ausüben, vom Parlament. Sie erhoben - bis zur Umstellung des Systems durch die Regierung Thatcher 1989 - zur Finanzierung eines Teils ihrer laufenden Ausgaben eine Kommunalsteuer auf Immobilienbesitz, die sogenannten *rates*. Zusätzliche Ausgaben wurden durch staatliche Zuwendungen (*central government grants*), Mieteinkünfte u. ä. gedeckt. Der größte Teil des Haushalts der Kommunen war immer schon von Zuschüssen der Zentralregierung abhängig. *[Randnotiz: Kommunal-reformen]*

Die Ausgabensteigerung der von Labour regierten *councils*, die zur Ausweitung sozialer Dienstleistungen die *rates* erhöhten, waren den ausgabenkürzenden Regierungen Thatcher ein Dorn im Auge. Hinzu kam Atmosphärisches. So errichtete das (1986 durch Parlamentsgesetz abgeschaffte) *Greater London Council* unter Führung des Politikers des linken Flügels der Labour Party, Ken Livingston, vor der Residenz des Gemeinderats gegenüber dem Parlament am anderen Ufer der Themse eine große Anzeigetafel, die die neuesten Arbeitslosenziffern des Landes signalisierte. Die sieben *Councils* der großstädtischen, von Labour dominierten Ballungsgebiete wurden 1986 durch ein Parlamentsgesetz, das auf den hinhaltenden Widerstand des Oberhauses stieß, abgeschafft und ihre Aufgaben den jeweiligen niedrigeren Selbstverwaltungseinheiten übertragen. So ist London heute die einzige Weltstadt ohne eine zentrale Selbstverwaltungsorganisation.

"Kopfsteuer" Nach dem dritten Wahlsieg von 1987 leitete die Regierung eine völlige gesetzliche Umstellung des Systems der kommunalen Steuern ein. Die früheren Steuern auf Immobilienbesitz (die sogenannten *rates*) wurden durch eine für alle Bürger gleiche Pro-Kopf-Steuer (die sogenannte Wahlregistersteuer oder auch *poll tax)* ersetzt (siehe zu ihrer Wirkungsweise STURM 1991, 221-224). Der Wechsel im Steuersystem hatte zwei nicht antizipierte Konsequenzen:

-   Untere Einkommen wurden weit stärker benachteiligt als vorausgesehen, was zu erheblicher Verbitterung und zu Steuerstreiks führte.

-   Da Großbritannien keine Einwohnermeldeämter kennt, die Einführung der Pro-Kopf-Register-Steuer aber das Erfassen aller Bürger an ihrem Wohnort erforderlich macht, wurde ein in der politischen Kultur als bedrohlich empfundenes Element zentraler bürokratischer Erfassung eingeführt.

Das "Community Charge" oder populär auch "poll tax" (Kopfsteuer) genannte neue System wurde von der Premierministerin gegen Bedenken in der eigenen Partei, Widerspruch in den Parlamentsausschüssen und den Widerstand des Oberhauses durchgesetzt. Es sollte nach ihrem politischen Kalkül den Zorn des Volkes gegen die verschwenderische Ausgabenpolitik von Labourkommunen hervorrufen. Stattdessen wurde die Empörung und Unruhe, die das als ungerecht empfundene neue System hervorrief, angesichts der verheerenden Aussichten für die Wiederwahl der Partei zum Auslöser des Sturzes der mächtigen Premierministerin durch ihre eigene Fraktion.

9.6 Der Sturz von Thatcher: Grenzen eines "Prime Ministerial Government"

Kritiker des persönlichen Führungsstils von Margaret Thatcher - nicht zuletzt im Streit zurückgetretene oder von ihr entlassene Minister - belebten eine alte Debatte über die vermeintliche (oder reale?) "Präsidentialisierung" des Parlamentarismus in Großbritannien neu. Die im Zweiten Weltkrieg vom konservativen Premier Churchill ausgeübten Befugnisse wurden auch in Friedenszeiten vom Labour Premier Attlee weiter praktiziert. Deshalb sah sich der Politikwissenschaftler MACKINTOSH, als er das Standardwerk von KEITH zum "Cabinet System" in einer dritten Auflage aktualisieren wollte, gezwungen, ein völlig neues Buch zu schreiben, weil er glaubte, er könne die zutage getretene Machtfülle des Premier auf Kosten seiner Kabinettskollegen nicht mehr mit der eingebürgerten Bezeichung des "Cabinet Government" beschreiben (MACKINTOSH 1962, 9). Zweifel am "Cabinet Government"-Prinzip

Die These, im Gehäuse der ehrwürdigen Fassade der parlamentarischen Verantwortlichkeit des Kabinetts habe sich ein stiller Verfassungswandel zu einer neuen Regierungsform vollzogen, wurde dann von Richard CROSSMAN in seiner berühmten Einleitung zur Fontana Paperback-Ausgabe von BAGEHOTS "The English Constitution" im Jahre 1963 zugespitzt. Sie gewann ihre Pointe durch eine essayistische Anspielung auf eine alte Denkfigur WALTER BAGEHOTS. Ihm zufolge bieten die "ehrwürdigen" Institutionen (die "dignified parts" der Verfassung) einen rituellen und institutionellen Deckmantel, unter dessen Schutz und Schirm die wenig beachteten "wirksamen" Kräfte der Politik (BAGEHOTS "efficient parts") ihre Arbeit unter Camouflage der wahren Machtverhältnisse verrichten.

"Der 'zeremonielle Teil' der Regierung", schrieb Low in Anspielung auf BAGEHOT, "wird bewahrt und kann oft Achtung und Ehrfurcht einflößen, selbst wenn er tatsächlich abgestorben ist, während daneben ein mehr oder weniger unbemerkter 'treibender' Faktor steht, der die wirkliche Arbeit tut" (LOW 1908, 3).

CROSSMANS Argument suggerierte, daß nicht nur das Unterhaus, sondern auch das ihm verantwortliche Kabinett zu einer "ehrwürdigen" Institution erstarrt sei. Im 19. Jahrhundert, argumentierte CROSSMANS, sei mit der Demokratisierung des oligarchischen Parlamentarismus die Wahlfunktion des Unterhauses auf das Elektorat und seine Gesetzgebungsfunktion auf das Kabinett übertragen worden (siehe zu diesen Begleitumständen des Aufstiegs des Westminster Modells oben Kapitel 1.4). Damals sei "Parliamentary Government" durch "Cabinet Government" ersetzt worden. Nun habe sich in einem weiteren stillen Verfassungswandel ein erneuter Transfer vom "Cabinet Government" zu einem "Prime Ministerial Government" vollzogen. Durch den Transfer der Macht vom Kabinett auf den Premier sei sogar ein heimliches Präsidialsystem entstanden.

Wenn man, so schrieb er, das präsidentielle System als Ausübung der Regierung durch ein direkt gewähltes oberstes Amt definiere, dann besitze auch England wahrhaft einen dem System der USA ähnlichen Präsidenten:

> "If we mean by presidential government, government by an elective first magistrate, then we in England have a president as truly as the Americans. But there are vital differences between the two presidential systems [...]" (CROSSMAN 1963, 22 f.).

These einer "präsidentiellen Wendung" Später machte CROSSMAN einmal die in der Regel übersehene Einschränkung, daß "Prime Ministerial" und "Presidential Government" nicht dasselbe seien (in seinen Harvard Vorlesungen 1970, zitiert bei HART 1991, 210). Aber seine suggestive These, daß in jedem Falle "Cabinet Government" durch "Prime Ministerial Government" abgelöst worden sei, wird doch als "präsidentielle Wendung" verstanden und gewinnt ihre Pointe erst durch die Annahme einer strukturellen Konvergenz der Ämter von Präsident und Premier. Der Premier allein ernennt, nachdem er (oder sie) im Buckingham Palast der Königin die Hand geküßt hat, alle übrigen Minister, und er kann sie auch wieder entlassen und sein Kabinett nach Gutdünken umbilden.

Bereits MAX WEBER, der dabei an Gladstone dachte, bezeichnete einen britischen Premier deshalb als plebiszitären "Diktator des Wahlschlachtfeldes" (WEBER 1919, 523). Aber im Gegensatz zum Präsidenten der USA, wo seit 1972 Parlamentarier und Parteiführer aus dem Nominierungsprozeß der Präsidentschaft so gut wie ausgeschlossen sind (HART 1991, 221, Anm. 16), kann ein britischer Regierungschef dann und nur dann den plebiszitären Test bestehen, wenn er zuvor in einem förmlichen satzungsmäßigen Auswahlverfahren (bei den Konservativen allerdings erst seit 1965 und bei Labour uneingeschränkt nur bis 1981) durch seine Fraktion und damit allein durch das Parlament als Kandidat für das höchste Regierungsamt ausgewählt worden ist (gute Beschreibung der Details bei COXALL/ROBINS 1990, 240 f., 247 f.).

Externe Berater Thatchers Margaret Thatcher, die weitaus weniger Kabinettsausschüsse als frühere Premiers eingesetzt hat, neigte zu einer anderen Variante der Umgehung der Entscheidungsdiskussion im Kabinett: sie stellte, wenn man den bisher an die Öffentlichkeit gelangten Indiskretionen folgt, ihre Kabinettskollegen unter dem Einfluß externer Berater, die weder dem Kabinett noch der Bürokratie angehörten, oft vor vollendete Tatsachen und zwang sie ohne Entscheidungsdiskussion im Kabinett in die kollektive Verantwortlichkeit oder zum Rücktritt. Hierin wird ihre spezielle Variante des "Prime Ministerial Government" gesehen. Obwohl sie ihr Kabinett anfangs zunächst durchaus aus mehreren Richtungsgruppen der Partei zusammengesetzt hatte, verfolgte sie mit einem ihr ergebenen kleinen Kreis von Politikern ("Is he one of us?") in der Wirtschafts- und Sozialpolitik Policies, die vom traditionellen Flügel der Partei nicht gutgeheißen wurden. Im Bestreben, ihre Policies durchzusetzen, entließ sie mehr und mehr Minister, die die Konsequenzen ihrer restriktiven Sozialpolitik fürchteten und als "Wets" (sich in die Hosen nässende Angsthasen) verschrieen wurden, aus ihrem Kabinett.

Später kam ein mühsam verhehlter Dissens im Kabinett über die Europapolitik hinzu. Als ihr langjähriger Schatzkanzler, Nigel Lawson, aus Protest zurücktrat, weil die Premierministerin dem Rat eines externen Beraters, Professor Sir Alan Walters, öffentlich den Vorzug gab, verstärkte sich der Eindruck, daß sie sich nach der Art eines Präsidenten mit "Küchenkabinetten" umgab, die weder dem Parlament noch dem Civil Service entstammten. Tatsächlich aber blieb eine solche Berufung externer Fachleute in befristete staatliche Stellen (vergleichbar den "in-and-outers" eines Präsidenten) die Ausnahme (FRY in DRUCKER U. A. 1988, 99). Es kam auch nicht zur Einrichtung eines "Prime Minister's Department", das den bescheidenen Stab von neun Personen in ihrer persönlichen Policy Unit bzw. von insgesamt nur 27 (höheren) Beamten in allen Stäben der Premierministerin durch eine Präsidialbehörde abgelöst hätte. Sie verzichtete auf die Einrichtung eines eigenen "Prime Minister's Department", das immerhin seit über 20 Jahren im Gespräch gewesen war, als der Falklandkrieg ein solches Ministerium denkbar erscheinen ließ. Sie verzichtete, wohl wegen des befürchteten Widerstands im Parlament und wegen des öffentlich geäußerten Ressentiments einiger Kabinettskollegen, die sich gegenüber einer weiteren Machtsteigerung eines bereits dominierenden Premiers verstört zeigten (HENNESSY 1989, 645 f.). Kein "Prime Minister's Department"

Im Unterschied zum präsidentiellen System ist der Premier zusammen mit seinen Ministern, die sich als Kollegen, die ihn ausgewählt haben, nicht als bloße Gehilfen verstehen können, in die kollektive Verantwortlichkeit des Kabinetts eingebunden. Die Leitidee der kollektiven Verantwortlichkeit des Kabinetts, in welchem die Minister nicht als Gehilfen verstanden werden, sondern zusammen mit dem Premier als kollektiver Akteur auftreten sollen, ist (schon wegen der politischen Kultur eines "Clubs" und der langjährigen parlamentarischen "Lehrzeit" aller Minister) fest in den verhaltensleitenden Erwartungen von Westminster und Whitehall verankert. Mag diese zentrale Doktrin auch nur auf Brauch und Herkommen beruhen, deren Verletzung nicht mehr als ein schlechtes Gewissen oder eine schlechte Presse erzeugt, so gilt der Bruch der Kollegialität doch allgemein als illegitim und muß - wie in der skandalumwitterten Westland Affäre "verhehlt" werden.

RICHARD CROSSMAN hatte abschätzig über die Ansicht "konstitutioneller Puristen" geurteilt, daß die Abberufbarkeit des Premierministers (sowohl durch das gesamte Parlament als auch durch seine eigene Fraktion) nach wie vor einen zentralen Unterschied zwischen parlamentarischem und präsidentiellem System ausmache (CROSSMAN 1963, 64). Denn er hielt es in der politischen Praxis für so gut wie ausgeschlossen, daß ein amtierender Premier in einem ordentlichen Verfahren ausgewechselt werden könne. Doch das Unvorstellbare geschah dennoch : die Regierungschefin, die in einem oft zitierten Rekord auf die längste Amtszeit eines britischen Premiers in diesem Jahrhundert zurückblicken konnte, verfehlte in einem spannenden Wahlkampf knapp die Wiederwahl in der konservativen Unterhausfraktion und trat schließlich auf den Rat ihres Kabinetts hin zurück. Verfahren zur Wahl und Abwahl des Premiers

Zum indirekten Auslöser ihres Sturzes wurde die Unruhe unter den Abgeordneten über die vom Premier gewünschte (und gegen starke Bedenken in der eigenen Fraktion und in den Ausschüssen durchgesetzte) neue Gemeindesteuer. Diese Kopfsteuer ("poll tax") erzeugte unerwartete soziale Härten und ließ wegen der Steuerstreiks und Proteste im Lande zahlreiche konservative Abgeordnete um ihre Wiederwahl fürchten. Nachdem sich die Unruhe aber bereits gelegt hatte und der alarmierende Vorsprung von Labour in den Meinungsumfragen während des Sommers 1990 etwas zurückgegangen war, wurde der Rücktritt von Sir Geoffrey Howe, dem von ihr zuvor öffentlich gedemütigten stellvertretenden Premierminister und letzten verbleibenden Minister aus dem ersten Kabinett Thatcher von 1979, zum unmittelbaren Auslöser der Krise. Anlaß war eine über den Kopf der Minister verlautbarte öffentliche Attacke der Regierungschefin bezüglich der künftigen europäischen Integration.

In seiner die Demission erläuternden berühmten Unterhausrede verglich er das "persönliche Regiment" der Regierungschefin ohne Konsultation mit dem Kabinett unter nachträglicher Desavouierung der Minister mit der irrationalen Handlungsweise des Kapitäns eines Cricket Teams, der seinen Spielern ihre Sportgeräte zerbricht (wieder zitiert im ECONOMIST 9. 3. 1991, 22). Im verschlüsselten Code, der von Fraktion und Öffentlichkeit als Aufforderung zur Abwahl verstanden wurde, beschuldigte er Mrs Thatcher, das verhaltensleitende Grundprinzip der "Kabinettsregierung", den kameradschaftlichen Sportsgeist eines kämpfenden Teams, durch Sprunghaftigkeit und einsame Entschlüsse außerhalb des Kabinetts verlassen zu haben. Genau dieser "Sportsgeist" der "Treue zu Personen" ist nicht nur in der britischen politischen Kultur der Parteienkonkurrenz verankert (siehe oben Kapitel 3.5). Er unterscheidet auch die Verhaltenserwartungen, die an Präsident und an Premier gerichtet werden (vgl. ROSE 1980, 331).

Keine Mehrheit
Thatchers in der
Fraktion trotz
Popularität an der
Parteibasis

Im Kampf um die Führung in der Fraktion, der durch die Aufstellung von Gegenkandidaten bei der satzungsmäßigen Bestätigung des Parteiführers in geheimer Wahl erforderlich wurde, appellierte Margaret Thatcher - so wie in MAX WEBERS Vision des "Diktators des Wahlschlachtfeldes" angenommen - über den Kopf der Parlamentarier hinweg an die konservativen Wahlkreisorganisationen außerhalb des Parlaments. Die Sondierung der Basis, die von der Parteisatzung bei der Führerwahl vorgeschrieben war, ergab für sie in der Tat eine Mehrheit von 70 (!) Prozent (siehe ALDERMAN/CARTER 1991, 132). Doch beim ersten Wahlgang fehlten ihr in geheimer Wahl in der Fraktion schließlich vier Stimmen. Deshalb scheiterte Crossmans "elective first magistrate" an der parlamentarischen Fraktion.

Zu den Ironien des politischen Systems gehört es, daß ein Unterhauswahlsieg einer Partei fast immer auf weniger als 50% der gültigen Stimmen beruht. Aber für die Kür des konservativen Parteiführers genügt selbst die absolute Mehrheit in der Fraktion im ersten Wahlgang nicht, wenn er nach der Parteisatzung nicht zugleich einen Stimmenvorsprung von 15% vor dem nächsten Konkurrenten erzielt. Thatcher erreicht 55% (204 Abgeordnete).

Heseltine 41% (152 Abgeordnete) "thus leaving Mrs Thatcher four votes short of victory" (ALDERMAN/CARTER 1991, 132). Ihre wenige Minuten nach Bekanntwerden der Nachricht im Ausland (auf dem EG-Gipfel) bekanntgegebene Absicht, auch im satzungsmäßigen zweiten Wahlgang kandidieren zu wollen, wurde in London als Versuch gerügt, in charakteristischer Manier eine kollegiale Beratung über die Führungskrise der Partei verhindern zu wollen. Nach London zurückgekehrt, befragte sie ihre Minister getrennt.

In ironischer Analogie zur historischen Einführung der kollektiven Verantwortlichkeit, als das Kabinett sich angesichts von Einzelaudienzen durch den Monarchen darauf verständigt hatte, es sei gleichgültig was sie sagten, sofern sie alle das Gleiche sagten, wird berichtet, daß ihr alle bis auf zwei zum Rücktritt rieten. Um einen zu starken Kurswechsel zu verhindern und möglichst viel von der Politik des "Thatcherismus" ohne die dominante Persönlichkeit von Thatcher zu retten, wurde nicht der Herausforderer Heseltine, sondern John Major gewählt und von der Königin zum Premier ernannt. (Auch er verfehlte die erforderliche Mehrheit in der Fraktion, aber seine innerparteilichen Konkurrenten verzichteten, anders als gegenüber Thatcher, deren Abwahl man wünschte, auf eine Stichwahl.)

Wiederherstellung alter Verfassungskonventionen

Was Sidney LOW bereits vor dem Ersten Weltkrieg schrieb, liest sich wie eine Vorwegnahme von Aufstieg und Fall der Premierministerin Thatcher, die nunmehr als "Dame Margaret" (nach ihrem Verzicht auf die persönliche Erhebung in die Adelsstand, der ihrem Gatten Dennis verliehen wurde) den Hinterbänken des Unterhauses angehört:

"Ein englischer Premierminister, der seiner Majorität im Parlament sicher ist, kann tun, was der deutsche Kaiser und der amerikanische Präsident und alle Komiteevorsitzende im Kongreß der Vereinigten Staaten nicht tun können; denn er kann die Gesetze ändern, er kann Steuern auferlegen und aufheben, und er kann alle Staatsgewalten dirigieren. Die einzige Bedingung ist, daß er seine Majorität bewahren muß" (LOW 1908, 45).

Weil die Institutionen und Verfahrensregeln mit ihren juristisch nicht erzwingbaren Konventionen seit eh und je eine ungewöhnliche Machtfülle einer starken Persönlichkeit erlauben, war Großbritannien immer schon ein parlamentarisches System mit "Premierhegemonie" (STEFFANI 1979, 44). Sollte aber die Rekrutierung der Minister aus dem Parlament, die in Großbritannien im Gegensatz zum Kabinett eines Präsidenten nach wie vor keine parlamentsfremden Quereinsteiger sein dürfen, nicht bereits kollegiale Verhaltensweisen erzeugen, so steht in beiden Parteien ein formales Verfahren zur Abwahl (genauer: der Nichtverlängerung der "Auftragsautorität") des Premiers durch die Partei bereit, an dessen Hürde Thatcher knapp scheiterte. Damit wurden die alten Regeln der nur "teilweise aufgeschriebenen" Verfassung, über die sich in der Zwischenzeit etwas Verunsicherung verbreitet hatte, wieder voll in Kraft gesetzt.

Schluß

In den beiden Jahrzehnten nach dem Zweiten Weltkrieg galt das britische Regierungssystem, dessen Verfassung niemals in einer zusammenhängenden Urkunde kodifiziert worden ist, bei maßgeblichen Erforschern eines "Comparative Government" wie Karl LOEWENSTEIN, der während der Nazi-Diktatur als Emigrant in der anglo-amerikanischen Welt gelebt hatte, als Vorbild eines liberaldemokratischen Repräsentativsystems. In Großbritannien waren - fast als "Zufallsprodukt der englischen Geschichte" (FRAENKEL 1968, 13) - im Kampf um die eigene Freiheit gegen innere und äußere Tyrannei die Grundlagen des modernen Verfassungsstaates gefunden worden.

Das "Westminster Modell" wird von Demokratie- und Parlamentarismustheoretikern, die eine demokratische Elitenherrschaft für wünschbar halten, als normatives Vorbild eines "responsible party government" betrachtet. Doch entstand es in der zweiten Hälfte des 19. Jahrhunderts nicht nach einem theoretischen Plan, sondern durch Pragmatismus und Zufall. Es ist eine ex post aufgestellte Rationalisierung der besonderen britischen Umstände der Demokratisierung des liberalen, aber oligarchischen Parlamentarismus. Es hat nur annäherungsweise in der ihm unterstellten Form existiert. So ist es eine normativ gedachte Ordnung, die selbst im Mutterland des gewaltenverschmelzenden Parlamentarismus nur zeitweise verwirklicht war. Insofern es aber im Bewußtsein der handelnden Politiker verankert war und zu einem großen Teil immer noch verankert ist, bildet es einen praktischen Handlungsrahmen, an dessen orientierend wirkendem Sinn sich Parteien, Parlament und Regierung ausrichten können.

Normativ gesehen, bleibt das "Westminster Modell", wie immer es sich real in Großbritannien verändern mag, ein Ordnungsmodell von faszinierender Geschlossenheit. Doch realiter war (und ist) die demokratische Herrschaftsorganisation von Westminster und Whitehall auf der internationalen Verfassungslandkarte ein abweichender Fall, ein zum Musterbeispiel stilisierter Sonderfall. Unter dem Druck neuer Herausforderungen, die in den letzten beiden Jahrzehnten alle westlichen Demokratien in vergleichbarer Weise betroffen haben, und nicht zuletzt auch aufgrund des Beitritts zur Europäischen Gemeinschaft, die die Souveränität des britischen Parlaments (oder genauer gesprochen: der aus ihm hervorgegangenen Regierung) eingrenzt, hat sich auch das britische Regierungssystem in den 1970er und 1980er Jahren stärker an das international übliche Variationsmuster liberaldemokratischer Systeme angeglichen. Doch bleiben besonders in der politischen Kultur Einstellungen erhalten, die vom übrigen Europa abweichen und immer wieder zu Friktionen führen.

In dem elitistischen politischen System des Vereinigten Königreichs ließ und läßt es sich gut leben, wenn der Bürger als Zuschauer am "adversativen" Spiel des sportlichen Parteienkampfs zweier klar einander entgegengesetzter Teams emotionale Befriedigung aus dem Sieg der eigenen Mannschaft zieht und wenn er überdies außer der spätestens alle fünf Jahre stattfindenden Unterhauswahl freiwillig auf aktive politische Partizipation verzichtet und ungestört seinen privaten Beschäftigungen nachgeht. Diese selbstgewollte Passivität bei latenter Organisationsbereitschaft harmonierte mit dem "demokratischen Mythos" der "Civic Culture". In ihm verbindet sich, wie die beiden Architekten dieses theoretischen Konstrukts, ALMOND und VERBA, scharfsichtig einräumten, grundsätzliche Partizipationsbereitschaft mit realer Partizipationsabstinenz. Aber weltweit hat die Bereitschaft besonders der jüngeren Generation zu unkonventionellen Formen politischer Aktion wie Boykott, Mietstreik, Hausbesetzungen und Gewalt gegen Personen und Sachen zugenommen. Auch in der elitistischen Konkurrenzdemokratie Großbritanniens wird die fraglose Akzeptanz parlamentarischer Mehrheiten durch neue Formen "unkonventioneller" Partizipation und außerparlamentarischen Protests ergänzt. Doch war die Zahl der "Inaktiven" noch in der Political-Action-Studie 1973-1976 im Vergleich der acht untersuchten Nationen erstaunlich hoch .

Nicht nur durch den Wandel der Berufsstruktur, sondern auch infolge einer stärker instrumentellen Politikorientierung der Bürger ist das traditionelle "class voting" relativiert worden. Das subjektive Klassenbewußtsein ist aber nicht gesunken, sondern durch die Polarisierung der Thatcher Ära verstärkt worden. Außerhalb des Unterhauses hat sich ein Dreiparteiensystem in England und sogar ein Vierparteiensystem in Schottland und Wales etabliert. Parallel zur Erosion der Wähler- und Mitgliederbasis der beiden Kontrahenten des etablierten Parteiendualismus ist eine Schwächung - jedoch keine Preisgabe - emotionaler Parteibindungen zu beobachten. Unter dem traumatischen Schock der permanenten wirtschaftlichen Wachstumskrise, der sogenannten "englischen Krankheit", haben sich die durch die Sonden der Surveyforschung gemessenen emotionalen Parteibindungen, die nach wie vor weit über dem geschrumpften tatsächlichen Stimmenanteil des Parteienduopols liegen, abgeschwächt. Abweichend von anderen Demokratien ist die Abschwächung der früher außergewöhnlich hohen Parteibindungen nicht auf die "Jungakademiker" einer Generation beschränkt; sie geht quer durch alle Schichten, Altersgruppen und Bildungsgrade.

Für die Bildung von Regierung und Opposition blieb das Zweiparteiensystem im Unterhaus dank der indirekten Sperrklausel des relativen Mehrheitswahlrechts von etwa 30% intakt. Doch außerhalb des Palastes von Westminster hat sich das Parteienduopol in einer stetigen Erosion des Konzentrationsgrads der gültigen Stimmen über die letzten drei Jahrzehnte hinweg fragmentiert. Dieses Anwachsen enttäuschter Wechselwähler ist um so bemerkenswerter, als das "mehrheitsbildende" Wahlrecht nicht geändert wurde und daher nach wie vor für dritte und vierte Parteien abgegebene Stimmen als verloren gelten. Unter den politischen Eliten bezweifelt eine Minderheit, die quer durch beide Parteien geht und sich keineswegs nur unter den durch das Wahlrecht frustrierten Politikern der Allianz aus Liberalen und Sozialdemokraten findet, die Effizienz des "adversativen" Konkurrenz-modells alternierender Mehrheitsherrschaft. Doch in der Bevölkerung wird das Wahlsystem, obwohl seine Benachteiligung kleiner Parteien außerhalb des etablierten Parteienduopols eklatant sichtbar wurde, von einer sehr großen Mehrheit als Mittel zur Erzeugung stabiler Ein-Partei-Regierungen bereitwillig akzeptiert.

Im Unterhaus ist die einst eiserne Abstimmungsdisziplin, die international immer noch vergleichsweise sehr hoch ist, doch so stark gelockert worden, daß man über ein Jahrhundert zurückgehen muß, um vergleichbare Abstimmungsrevolten zu finden. Das neue Selbstbewußtsein der Abgeord-neten ohne Regierungsamt, der sogenannten "Hinterbänkler", hat sich seit 1979 in einer neuen Organisation von 14 ständigen Fachauschüssen parallel zu den wichtigsten Ministerien ein Instrument geschaffen, das Elemente von "Rede-" und "Arbeitsparlament" verbindet. "Scrutiny and debate", d. h. die für das "Westminster Modell" wesentliche Kontrollöffentlichkeit einer "Legitimation durch Kommunikation", ist vom Plenum, wo sie angesichts ständiger Zeitnot nicht mehr voll befriedigend ausgeübt werden konnte, stärker in die traditionell öffentlich tagenden Ausschüsse verlagert und mit verbesserten Arbeitsmöglichkeiten der Abgeordneten zur Kontrolle von Regierung und Verwaltung verbunden worden. Doch haben sich dabei nach wie vor die Züge des Westminster Modells (Zweigleisigkeit von Gesetzgebungssauschüssen und Aufsichtsausschüssen) erhalten.

Abwanderung von und Widerspruch zu den etablierten Parteien wären nur dann ein Grund zur Beunruhigung, wenn die Parteienkonkurrenz die ausschließliche Quelle der Legitimität dieser politischen Ordnung wäre. Politische Parteien spielen indessen im Mutterland der parlamentarischen Demokratie nicht die zentrale Rolle, die man ihnen aufgrund idealisierender Vorstellungen vom Wesen der liberalen Demokratie zugeschrieben hat (DÖRING 1987a, 135-139). Dieser Befund ist für den zeithistorischen Englandkenner nicht überraschend, während er aus der Sicht demokratie-theoretischer Schriften und der Literatur zur Vergleichenden Regierungslehre dagegen eher befremdlich wirken mag. Doch weil die in die politischen Parteien gesetzten Erwartungen niedrig sind, wird nicht jedes Alltagsproblem zu einem Demokratieproblem. Der Bewahrung der individuellen Freiheit wird im Gegensatz zum übrigen Westeuropa ein weitaus höheres (den USA ähnliches) Gewicht beigemessen als der Verwirklichung sozialer Gleichheit. Aufgrund dieser Orientierung an der Privatsphäre können Defizite staatlicher Steuerung toleriert werden.

Der britischen Gewohnheit zufolge, alte Zöpfe nicht abzuschneiden, sondern sie in selbstverliebtem und zugleich selbstironischem Stolz auf eine große Geschichte in Ehren zu halten, werden alte Institutionen und Zeremonien in ihren ursprünglichen Ritualen weiter zelebriert, in ihrer politischen Wirkung aber umgedeutet. Äußerlich zeigt so das parlamentarische Regierungssystem jene "wunderbare äußere Beständigkeit" ("a wonderful superficial permanence"), durch die es sich seit Jahrhunderten ausgezeichnet hat: Es ist - in den Worten Sidney Lows - "stets dieselbe Maschine oder wenigsten eine Maschine, die so bemalt ist, daß sie wie dieselbe aussieht" - ("There is the same machine, or at least a machine which is painted to look the same. But its balance and adjustment have been varied, and its operation is quite different, and needs different handling" (Low 1911, 5).

Angesichts wirtschaftlicher Wachstumsprobleme, ideologischer Polarisierung zwischen den Parteien, Anschwellen von Proteststimmen, (flüchtiger) Renaissancen der Liberalen und des peripheren Nationalismus in Schottland und Wales, suchte Leon EPSTEIN in seiner Presidential Address an die American Political Science Association die amerikanischen Bewunderer des britischen Zweiparteiensystems mit der Frage zu provozieren: "What Happened to the British Party Model?" (EPSTEIN 1980). In Großbritannien selbst erlebte die nicht bitterernst gemeinte, sondern eher narzißtisch fragende Literatur unter dem Stichwort "What's Wrong with Britain?" eine neue Konjunktur. Dabei besitzen die neuen Krisendiagnosen eine frappierende Parallelität zu den bereits vor dem Ersten Weltkrieg namhaft gemachten Ursachen der britischen "Krise". Die Zirkularität der gleichen Argumente unter Fortbestand der alten Probleme zeigt, daß Reformen schwerlich unter Bruch der traditionellen Gewohnheiten von Westminster und Whitehall durchführbar sein werden.

Gesamtverzeichnis der zitierten und weiterführenden Literatur

ABERBACH, Joel D./Robert D. PUTNAM/Bert A. ROCKMAN, 1981: Bureaucrats and Politicians in Western Democracies, Cambridge/Mass.

ABRAMS, Mark/David GERARD/Noel TIMMS (Hrsg.), 1985: Values and Social Change in Britain, London

ABROMEIT, Heidrun, 1990: Staatsentwicklung in der Thatcher-Ära: Weniger Staat - mehr Staat?, in: Roland STURM (Hrsg.): Thatcherismus - Eine Bilanz nach 10 Jahren. Jahrestagung der Arbeitsgemeinschaft Deutsche Englandforschung, Bochum, 295-324

ALBER, Jens, 1985: Modernisierung, neue Spannungslinien und die politischen Chancen der Grünen, in: Politische Vierteljahresschrift 26: 211-226

ALDERMAN, R. K./Neil CARTER, 1991: A Very Tory Coup: The Ousting of Mrs Thatcher, in: Parliamentary Affairs 44: 125-139

ALEMANN, Ulrich von, 1973: Parteiensysteme im Parlamentarismus. Eine Einführung und Kritik von Parlamentarismustheorien, Düsseldorf

ALEMANN, Ulrich von/Rolf G. HEINZE (Hrsg.), 1981: Verbände und Staat. Vom Pluralismus zum Korporatismus. Analysen, Positionen, Dokumente, Opladen (2. Aufl.)

ALMOND, Gabriel A., 1971: Zum Vergleich politischer Systeme. (Deutsche Übersetzung des amerikanischen Originalaufsatzes von 1956), in: Günther DOEKER (Hrsg.): Vergleichende Analyse politischer Systeme. Comparative Politics, Freiburg, 57-76

ALMOND, Gabriel A./Sidney VERBA, 1963: The Civic Culture. Political Attitudes and Democracy in Five Nations, Princeton, N. J.

ALMOND, Gabriel A./Sidney VERBA, 1980: The Civic Culture Revisited, Boston

ALT, James, 1984: Dealignment and the Dynamics of Partisanship in Britain, in: Russell J. DALTON/Scott C. FLANAGAN/Paul A. BECK (Hrsg.): Electoral Change in Advanced Industrial Democracies: Realignment or Dealignment?, Princeton

ARMINGEON, Klaus, 1983: Neo-korporatistische Einkommenspolitik. Eine vergleichende Untersuchung von Einkommenspolitiken in westeuropäischen Ländern in den 70er Jahren, Frankfurt

BAGEHOT, Walter, 1971: The English Constitution (1867). Deutsche Übersetzung hrsg. und eingel. von K. STREIFTHAU, Neuwied/Berlin

BARNES, Samuel H./Max KAASE (Hrsg.), 1979: Political Action. Mass Participation in Five Western Democracies, Beverly Hills, London

BARTON, Terry/Herbert DÖRING, 1986: Weakening Partisanship and the Higher Educated in Britain, in: European Journal of Political Research 14: 521-542

BEER, Samuel H., 1969: Modern British Politics. A Study of Parties and Pressure Groups, London

BEER, Samuel H., 1982: Britain Against Itself. The Political Contradictions of Collectivism, London

BENDIX, Reinhard, 1980: Könige oder Volk. Machtausübung und Herrschaftsmandat. (Deutsche Übersetzung der amerik. Originalausgabe von 1978), Frankfurt, 2 Bde.

BIELSTEIN, Klaus, 1988: Gewerkschaften, Neo-Konservatismus und ökonomischer Strukturwandel. Zur Strategie und Taktik der Gewerkschaften in Großbritannien, Bochum

BIRCH, Anthony H., 1977: Political Integration and Disintegration in the British Isles, London

BIRCH, Anthony H., 1979: Representative and Responsible Government. An Essay on the British Constitution, London (7. Aufl.)

BIRCH, Anthony H., 1980: The British System of Government, London (4. Aufl.)

BIRCH, Anthony H., 1990: The British System of Government, London (8. erweiterte und veränderte Aufl.)

BIRKE, Adolf M., 1979: Pluralismus und Gewerkschaftsautonomie in England, Göttingen

BIRKE, Adolf M., 1982: Die englische Krankheit. Tarifautonomie als Verfassungsproblem in Geschichte und Gegenwart, in: Vierteljahreshefte für Zeitgeschichte 30: 621-645

BLONDEL, Jean, 1991: Are Ministers 'Representatives' or 'Managers', 'Amateurs' or 'Specialists'? Similarities and Differences Across Western Europe, in: Hans-Dieter KLINGEMANN/Richard STÖSS/Bernhard WESSELS (Hrsg.): Politische Klasse und politische Institutionen. Probleme und Perspektiven der Eliteforschung. Dietrich Herzog zum 60. Geburtstag, Opladen, 187-207

BOGDANOR, Vernon, 1979: Devolution, Oxford

BOGDANOR, Vernon, 1988: Britain: The Political Constitution, in: Vernon BOGDANOR (Hrsg.): Constitutions in Democratic Politics, London, 53-72

BOHRER, Karl Heinz, 1982: Ein bißchen Lust am Untergang. Englische Ansichten, Frankfurt

BÖHRET, Carl/Werner JANN/Eva KRONENWETT, 1988: Innenpolitik und politische Theorie. Ein Studienbuch, Opladen (3. neubearbeitete und erweiterte Aufl.)

BRADLEY, Ian, 1981: Breaking the Mould? The Birth and Prospects of the Social Democratic Party, Oxford

BRENNAN, Tom, 1982: Politics and Government in Britain, Cambridge (2. Aufl.)

BRITAIN, 1991: An Official Handbook, London

BRITISH ELECTION STUDY, 1987: Codebook, ESRC Survey Archive, University of Essex

BRITTAN, Samuel, 1978: How British Is the British Sickness?, in: Journal of Law and Economics 21: 245-268

BRITTAN, Samuel, 1981: Die Heilung der englischen Krankheit, in: Ralf DAHRENDORF (Hrsg.): Trendwende. Europas Wirtschaft in der Krise. Bestandsaufnahme und Analyse, München, 111-146

BRUNNER, Georg, 1979: Vergleichende Regierungslehre. Ein Studienbuch, Paderborn/München/Wien/Zürich

BUDGE, Ian u. a., 1983: The New British Political System. Government and Society in the 1980s, London/New York

BURCH, Martin/Michael MORAN (Hrsg.), 1987: British Politics. A Reader, Manchester

BÜRKLIN, Wilhelm, 1984: Grüne Politik. Ideologische Zyklen, Wähler und Parteiensystem, Opladen

BUSCH, Andreas, 1989: Neokonservative Wirtschaftspolitik in Großbritannien. Vorgeschichte, Problemdiagnose, Ziele und Ergebnisse des "Thatcherismus", Frankfurt u. a.

BUTLER, David, 1986: British Political Facts 1900-1985, London (6. Aufl.)

BUTLER, David/Dennis KAVANAGH, 1988: The British General Election of 1987, London

BUTLER, David/Dennis KAVANAGH, 1992: The British General Election of 1992, London

BUTLER, David/Howard R. PENNIMAN/Austin RANNEY (Hrsg.), 1981: Democracy at the Polls. A Comparative Study of Competitive National Elections, Washington/London

CANNADINE, David, 1983: The Context, Performance and Meaning of Ritual: The British Monarchy and the "Invention of Tradition", ca. 1820-1977, in: Eric HOBSBAWM (Hrsg.): The Invention of Tradition, Cambridge

COATES, David/John HILLARD, 1986: The Economic Decline of Modern Britain. The Debate between Left and Right, Brighton

CONTEMPORARY RECORD, 1988: The Magazine of the Institute of Contemporary British History (Sondernummer 1988/3: "Parliament - Does it still Matter?"), London

COXALL, Bill/Lynton ROBINS, 1990: Contemporary British Politics. An Introduction, London

CRAFTS, Nicholas F., 1991: The British Economy since 1945, Oxford

CRAIG, Frederick W., 1990: British General Election Manifestos 1959-1987, Aldershot

CREWE, Ivor, 1983: The Electorate: Partisan Dealignment Ten Years On, in: West European Politics 6: 183-215

CREWE, Ivor, 1985a: Great Britain, in: Ivor CREWE/David DENVER: Electoral Change in Western Democracies. Patterns and Sources of Electoral Volatility, London/Sidney, 100-150

CREWE, Ivor, 1985b: MPs and their Constituents in Britain: How Strong are the Links?, in: Vernon BOGDANOR (Hrsg.): Representatives of the People? Parliamentarians and Constituents in Western Democracies, Aldershot, 44-65

CREWE, Ivor, 1988: Has the Electorate become Thatcherite?, in: Robert SKIDELSKY (Hrsg.): Thatcherism, London

CREWE, Ivor/Neil DAY/Anthony D. FOX (Hrsg.), 1991: The British Electorate 1963-1987. A Compendium of Data from the British Election Studies, Cambridge

CREWE, Ivor/Donald D. SEARING, 1988a: Mrs Thatcher's Crusade: Conservatism in Britain, 1972-1986, in: Barry COOPER/Allan KORNBERG/William MISHLER (Hrsg.): The Resurgence of Conservatism in Anglo-American Democracies, Durham/London, 258-303

CREWE, Ivor/Donald D. SEARING, 1988b: Ideological Change in the British Conservative Party, in: American Political Science Review 82: 361-384

CRICK, Bernard, 1970: Parliament in the British Political System, in: Allan KORNBERG/Lloyd D. MUSOLF (Hrsg.): Legislatures in Developmental Perspective, Durham, North Carolina, 33-54

CROSLAND, Anthony, 1956: The Future of Socialism, London

CROSSMAN, Richard, 1963: Introduction, in: Walter BAGEHOT: The English Constitution, London, 1-57

CROSSMAN, Richard, 1975-1977: The Diaries of a Cabinet Minister, London

CYR, Arthur, 1980: Great Britain, in: Peter MERKL (Hrsg.): Western European Party Systems. Trends and Prospects, New York, 61-86

DAALDER, Hans/Peter MAIR (Hrsg.), 1983: Western European Party Systems. Continuity and Change, Beverly Hills

DAHRENDORF, Ralf, 1965: Gesellschaft und Demokratie in Deutschland, München

DAHRENDORF, Ralf, 1982: On Britain, London

DALTON, Russell J., 1988: Citizen Politics in Western Democracies. Public Opinion and Political Parties in the United States, Great Britain, West Germany, and France, Chatham, New Jersey

DALTON, Russell J./Scott C. FLANAGAN/Paul A. BECK (Hrsg.), 1984: Electoral Change in Advanced Industrial Democracies: Realignment or Dealignment?, Princeton

DENVER, David, 1987: Great Britain: From "Opposition with a Capital 'O'" to Fragmented Opposition, in: Eva KOLINSKY (Hrsg.): Opposition in Western Europe, London

DICEY, Albert Venn, 1885: Introduction to the Study of the Law of the Constitution, London (zitiert nach der 10. Aufl. 1962)

DOEKER, Günther, 1980: Der parlamentarische Bundesstaat im Commonwealth of Nations, Tübingen

DÖHLER, Marian, 1990: Der National Health Service in der Ära Thatcher, in: Roland STURM (Hrsg.): Thatcherismus - Eine Bilanz nach 10 Jahren. Jahrestagung der Arbeitsgemeinschaft Deutsche Englandforschung, Bochum, 199-222

DÖRING, Herbert, 1981: Skeptische Anmerkungen zur deutschen Rezeption des englischen Parlamentarismus 1917/18, in: Lothar ALBERTIN/Werner LINK (Hrsg.): Politische Parteien auf dem Weg zur parlamentarischen Demokratie in Deutschland, Düsseldorf, 127-146

DÖRING, Herbert, 1983: Schumpeter's Britain - Forty Years On, in: West European Politics 6: 5-22

DÖRING, Herbert, 1984: Die britischen Sozialdemokraten - Protestwähler oder neue Bildungsklasse?, in: Zeitschrift für Parlamentsfragen 15: 441-443

DÖRING, Herbert, 1987a: Parteienverdrossenheit ohne "Legitimitätskrise", in: Herbert DÖRING/Dieter GROSSER (Hrsg.): Großbritannien. Ein Regierungssystem in der Belastungsprobe, Opladen, 121-175

DÖRING, Herbert, 1987b: Characteristics of Social Democratic Activists. (Wiederabdruck eines Aufsatzes aus dem Jahre 1983), in: Martin BURCH/Michael MORAN (Hrsg.): British Politics. A Reader, Manchester, 207-213

DÖRING, Herbert, 1987c: Party Government in Britain - Recent Conspicuous Constraints, in: Richard S. KATZ (Hrsg.): Party Governments: European and American Experiences, Berlin/New York, 118-154

DÖRING, Herbert, 1987d: Die flüchtigen Renaissancen des britischen Liberalismus, in: Hans VORLÄNDER (Hrsg.): Verfall oder Renaissance des Liberalismus? Beiträge zum deutschen und internationalen Liberalismus, München, 135-154

DÖRING, Herbert, 1987e: Krisenbewußtsein im Establishment - Stimmen zur Verfassungsrevision ohne Resonanz bei der Bevölkerung, in: Karl ROHE/Gustav SCHMIDT (Hrsg.): Krise in Großbritannien?, Bochum, 189-211

DÖRING, Herbert, 1990a: Wählen Industriearbeiter zunehmend konservativ? Die Bundesrepublik Deutschland im westeuropäischen Vergleich (Neudruck eines Aufsatzes aus dem Archiv für Sozialgeschichte 29,1989), in: Max KAASE/Hans-Dieter KLINGEMANN (Hrsg.): Wahlen und Wähler. Analysen aus Anlaß der Bundestagswahl 1987, Opladen, 31-88

DÖRING, Herbert, 1990b: Demokratie im technischen Zeitalter. Einheit oder Vielfalt der politischen Kultur(en) in Westeuropa?, in: Politische Bildung 23: 67-83

DÖRING, Herbert, 1990c: Das klassische Modell in Großbritannien. Ein Sonderfall, in: Peter LÖSCHE (Hrsg.): Parlamentarische Opposition im internationalen Vergleich. Göttinger Sozialwissenschaften heute, Göttingen, 84-101

DÖRING, Herbert, 1990d: "Autoritärer Populismus". Alter Wein in neuen Schläuchen, in: Roland STURM (Hrsg.): Thatcherismus - Eine Bilanz nach 10 Jahren. Jahrestagung der Arbeitsgemeinschaft Deutsche Englandforschung, Bochum, 257-294

DÖRING, Herbert/Dieter GROSSER (Hrsg.), 1987: Großbritannien. Ein Regierungssystem in der Belastungsprobe, Opladen

DÖRING, Herbert/Gordon SMITH (Hrsg.), 1982: Party Government and Political Culture in Western Germany, London

DOWNS, Anthony, 1957: An Economic Theory of Democracy, New York

DREWRY, Gavin (Hrsg.), 1985: The New Select Committees, Oxford

DRUCKER, Henry U. A., 1988: New Developments in British Politics, London (2. Aufl.)

DUNLEAVY, Patrick, 1990: Reinterpreting the Westland Affair: Theories of the State and Core Executive Decision Making, in: Public Administration 68: 29-60

DYSON, Kenneth, 1980a: The State Tradition in Western Europe. A Study of an Idea and Institution, Oxford

DYSON, Kenneth, 1980b: Die Ideen des Staates und der Demokratie. Ein Vergleich "staatlich verfaßter" und "nicht staatlich verfaßter" Gesellschaften, in: Der Staat 19: 485-515

DYSON, Kenneth, 1982: Party Government and Party State, in: Herbert DÖRING/Gordon SMITH (Hrsg.): Party Government and Political Culture in Western Germany, London, 77-100

ELLIS, David L., 1989: Collective Ministerial Responsibility and Collective Solidarity, in: Geoffrey MARSHALL (Hrsg.): Ministerial Responsibility, Oxford, 46-56

EPSTEIN, Leon D., 1980: What Happened to the British Party Model?, in: American Political Science Review 74: 9-22

FETSCHER, Iring, 1978: Großbritannien. Gesellschaft - Politik - Wirtschaft, Königstein/Ts. (3. Aufl.)

FINER, Samuel E., 1958: Anonymous Empire, London (2. Aufl.)

FINER, Samuel E. (Hrsg.), 1975: Adversary Politics and Electoral Reform, London

FINER, Samuel E., 1980: The Changing British Party System, 1945-1979, Washington

FISCHER, Paul/Geoffrey P. BURWELL, 1988: Kleines England-Lexikon, München

FLORA, Peter, 1974: Modernisierungsforschung. Zur empirischen Analyse der gesellschaftlichen Entwicklung, Opladen

FLORA, Peter U. A. (Hrsg.), 1983: State, Economy, and Society in Western Europe 1815-1975. A Data Handbook in Two Volumes, Vol. I and Vol. II, Frankfurt/New York

FRAENKEL, Ernst, 1968: Deutschland und die westlichen Demokratien, Stuttgart u. a. (3. veränderte Aufl.)

FRANKLIN, Mark N., 1985: How the Decline of Class Voting Opened the Way to Radical Change in British Politics, in: British Journal of Political Science 14: 483-508

FRIEBEL, Isolde/Heinrich HÄNDEL, 1982: Großbritannien. Band 2: Wirtschaft und Gesellschaft, München (neubearb. Ausgabe 1991)

GALLUP, George H. (Hrsg.), 1976: The Gallup International Public Opinion Polls: Great Britain 1937-1975, New York, 2 Bde.

GALNOOR, Itzhak (Hrsg.), 1977: Government Secrecy in Democracies,

GAMBLE, Andrew, 1983: Liberals and the Economy, in: Vernon BOGDANOR (Hrsg.): Liberal Party Politics, Oxford, 191-216

GAMBLE, Andrew, 1985: Britain in Decline, London (2. Aufl.)

GAMBLE, Andrew, 1988: The Free Economy and the Strong State. The Politics of Thatcherism, London

GAMBLE, Andrew/Stuart A. WALKLAND, 1984: The British Party System and Economic Policy 1945-1983, Oxford

GASH, Norman, 1988: Westminster, Mutter der Parlamente. Tradition, Konvention und Kontinuität in Politik und Rechtsleben, in: Dietmar STORCH (Hrsg.): Großbritannien und Deutschland. Nachbarn in Europa (Niedersächsische Landeszentrale für politische Bildung), Hameln, 108-120

GLATZER, Wolfgang U. A., 1979: Soziologischer Almanach. Handbuch gesellschaftlicher Daten und Indikatoren, Frankfurt/Main (3. Aufl.)

GLINGA, Werner, 1983: Erben des Empire. Eine Reise durch die englische Gesellschaft, Frankfurt/New York

GOLDTHORPE, John, 1980: Social Mobility and Class Structure in Britain, Oxford (2. Aufl. 1987)

GOLDTHORPE, John (Hrsg.), 1984: Order and Conflict in Contemporary Capitalism. Studies in the Political Economy of Western European Nations, Oxford

GRANDE, Edgar, 1989: Vom Monopol zum Wettbewerb? Die neokonservative Reform der Telekommunikation in Großbritannien und der Bundesrepublik Deutschland, Wiesbaden

GRANDE, Edgar, 1990: Der Triumph der Ideologie? Die Telekommunikationspolitik der Regierung Thatcher, in: Roland STURM (Hrsg.): Thatcherismus - Eine Bilanz nach 10 Jahren. Jahrestagung der Arbeitsgemeinschaft Deutsche Englandforschung, Bochum, 170-197

GRANT, Wyn, 1989: Pressure Groups, Politics and Democracy in Britain, New York/London

GREENLEAF, W. H., 1983: The British Political Tradition. Bd. 1: The Rise of Collectivism, London/New York

GRIFFITH, J. A. G., 1985: The Politics of the Judiciary, London (3. Aufl.)

GUDGING, G./P. TAYLOR, 1979: Seats, Votes, and the Spatial Organisation of Elections, London

GUGGENBERGER, Bernd/Claus OFFE (Hrsg.), 1984: An den Grenzen der Mehrheitsdemokratie. Politik und Soziologie der Mehrheitsregel, Opladen, 83-107

HAAN, Heiner, 1982: Prosperität und Krise. Grundprobleme und Forschungsschwerpunkte der englischen Geschichte in der frühen Neuzeit, in: Gottfried NIEDHART (Hrsg.): Einführung in die englische Geschichte, München

HABERMAS, Jürgen, 1965: Strukturwandel der Öffentlichkeit. Untersuchungen zu einer Kategorie der bürgerlichen Gesellschaft, Neuwied/Berlin (2. Aufl.)

HAILSHAM, Lord, 1978: The Dilemma of Democracy: Diagnosis and Prescription, London

HAIN, Peter, 1986: Proportional Misrepresentation - The Case against PR in Britain, Guildford

HALL, Stuart/Martin JACQUES (Hrsg.), 1983: The Politics of Thatcherism, London

HALSEY, A. H. (Hrsg.), 1988: British Social Trends since 1900. A Guide to the Changing Social Structure of Britain, London

HÄNDEL, Heinrich, 1979: Großbritannien. Band 1: Staat und Verwaltung, München (neubearb. Ausgabe 1991)

HART, John, 1991: President and Prime Minister: Convergence or Divergence?, in: Parliamentary Affairs 44: 208-225

HEATH, Anthony, 1981: Social Mobility, London

HEATH, Anthony F./Roger M. JOWELL/John K. CURTICE, 1986: Understanding Electoral Change in Britain, in: Parliamentary Affairs 39: 150-164

HEATH, Anthony u. a., 1991: Understanding Political Change. Voting Behaviour in Britain 1964-1987, Oxford

HEIDORN, Joachim, 1982: Legitimität und Regierbarkeit, Berlin

HEINEBERG, Heinz, 1983: Großbritannien. Geographische Strukturen, Daten, Entwicklungen, Stuttgart

HENNESSY, Peter, 1989: Whitehall, London

HIRSCHMAN, Albert O., 1974: Abwanderung und Widerspruch. Reaktionen auf Leistungsabfall bei Unternehmungen, Organisationen und Staaten (amerik. Originalausgabe 1970), Tübingen

HOGGART, Simon, 1982: Back on the House, London

HOUGHTON REPORT, 1976: Report of the Committee (Chairman, Lord Houghton) on Financial Aid to Political Parties, London: HMSO Cmd. 6601

INFORMATIONEN ZUR POLITISCHEN BILDUNG, 1977: Sonderheft: Großbritannien Heft 172

INGLEHART, Ronald, 1989: Kultureller Umbruch. Wertwandel in der westlichen Welt, Frankfurt/New York

ISSP, 1985: International Social Survey Programme: Modul "The Role of Government", Zentralarchiv für empirische Sozialforschung Köln, Studie Nr. 1490

JACKSON, Robert, 1968: Rebels and Whips: Dissension, Discipline and Cohesion in British Political Parties since 1945, London

JANN, Werner, 1988: Politik als Aufgabe der Bürokratie: Die Ministerialbürokratie im politischen System der Bundesrepublik im Vergleich zu anderen westlichen Demokratien, in: Politische Bildung 21: 39-56

JENKINS, Roy, 1982: Home Thoughts from Abroad (1979 Dimbleby Lecture), in: Wayland KENNET (Hrsg.): The Rebirth of Britain, London, 9-29

JENNINGS, Sir Ivor, 1969: Cabinet Government, Cambridge (3. Aufl.)

JOHNSON, Frank, 1982: Out of Order, London

JOHNSON, Nevil, 1977: Die englische Krankheit. Wie kann Großbritannien seine politische Krise überwinden? (Deutsche Übersetzung von "In Search of the Constitution: Reflections on State and Society in Britain", London 1977), Stuttgart

JONES, Bill (Hrsg.), 1991: Politics UK, New York et al.

JONES, Bill/Dennis KAVANAGH (Hrsg.), 1991: British Politics Today, Manchester (3. Aufl.)

JOWELL, Roger/Sharon WITHERSPOON (Hrsg.), 1985: British Social Attitudes, The 1985 Report, Aldershot

KAASE, Max, 1979: Legitimitätskrise in westlichen demokratischen Industriegesellschaften: Mythos oder Realität?, in: Helmut KLAGES/P. KMIECIAK (Hrsg.): Wertewandel und gesellschaftlicher Wandel, Frankfurt/New York

KAASE, Max, 1982: Partizipatorische Revolution - Ende der Parteien?, in: Joachim RASCHKE (Hrsg.): Bürger und Parteien. Ansichten und Analysen einer schwierigen Beziehung, Opladen, 173-189

KAISER, André, 1991: Wahlen und Parteiensystem in der Ära Thatcher, in: Aus Politik und Zeitgeschichte B28/91, 15-25

KÄSLER, Dirk, 1979: Einführung in das Studium Max Webers, München

KASTNING, Lars, 1991: Vereinigtes Königreich, in: Winfried STEFFANI (Hrsg.): Regierungsmehrheit und Opposition in den Staaten der EG, Opladen, 375-413

KAVANAGH, Dennis, 1971: The Deferential English: A Comparative Critique, in: Government and Opposition 6: 333-360

KAVANAGH, Dennis, 1978: New Bottles for New Wines: Changing Assumptions about British Politics, in: Parliamentary Affairs 31: 6-21

KAVANAGH, Dennis, 1980: Political Culture in Great Britain: The Decline of the Civic Culture, in: Gabriel A. ALMOND/Sidney VERBA (Hrsg.): The Civic Culture Revisited, Boston, 124-176

KAVANAGH, Dennis, 1987: British Political Parties - Thirty Years after Robert McKenzie, in: Herbert DÖRING/Dieter GROSSER (Hrsg.): Großbritannien. Ein Regierungssystem in der Belastungsprobe, Opladen, 31-45

KAVANAGH, Dennis/Anthony SELDON (Hrsg.), 1989: The Thatcher Effect. A Decade of Change, Oxford

KELLAS, James G., 1982: The Scottish Political System, Cambridge

KENNET, Wayland (Hrsg.), 1982: The Rebirth of Britain, London

KIMMIG, Karl H., 1982: Politische und ökonomische Aspekte der "britischen Krise", in: Karl ROHE/Gustav SCHMIDT (Hrsg.): Krise in Großbritannien? Studien zu Strukturproblemen der britischen Gesellschaft und Politik im 20. Jahrhundert, Bochum (2. Aufl. 1987)

KISSLER, Leo, 1976: Die Öffentlichkeitsfunktion des Deutschen Bundestages. Theorie - Empirie - Reform, Berlin

KLUXEN, Kurt, 1969: Die Umformung des parlamentarischen Regierungssystems in Großbritannien beim Übergang zur Massendemokratie, in: Kurt KLUXEN (Hrsg.): Parlamentarismus, Köln/Berlin

KOESTLER, Arthur, 1962: Suicide of a Nation?, in: Encounter, Sonderheft July

LAMER, Reinhard J., 1963: Der englische Parlamentarismus in der deutschen politischen Theorie im Zeitalter Bismarcks (1857-1890), Lübeck

LANE, Jan-Erik/Svante O. ERSSON, 1987: Politics and Society in Western Europe, London/Beverly Hills u. a.

LEHNER, Franz, 1979: Grenzen des Regierens. Eine Studie zur Regierungsproblematik hochindustrialisierter Demokratien, Königstein/Ts.

LEPSIUS, M. Rainer, 1990: Interessen, Ideen und Institutionen, Opladen

LEWIS, W. A., 1978: Growth and Fluctuations 1870-1913, London

LEYS, Colin, 1983: Politics in Britain, London

LIJPHART, Arend, 1984: Democracies. Patterns of Majoritarian and Consensus Government in Twenty-One Countries, New Haven/London

LOEWENBERG, Gerhard/Samuel PATTERSON, 1979 : Comparing Legislatures, Boston (unveränderter Neudruck 1988)

LOEWENSTEIN, Karl, 1967: Staatsrecht und Staatspraxis von Großbritannien, 2 Bde., Berlin/Heidelberg/New York

LOTTES, Günther, 1981: Bürgerliche Grundrechte und traditionelle plebejische Kultur am Ende des 18. Jahrhunderts in England und Frankreich, in: Günter BIRTSCH (Hrsg.): Grund- und Freiheitsrechte im Wandel von Gesellschaft und Geschichte, Göttingen, 96-118

LOW, Sidney, 1908: Die Regierung Englands. (Übersetzung von "The Governance of England" durch Johannes HOOPS, mit einer Einleitung von Georg JELLINEK), Tübingen

LOW, Sidney, 1911: The Governance of England, London (4. Neudruck des Werks von 1904)

LOWELL, Abbott Lawrence, 1912: The Government of England, New York (Zitiert nach dem Neudruck von 1926)

LYNN, Jonathan/Antony JAY (Hrsg.), 1981: Yes Minister. The Diaries of a Cabinet Minister by the Rt. Hon. James Hacker MP, London (British Broadcasting Corporation)

MACKINTOSH, John P., 1962: The British Cabinet, London

MACKINTOSH, John P., 1977: Krise des Parlamentarismus, in: Zeitschrift für Parlamentsfragen: 113-118

MARQUAND, David, 1981: Club Government - the Crisis of the Labour Party in the National Perspective, in: Government and Opposition 16: 19-36

MARSH, D. (Hrsg.), 1991: Policy Networks in British Government, Oxford

MARSHALL, Geoffrey, 1984: Constitutional Conventions. The Rules and Forms of Political Accountability, Oxford

MARSHALL, Geoffrey (Hrsg.), 1989: Ministerial Responsibility, Oxford

MARSHALL, Gordon U. A., 1989: Social Class in Modern Britain, London/ Melbourne/Auckland/Johannesburg

MATZ, Ulrich, 1978: Zur Legitimität der westlichen Demokratie, in: Peter Graf KIELMANSEGG/Ulrich MATZ: Die Rechtfertigung politischer Herrschaft, München

LE MAY, G. H. L., 1979: The Victorian Constitution. Conventions, Usages and Contingencies, London

MCKENZIE, Robert T., 1958: Parties, Pressure Groups, and the British Political Process, in: Political Quarterly 29: 5-16

MCKENZIE, Robert T., 1963: British Political Parties. The Distribution of Power within the Conservative and Labour Parties, London

MERKL, Peter (Hrsg.), 1980: Western European Party Systems. Trends and Prospects, New York

MIDDLEMAS, Keith, 1979: Politics in Industrial Society. The Experience of the British System since 1911, London

MILIBAND, Ralph, 1973: Parliamentary Socialism, London

MILLER, William L., 1981: The End of British Politics? Scots and English Political Behaviour in the Seventies, Oxford

MINKIN, Lewis, 1978: The Labour Party Conference, London

MOHLER, Peter Ph., 1989: Der Deutschen Stolz: Das Grundgesetz. Ergebnisse einer deutsch-britischen Umfrage, in: Informationsdienst Soziale Indikatoren (ISI). Eine ZUMA Publikation Nr. 2/Juli: 1-4

MOSS, Louis, 1980: Some Attitudes to Government. Interim Report on a Population Survey 1978. Paper Presented to the Political Studies Association Conference Exeter, Mimeo

MÜLLER, Walter, 1986: Soziale Mobilität: Die Bundesrepublik im internationalen Vergleich, in: Max KAASE (Hrsg.): Politische Wissenschaft und politische Ordnung. Analysen zu Theorie und Empirie demokratischer Regierungsweise. Festschrift zum 65. Geburtstag von Rudolf Wildenmann, Opladen, 339-354

NAIRN, Tom, 1977: The Break-Up of Britain. Crisis and Neo-Nationalism, London

NIEDHART, Gottfried (Hrsg.), 1985: Großbritannien als Gast- und Exilland für Deutsche im 19. und 20. Jahrhundert, Bochum

NOETZEL, Thomas, 1987: Die Revolution der Konservativen. England in der Ära Thatcher, Hamburg

NOHLEN, Dieter, 1990: Wahlrecht und Parteiensystem. Über die politischen Auswirkungen von Wahlsystemen, Opladen

NORTON, Philip, 1978: Conservative Dissidents: Dissent within the Parliamentary Conservative Party 1970-74, London

NORTON, Philip, 1981: The Commons in Perspective, New York

NORTON, Philip, 1982: The Constitution in Flux, Oxford

NORTON, Philip, 1983: The "Norton View", in: David JUDGE (Hrsg.): The Politics of Parliamentary Reform, London

NORTON, Philip, 1984: The British Polity (erw. Neuaufl. 1991), New York/London

NORTON, Philip, 1985: Parliament in Perspective, in: Philip NORTON (Hrsg.): Parliament in the 1980s, Oxford, 1-16

NORTON, Philip, 1987: Mrs Thatcher and the Conservative Party: Another Institution "Handbagged"?, in: Kenneth MINOGUE/Michael BIDDISS (Hrsg.): Thatcherism: Personality and Politics, London, 21-37

NORTON, Philip, 1988: The Changing Face of Parliament, in: Contemporary Record. The Magazine of the Institute of Contemporary British History 2: 2-6

NUSCHELER, Franz, 1979: Regierung auf Vereinbarung der 'neuen Stände'? Diskussion und Befund des Korporatismus in Großbritannien, in: Zeitschrift für Parlamentsfragen 10: 503-524

OBERREUTER, Heinrich (Hrsg.), 1975: Parlamentarische Opposition. Ein internationaler Vergleich, Hamburg

OBERREUTER, Heinrich, 1977: Kann der Parlamentarismus überleben? Bund - Länder - Europa, Zürich

OBERREUTER, Heinrich, 1979: Parlament und Öffentlichkeit, in: Wolfgang LANGENBUCHER (Hrsg.): Politik und Kommunikation, München, 62-78

OBERREUTER, Heinrich, 1992: Das Parlament als Gesetzgeber und Repräsentationsorgan, in: Oscar W. GABRIEL (Hrsg.): Die EG-Staaten im Vergleich. Strukturen, Prozesse, Politikinhalte, Opladen, 305-333

OLSON, Mancur, 1982: The Rise and Decline of Nations, New Haven/London

PADFIELD, Colin F./Tony BYRNE, 1981: British Constitution. Made Simple, London

PAPPI, Franz Urban, 1983: Konfliktlinien, in: Manfred G. SCHMIDT (Hrsg.): Westliche Industriegesellschaften. Wirtschaft - Gesellschaft - Politik (=Pipers Wörterbuch zur Politik 2), München/Zürich, 183-190

PARLIAMENTS OF THE WORLD, 1986: A Comparative Reference Compendium. Prepared by the International Centre for Parliamentary Documentation of the Inter-Parliamentary Union, 2 Bde., Aldershot (2. Aufl.)

PINTO-DUSCHINSKY, Michael, 1981: British Political Finance 1830-1980, Washington/London

POLITICAL ACTION, 1973-1976: An Eight Nation Study. Codebuch Nr. 0765, Zentralarchiv für empirische Sozialforschung Köln

POLLARD, Sidney, 1982: The Wasting of the British Economy, London

POWELL, G. Bingham Jr., 1982: Contemporary Democracies. Participation, Stability, and Violence, Cambridge, Mass.

PRIGGE, Wolfgang-Ulrich, 1987: Zur Transformation voluntaristischer Traditionsmuster in den britischen Arbeitsbeziehungen, in: Zeitschrift für Rechtssoziologie 8: 253 ff.

PUGH, Martin, 1982: The Making of Modern British Politics, 1867-1030, Oxford

PULZER, Peter G. J., 1975: Political Representation and Elections in Britain, London (3. Aufl.)

PULZER, Peter G. J., 1982: Responsible Party Government in the German Political System, in: Herbert DÖRING/Gordon SMITH (Hrsg.): Party Government and Political Culture in Western Germany, London, 9-37

PULZER, Peter, 1987a: Responsible Party Government - What Has Changed?, in: Herbert DÖRING/Dieter GROSSER (Hrsg.): Großbritannien. Ein Regierungssystem in der Belastungsprobe, Opladen, 15-29

PULZER, Peter, 1987b: Kommentar zum Wahlergebnis, in: Financial Times v. 13. Juni, 9

PUTNAM, Robert D., 1973: The Beliefs of Politicians, New Haven

RADBRUCH, Gustav, 1958: Der Geist des englischen Rechts, Göttingen

RANNEY, Austin, 1962: The Doctrine of Responsible Party Government. Its Origins and Present State, (Reprint der Originalausgabe von 1954) Urbana

RASCHKE, Joachim, 1980: Politik und Wertwandel in den westlichen Demokratien, in: Aus Politik und Zeitgeschichte B36/80

RASCHKE, Joachim (Hrsg.), 1982: Bürger und Parteien. Ansichten und Analysen einer schwierigen Beziehung, Opladen

REGIONAL STATISTICS, 1980: Annual Series of the Central Statistical Office. Spätere Jahrgänge unter dem Titel Regional Trends, London

REGIONAL TRENDS, 1988: Annual Series of the Central Statistical Office, London

REIF, Karlheinz, 1982: Parteienregierung in Frankreich. Die Transformation des Parteiensystems durch die Institutionen der V. Republik, Habilschrift Mannheim, mimeo

RICHARDSON, Jeremy J./A. Grant JORDAN, 1979: Governing under Pressure. The Policy Process in a Post-Parliamentary Democracy, Oxford

RITTER, Gerhard A., 1983: Sozialversicherung in Deutschland und England, München

ROBBINS, Keith, 1990: The Blackwell Biographical Dictionary of British Political Life in the Twentieth Century, Oxford

RODERICK, Gordon/Michael STEPHENS (Hrsg.), 1982: The British Malaise. Industrial Performance, Education, and Training in Britain Today, Basingstoke

ROHE, Karl, 1981: The British Imperialist Intelligentsia and the Kaiserreich, in: Paul KENNEDY/Anthony NICHOLLS (Hrsg.): Nationalist and Racialist Movements in Britain and Germany before 1914, London

ROHE, Karl, 1982: Zur Typologie politischer Kulturen in westlichen Demokratien. Überlegungen am Beispiel Großbritanniens und Deutschlands, in: Heinz DOLLINGER u. a. (Hrsg.):

226

Weltpolitik, Europagedanke, Regionalismus. Festschrift für Heinz Gollwitzer zum 65. Geburtstag, Münster, 581-596

ROHE, Karl, 1984: Großbritannien: Krise einer Zivilkultur?, in: Peter REICHEL (Hrsg.): Politische Kultur in Westeuropa, Frankfurt/New York, 167-193

ROHE, Karl/Gustav SCHMIDT (Hrsg.), 1987: Krise in Großbritannien?, Bochum

ROSE, Richard, 1976: The Problem of Party Government, London

ROSE, Richard, 1980: Do Parties Make a Difference?, London

ROSE, Richard, 1983: Still the Era of Party Government, in: Parliamentary Affairs 36: 282-299

ROSE, Richard, 1989: Politics in England. Change and Persistence, London

ROSE, Richard/Dennis KAVANAGH, 1976: The Monarchy in Contemporary Political Culture, in: Comparative Politics 8: 548-576

ROSE, Richard/Thomas T. MACKIE, 1983: Incumbency in Government: Asset or Liability?, in: Hans DAALDER/Peter MAIR: Western European Party Systems. Continuity and Change, Beverly Hills, 115-137

RUCH, Alexander, 1976: Das Berufsparlament. Parlamentarische Struktur- und Funktionsprobleme unter Darstellung der Parlamente in der Bundesrepublik Deutschland, Frankreich, Großbritannien, den Vereinigten Staaten von Amerika und Dänemark, Basel/Stuttgart

RÜDIG, Wolfgang/LOWE, Philip D., 1986: The Withered 'Greening' of British Politics: a Study of the Ecology Party, in: Political Studies 34: 262-284

RUDOLPH, Jochen, 1984: Defizite einer alten Demokratie, in: Frankfurter Allgemeine Zeitung vom 18. April

RUDZIO, Wolfgang, 1987: Das politische System der Bundesrepublik Deutschland. Eine Einführung, Opladen (2. aktualisierte Auflage)

RYLE, Michael, 1991: Televising the House of Commons, in: Parliamentary Affairs 44: 185-207

SAALFELD, Thomas, 1988: Das britische Unterhaus 1965 bis 1986. Ein Parlament im Wandel, Frankfurt u. a.

SAALFELD, Thomas, 1990: Mrs Thatcher's Poodle? Zum Verhältnis zwischen Regierung und Konservativer Fraktion, 1979-1988, in: Roland STURM (Hrsg.): Thatcherismus - Eine Bilanz nach 10 Jahren. Jahrestagung der Arbeitsgemeinschaft Deutsche Englandforschung, Bochum, 17-48

SARTORI, Giovanni, 1976: Parties and Party Systems. A Framework for Analysis, Cambridge

SCHARPF, Fritz, 1987: Arbeitsmarktpolitik, in: Klaus von BEYME/Ernst-Otto CZEMPIEL/Peter Graf KIELMANSEGG (Hrsg.): Politikwissenschaft. Eine Grundlegung. Band II: Der demokratische Verfassungsstaat, Stuttgart u. a., 218-245

SCHMIDT, Gustav (Hrsg.), 1984: "Industrial Relations" und "Industrial Democracy" in Großbritannien, Bochum

SCHMIDT, Manfred G., 1982: Wohlfahrtsstaatliche Politik unter bürgerlichen und sozialdemokratischen Regierungen. Ein internationaler Vergleich, Frankfurt/New York

SCHRÖDER, Dieter, 1979: Großbritannien, Hof/Saale

SCHRÖDER, Hans-Christoph, 1982: Englands Krise im 17. Jahrhundert und ihre Überwindung, in: Karl ROHE/Gustav SCHMIDT (Hrsg.): Krise in Großbritannien? Studien zu Strukturproblemen der britischen Gesellschaft und Politik im 20. Jahrhundert, Bochum (2. Aufl. 1987)

SCHUMPETER, Joseph A., 1942: Capitalism, Socialism and Democracy, New York

SCHUMPETER, Joseph A., 1950: Kapitalismus, Sozialismus und Demokratie, München (3. Aufl.)

SEARING, Donald D., 1982: Rules of the Game in Britain: Can the Politicians Be Trusted ?, in: American Political Science Review 76: 239-258

SETZER, Hans, 1973: Wahlsystem und Parteienentwicklung in England. Wege zur Demokratisierung der Institutionen 1832 bis 1948, Frankfurt/Main

SEYMOUR-URE, Colin, 1977: Great Britain, in: Itzhak GALNOOR (Hrsg.): Government Secrecy in Democracies, 157-175

SHARPE, L. Jim, 1977: Krise des Westminster-Modells?, in: Zeitschrift für Parlamentsfragen 118-122

SHELL, Donald, 1988: The House of Lords, Oxford

SKIDELSKY, Robert (Hrsg.), 1988: Thatcherism, London

SMITH, Gordon, 1976: Politics in Western Europe, London (5. Aufl. 1990)

SMITH, Gordon, 1990: Die Institution der politischen Partei in Großbritannien, in: Dimitris T. TSATSOS/Dian SCHEFOLD/Hans-Peter SCHNEIDER (Hrsg.): Parteienrecht im europäischen Vergleich. Die Parteien in den demokratischen Ordnungen der Staaten der Europäischen Gemeinschaft, Baden-Baden, 301-336

SOCIAL TRENDS, 1986: An Annual Publication of the Government Statistical Service, London, Band 16

SOCIAL TRENDS, 1988: Annual Series of the Central Statistical Office, London

SOCIAL TRENDS, 1990: An Annual Publication of the Government Statistical Service, London, Band 20

STEFFANI, Winfried, 1979: Parlamentarische und präsidentielle Demokratie : Strukturelle Aspekte westlicher Demokratien, Opladen

STEFFANI, Winfried (Hrsg.), 1991: Regierungsmehrheit und Opposition in den Staaten der EG, Opladen

STURM, Roland, 1981: Nationalismus in Schottland und Wales 1966-1980. Eine Analyse seiner Ursachen und Kosequenzen, Bochum

STURM, Roland, 1983: Großbritanniens Zweiparteiensystem: Ein Mythos, in: Hans-Georg WEHLING (Hrsg.): Westeuropas Parteiensysteme im Wandel, Stuttgart u. a., 183-197

STURM, Roland (Hrsg.), 1990: Thatcherismus - Eine Bilanz nach 10 Jahren. Jahrestagung der Arbeitsgemeinschaft Deutsche Englandforschung, Bochum

STURM, Roland, 1991: Großbritannien. Wirtschaft - Gesellschaft - Politik, Opladen

TAAGEPERA, R./Bernard GROFMAN, 1985: Rethinking Duverger's Law: Predicting the Effective Number of Parties in Plurality and PR Systems - Parties Minus Issues Equals One, in: European Journal of Political Research 13: 489-504

TAYLOR, Eric, 1979: The House of Commons at Work, London (9. Aufl.)

TAYLOR, Stan, 1982: The National Front in English Politics, London

THAYSEN, Uwe, 1976: Parlamentarisches Regierungssystem in der Bundesrepublik Deutschland, Opladen

TÖNNIES, Ferdinand, 1917: Der englische Staat und der deutsche Staat, Berlin

TSATSOS, Dimitris T./Dian SCHEFOLD/Hans-Peter SCHNEIDER (Hrsg.), 1990: Parteienrecht im europäischen Vergleich. Die Parteien in den demokratischen Ordnungen der Staaten der Europäischen Gemeinschaft, Baden-Baden

VISSER, Jelle, 1989: In Search of Inclusive Unionism. Western Europe, Amsterdam

WALLACE, William, 1983: Survival and Revival, in: Vernon BOGDANOR (Hrsg.): Liberal Party Politics, Oxford, 43-72

WEBB, Norman/Robert WYBROW (Hrsg.), 1982: The Gallup Report. Your Opinions in 1981, London

WEBER, Max, 1919: Politik als Beruf, in: Gesammelte politische Schriften (zitiert nach der Ausgabe von 1958), Tübingen

WEEKES, B. U. A., 1975: Industrial Relations and the Limits of Law - The Industrial Effects of the Industrial Relations Act 1971, Oxford

WELLER, Patrick, 1985: First Among Equals: Prime Ministers in Westminster Systems, London

WHITELEY, Paul, 1981: Who Are the Labour Activists?, in: Political Quarterly 52: 160-170

WHITELEY, Paul, 1982: The Decline of Labour's Local Party Membership and Electoral Base, 1945-1979, in: Dennis KAVANAGH (Hrsg.): The Politics of the Labour Party, London, 111-134

WHITELEY, Paul, 1983: The Labour Party in Crisis, London

WILLIAMS, Philip M., 1971: The British System Mistranslated, in: Gerhard Loewenberg (Hrsg.): Modern Parliaments: Change or Decline?, Chicago

WOCKER, Karl Heinz, 1971: Jenseits von Eton. England auf dem Weg in die Gegenwart, Köln

WOLF-PHILLIPS, Leslie, 1984: A Long Look at the British Constitution, in: Parliamentary Affairs 37: 385-402

WORLD VALUES SURVEY, 1981: Inter-university Consortium for Political and Social Research 1981-1983, ICPSR Archiv Michigan, Studie 9309